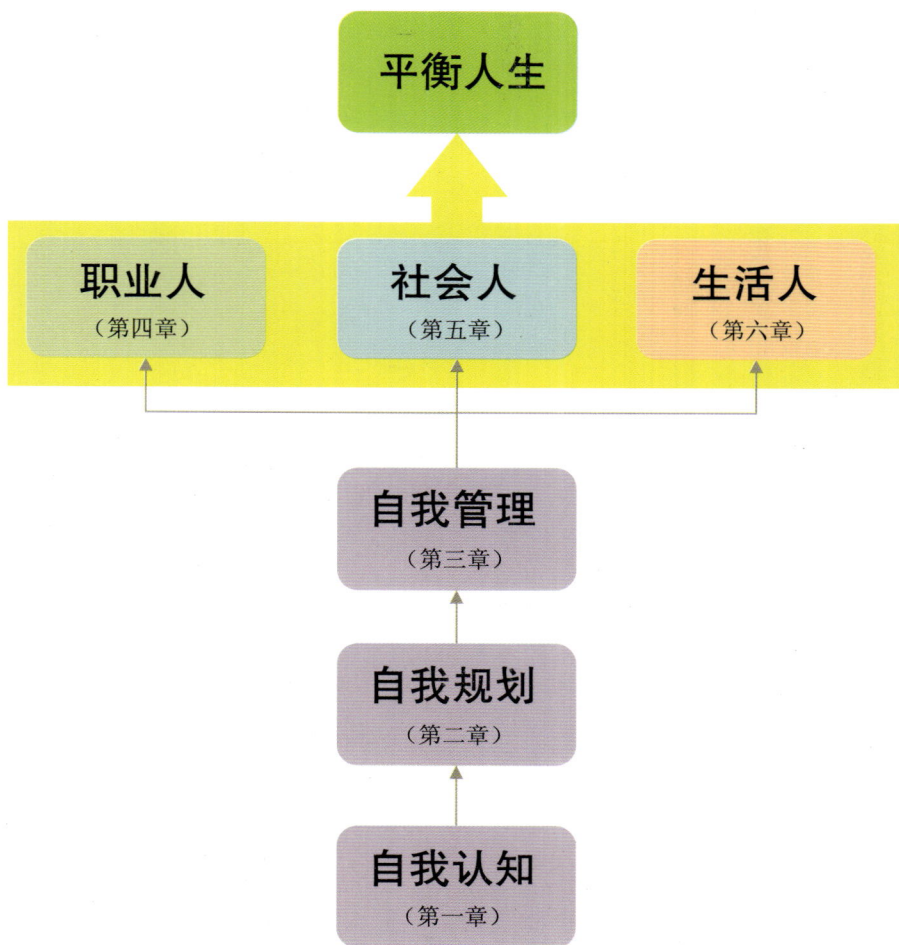

全书结构

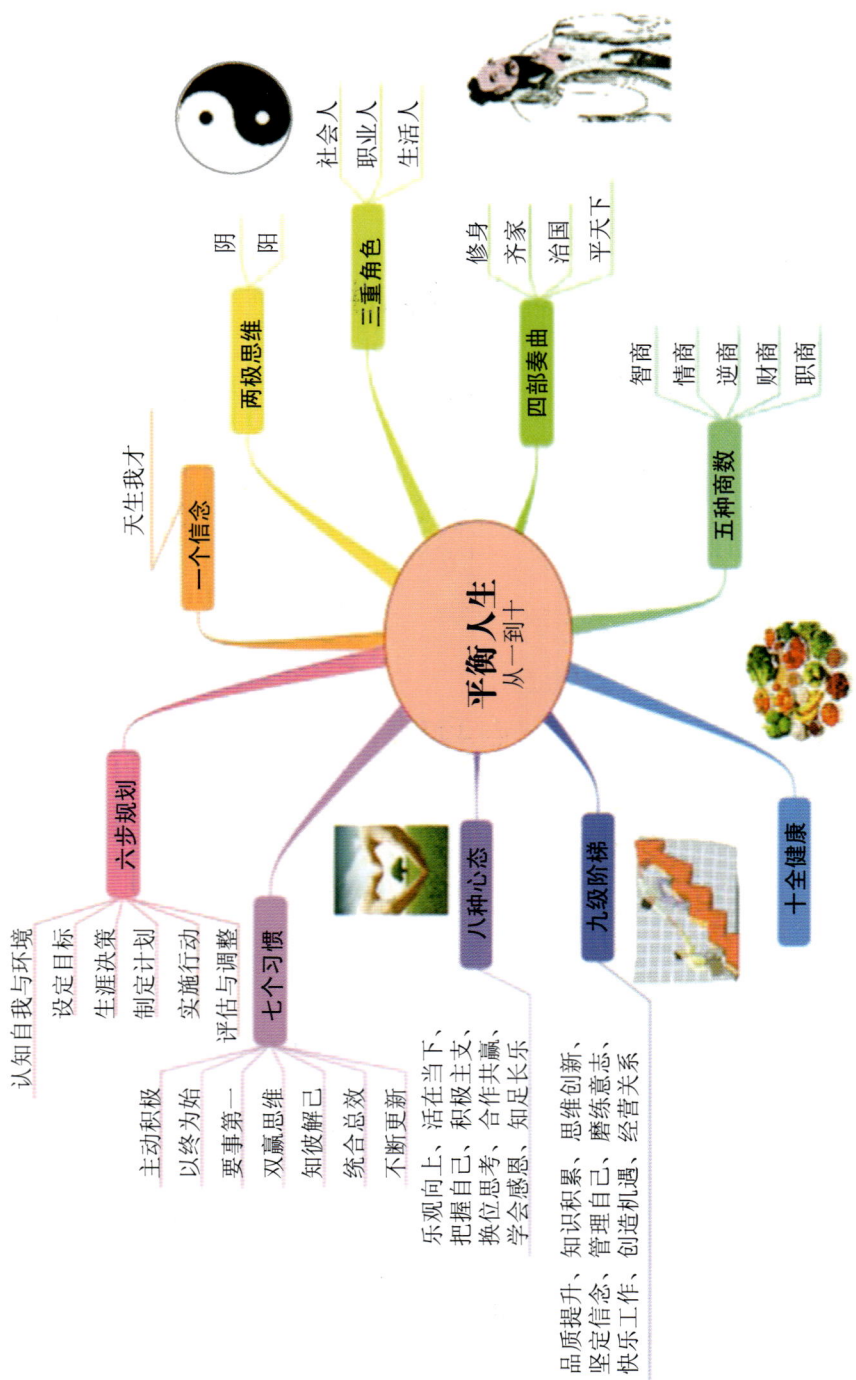

平衡人生
从一到十

一个信念
天生我才

两极思维
阴
阳

三重角色
社会人
职业人
生活人

四部奏曲
修身
齐家
治国
平天下

五种商数
智商
情商
逆商
财商
职商

六步规划
认知自我与环境
设定目标
生涯决策
制定计划
实施行动
评估与调整

七个习惯
主动积极
以终为始
要事第一
双赢思维
知彼解己
统合综效
不断更新

八种心态
乐观向上、活在当下、
把握自己、积极主支、
换位思考、合作共赢、
学会感恩、知足长乐

九级阶梯
知识积累、思维创新、
管理自己、磨练意志、
创造机遇、经营关系

十全健康
品质提升、坚定信念、
快乐工作、

# 平衡人生

## ——职业人精细化管理

衡 虹 韩 威 何丽峰 著

中国言实出版社

**图书在版编目(CIP)数据**

　　平衡人生：职业人精细化管理 / 衡虹，韩威，何丽峰著. —北京：中国言实出版社，2014.10
　　ISBN 978-7-5171-0859-7

　　Ⅰ.①平… Ⅱ.①衡… ②韩… ③何… Ⅲ.①管理学 Ⅳ.①C93

中国版本图书馆CIP数据核字（2014）第219403号

**责任编辑：**周汉飞

**出版发行**　中国言实出版社
　　　　　　地　址：北京市朝阳区北苑路180号加利大厦5号楼105室
　　　　　　邮　编：100101
　　　　　　编辑部：北京市西城区百万庄大街甲16号五层
　　　　　　邮　编：100037
　　　　　　电　话：64924853（总编室）64924716（发行部）
　　　　　　网　址：www.zgyscbs.cn
　　　　　　E-mail：zgyscbs@263.net
**经　　销**　新华书店
**印　　刷**　三河市祥达印刷包装有限公司
**版　　次**　2015年1月第1版　　2015年1月第1次印刷
**规　　格**　710毫米×1000毫米　1/16　20.25印张
**字　　数**　332千字
**定　　价**　45.00元　　ISBN 978-7-5171-0859-7

# 前　言

　　平衡是中国人所推崇的完美状态。《易经》记载"太和，和之至也"，即万物和谐共生、阴阳平衡是宇宙的最高境界。《道德经》记载"道大、天大、地大、人亦大。域中有四大，而人居其一也"，认为人作为宇宙的主体之一，需要与其他主体相辅相成，达到"天人合一"的状态。《论语》提倡中庸之道，认为凡事都有一个限度，"过犹不及"，又提倡"和而不同"，即鼓励不同事物协调、统一与平衡。我们的人生也是由不同方面组成的，既有自我与家庭方面，也有工作与事业方面，还有与社会接触的各个方面。成功人生的评价标准不应该是单一的，而是所有这些方面的平衡。

　　平衡是自我身心的和谐与宁静，只有清楚地认知自己，清楚地知道自己想要的生活，才能获得行动的方向。倾听来自内心的声音，成为自己生命真正的主宰。

　　平衡是自我与外界的水乳交融。我们每个人不可避免地与外界打交道，在与外部世界接触的过程中，我们在不断地认知世界，并寻找到自己在社会中的定位。世界很大，心安即是归处。心安则是因为寻找到自我在社会中最适当的位置，这时自己处于最舒服、最放松的状态。

　　平衡是生活与事业的相辅相成。工作占据了我们日常生活的绝大部分时间，如何平衡工作和生活，如何在不牺牲个人生活的前提下获得事业成功，是每一位职业人都面临过的困惑。在生活和事业的天平上，放弃了任何一方都会导致人生的缺憾与失衡。只有同时获得生活幸福和事业成功，才能够实现在高层次上的平衡。

　　平衡是个人与社会的互惠互利。个人作为社会的一分子，无时无刻不在享受着社会带给我们的便利，我们的衣食住行都是他人劳动所提供的，同时我们也在为社会做贡献。我们每个人的命运都和社会的发展息息相关、密不可分。因此，回馈社会是我们应尽的责任和义务，回馈社会也是回馈我们自己。回馈社会有能力大小之分，最重要的是，我们要拥有一颗感恩的心，感恩社会为我们提供的一切，感恩自然为我们提供的一切。

就我们个人而言，平衡是我们自身不同角色之间的平衡。我们有自己的职业和事业，这是我们的职业角色；我们是社会的一分子，参与不同的社会活动这是我们的社会角色；我们拥有自己的家庭、亲人、朋友，拥有自己的生活空间，这是我们的生活角色。事业上有成就，对社会有贡献，个人生活幸福美满，这就是绝大多数人心目中最理想的平衡人生。

在追求平衡人生的道路上，我们首先需要认识自己、了解自己，去探索自己追求什么样的生活、适合什么样的工作，并尝试对未来希冀的生活做出合理的规划，通过努力去实现个人目标。要想成为一个成功人士，首先需要管理好自己，使自己成为一位品德优秀、思维活跃、身心健康、自律自强的人，并在工作中不断修炼自我，全面提升职业素养，在事业上不断取得进步。回报社会不是功成名就后的一掷千金，而是体现在日常生活的点滴中，用实际行动为社会做些力所能及的贡献，让公益成为一种生活方式。个人追求成功的过程，也即是三种上述角色不断发展和成熟的过程。

本书结合作者多年从事人力资源管理和职业辅导培训的工作经验，围绕公民的三重角色——职业人、社会人、生活人，从自我探索、职业规划、自我管理、职业素养、回报社会等方面介绍个人生涯的精细化管理理念和方法，探索如何才能实现平衡人生的最高境界。本书的一大特点是提供了大量实用的测评和操作工具，便于读者在体会生涯管理理念的同时运用并付诸实践。本书旨在帮助读者树立平衡的人生观念，并掌握自我管理技能，提升职业素养，做命运的主人，开创绚烂多彩的人生。

本书在编撰过程中，得到了很多人的支持和鼓舞，洪虎、周荣、熊义志、张辉、刘永印、尹萍、莫海宾、金驰华、周云霞、孙文博、李军凯、雷龙云等提供了诸多指导，成笑、傅文辉、王一童、迟骋、黄肖山、陈文涛等人帮助提供了大量的素材，并参与部分章节的整理工作。在此，对上述帮助和关心此书编撰与出版的人士致以诚挚的谢意。并对中国言实出版社社长王昕朋的帮助和支持表示衷心地感谢。

衡 虹
2014 年仲秋

## 做自己命运的贵人

传说在一座美丽而深远的山顶上，住着一位修行的老人。孩子们从小就听大人说，这位老人有着超凡的智慧，一定要听从这位智慧老人的教导。

一天，有一个淘气的孩子想挑战这位老人的智慧。他抓到了一只小鸟，把小鸟捂在自己的手里，问智慧老人："你能不能告诉我，我手里的这只小鸟是活的还是死的？"老人默默地凝视着孩子，然后说："孩子，答案不在我这儿，而在你心中，因为选择的权力在你手里。"

即使是智慧老人也不能决定小孩的选择，正如法国哲学家萨特所言："一个人的命运就操纵在他自己的手上。"我们每个人都是自己命运的主人。选择进取成就辉煌还是选择平庸终此一生，答案在我们自己心里。

于是有的人踏上了奋斗的征途，但是他们整日忙碌，却无所进展，即使朝出夜归，百般努力，取得的成就依然微不足道。于是有人开始怀疑：为什么付出却没有回报，为什么没有贵人助我？

100多年前一个风雨交加的夜晚，一对老年夫妻迈进了一家旅馆的大门，想投宿一个晚上。夜班服务员遗憾地告诉他们："非常抱歉，今天的房间已经全部订满了。"看着老人家失望的神情，服务员迟疑了一下说："如果不嫌弃的话，你们可以住在我的房间，虽然不是什么豪华客房，但是很干净。我今天值夜班。"老夫妇看了房间后喜出望外，决定在这里过夜。

翌日，老先生前去结账辞行时，这位服务员对他说："先生，昨天你们住的不是饭店的客房，我不能收你的钱。"老先生在感谢之余连连点头称赞："你真是每个旅馆老板梦寐以求的员工。"

若干年后，这名服务员收到了一封挂号信，信中回忆了那个雨夜发生的事，还附了一封邀请函和往返纽约的机票，邀请他到纽约访问。在曼哈顿，服务员见到了当年投宿的老顾客。老先生指着一栋富丽堂皇的新大楼说："这是我建的旅馆，希望由你来经营。我是威廉姆·华尔道夫·阿斯特。"

就这样服务员乔治·波特成了华尔道夫饭店的第一任总经理。正是因为乔治·波特的服务精神，这家饭店迅速发展成世界级豪华酒店。时至今日，在华尔道夫饭店的墙上，人们依旧可以看到这么一幅标语："困难的，立刻办到。不可能的，多花几分钟就可以办到。"

乔治·波特是幸运的，能得到华尔道夫这样的"贵人"相助；然而对于华尔道夫来说，这样一位视客户为亲人、视工作为职责的员工，何尝不是自己事业的"贵人"。等待贵人相助的，命运并非总是垂青；做自己命运的贵人，机会时刻在寻找你。

管理学大师彼得·德鲁克告诉我们："在知识经济中，成功属于那些自我管理的人。"成功不是偶然，命运在自己手中，最终带领你迈进成功殿堂的贵人，不是别人，正是你自己！

# 目 录

# 第一章

# 镜中窥己——自我认知

知人者智，自知者明；胜人者力，自胜者强。

——老子

　　人的一生是一个不断攀升的过程，如同爬梯子。可是许多人爬到了梯子的顶端，却发现梯子最初放错了地方。人生就是这么一段神奇的旅程，你可以自己把握方向，但是一旦过去绝不可能回头，当我们在不断地向上攀爬的时候，是否停下来想过，我从哪里出发，前方是否真正是我的目的地？

"人最宝贵的是生命，生命对每个人仅有一次。这仅有的生命该如何度过呢？每当他回忆往事的时候，不因虚度年华而悔恨，不因碌碌无为而羞耻。那么在临死的时候，他能够说：我的整个生命和全部精力，都献给了世界上最壮丽的事业——为人类的解放而斗争。"

这是《钢铁是怎样炼成的》中主人公保尔·柯察金的一段内心独白，曾激励几代人为理想而不懈奋斗。我们这一生该怎样度过，这是每一个人都应该深思的重大问题！

日本有一位从事临终关怀的护士大津秀一在护理病重垂危患者时，记下了1000多位患者的临终遗憾，写出《换种活法：临终前会后悔的25件事》一书，其中排在第一位的遗憾是：没做自己想做的事。人生短暂，有太多的诱惑。有人追求高官厚禄，有人追求纸醉金迷，也有人追求宁静祥和，也有人追求平平淡淡。当我们回首已经走过的岁月，有多少曾经的梦想已经实现，有多少还没有实现，我们现在的学习、工作、感情、生活，是否是自己真正想要的模式和状态，还是过着别人希望的生活？

人的一生是一个不断攀升的过程，如同爬梯子。可是许多人爬到了梯子的顶端，却发现梯子最初放错了地方。人生就是这么一段神奇的旅程，你可以自己把握方向，但是一旦过去绝不可能回头，当我们在不断地向上攀爬的时候，是否停下来想过，我从哪里出发，前方是否真正是我的目的地？

想要回答这些问题，首先需要回答一个问题：我是谁？这是哲学上最根本、最深刻的问题，历史上无数的哲学家为之思索终生。在古希腊特尔斐神庙镌刻着这样一句箴言："认识你自己。"著名哲学家苏格拉底把它作为一生虚怀若谷、探索自我的不懈追求。中国古代哲人老子也发出了"知人者智，自知者明"的喟叹。也许彻底回答"我是谁"这个问题是不现实的，不过我们可以从多个方面做一些探索。

# 1.1 初识自己

我们每天都在和自己打交道，最熟悉的莫过于自己了，但是我们最常常漠视的也是我们自己。我们每天都会对着镜子梳妆整理，但是我们多少次梳理过自己的心灵；我们每天匆匆忙忙地上班、下班、应酬，但是我们有多少次停下来思考，这样的生活是不是曾经梦想的；在生活中我们常常扮演各种角色，我们是否都能胜任这些角色，我们是否是好员工、好父（母）亲、好公民；我们现在的生活是否正是按照自己理想的方式进行，是否正在走向我们所期盼的未来。

## 1.1.1 三重角色

作为公民，我们通常需要扮演三种角色，包括职场角色、家庭角色、社会角色，如图 1—1 所示。

（1）家庭角色：我们每个人生来就是家庭的一分子。在成年之前，我们沐浴着父母的养育之恩，接受教育。成年之后，我们对家庭负有不可推卸的责任，结婚生子，奉养父母。如何与爱人相亲相爱、白头偕老；如何教育子女，望之成才；是否经常看望父母，给予他们足够的物质供给和精神关怀……家庭生活是一个人事业成功的坚强后盾，也是个人生活是否幸福的重要衡量标准。

（2）职业角色：工作是人类赖以生存的根本。现代社会分工呈现出精细化、网络化的趋势，每个人所从事的工作可能只是很小的一部分，但又与整个社会密不可分。在职场中如何与领导、同事保持良好的关系，如何与团队一起完成任务、创造业绩……事业的成功是家庭幸福的物质基础，也是个人对社会贡献大小的衡量标准。

（3）社会角色：每个人都是社会的一员，不可避免地与社会产生千丝万缕的联系。我们享受着各种各样便利的社会基础设施，与不同行业、不同地区、不同文化、不同种族的人打交道。我在社会中处于什么样的位置，能为社会做些什么，我期望成为什么样的人……社会认同感往往是个人价值的一种体现。

每个人只有定位好自己扮演的角色，并清楚地知道自己责任和义务的内涵，才能把握住生活的重心，平衡好生活的多个方面。

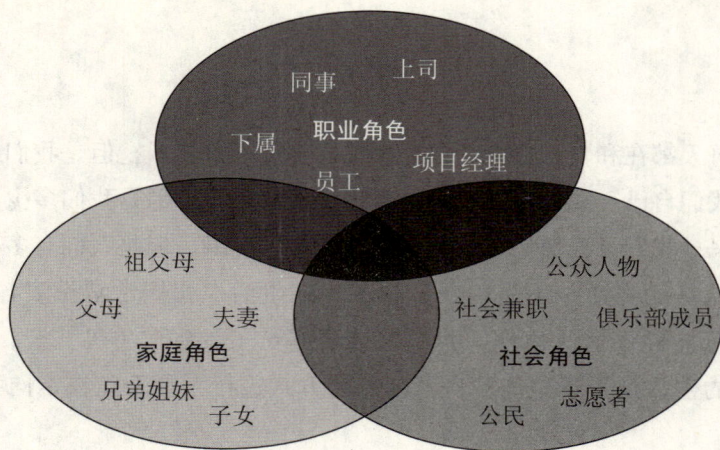

同事　　上司
下属　　**职业角色**
员工　　项目经理

祖父母　　　　　　　　　　公众人物
父母　　　夫妻　　　社会兼职　　俱乐部成员
**家庭角色**　　　　　**社会角色**
兄弟姐妹　　　　　　　　　　　志愿者
子女　　　　　　公民

**图1—1　我们每个人都扮演着三重角色**

**小测试**

## 我的人生角色

　　请按照下表梳理自己目前在生活中担任的各种角色，明确自己所负有的责任以及期望达到的目标，并评价该角色对自己的重要性程度。

| | 我的角色 | 相关人员／组织 | 我对该角色负有的责任 | 我的目标 | 重要性 |
|---|---|---|---|---|---|
| 家庭角色 | | | | | |
| | | | | | |
| | | | | | |
| 职业角色 | | | | | |
| | | | | | |
| | | | | | |
| 社会角色 | | | | | |
| | | | | | |
| | | | | | |

根据上述评估，目前我最重要的角色是 ＿＿＿＿＿＿＿＿＿＿＿＿＿＿＿＿

我最重要的目标是 ＿＿＿＿＿＿＿＿＿＿＿＿＿＿＿＿

## 心灵阅读

### 人生二十五个遗憾

在日本有这样一位年轻的临终关怀护士大津秀一。他在亲眼目睹、亲耳听到上千例患者的临终遗憾后，写下了《换种活法：临终前会后悔的 25 件事》一书。

第一个遗憾：没有做自己想做的事

第二个遗憾：没有实现梦想

第三个遗憾：做过对不起良心的事

第四个遗憾：被感情左右度过一生

第五个遗憾：没有尽力帮助过别人

第六个遗憾：过于相信自己

第七个遗憾：没有妥善安置财产

第八个遗憾：没有考虑过身后事

第九个遗憾：没有回故乡

第十个遗憾：没有享受过美食

第十一个遗憾：大部分时间都用来工作

第十二个遗憾：没有去想去的地方旅行

第十三个遗憾：没有和想见的人见面

第十四个遗憾：没能谈一场永存记忆的恋爱

第十五个遗憾：一辈子都没有结婚

第十六个遗憾：没有生育孩子

第十七个遗憾：没有看到孩子结婚

第十八个遗憾：没有注意身体健康

第十九个遗憾：没有戒烟

第二十个遗憾：没有表明自己的真实意愿

第二十一个遗憾：没有认清活着的意义

第二十二个遗憾：没有留下自己生存过的证据

第二十三个遗憾：没有看透生死

第二十四个遗憾：没有信仰

第二十五个遗憾：没有对深爱的人说"谢谢"

几乎没有人在临终前说自己这一生没有什么遗憾的，也许缺憾就是生命的本原。但是如果我们活着的人能够注意到这些，积极避免上述这些普遍的遗憾，彻底换种活法，做想做的事情，爱值得爱的人，享受生活的美好，在有限的时间里尽力好好生活，也许缺憾就会少些，人生更加的丰富充实。

### 1.1.2　性格轮廓

世上没有完全相同的两片树叶，同样，我们每个人也是独一无二、与众不同的。参差多态乃世界本源，正是个体特征的多样性才构成了丰富多彩的世界。与其羡慕他人、模仿他人，不如选择一种最适合自己的生活方式。而寻找这样一种生活方式，首先需要从认识自己开始。

我们每天都会遇到形形色色的人，与不同的人打交道，不同人的性格千差万别。我们通常会描述一个人"内向"或者"外向"，内向的人通常沉默寡言，不喜欢与人相处，而外向的人则活泼开朗，喜欢与人打成一片。内向和外向是每个人与外界交互的方式，相对比较容易判断。

除了内向和外向的区别外，我们还通常会描述某个人比较"感性"或者比较"理性"，感性的人经常流露自己的情感，喜怒哀乐写在脸上，而理性的人不太喜欢表达自己的情感，喜形不露于色，看上去比较冷漠。

通过上述两个最常见的性格表现维度，心理学家将人的性格粗略地划分为四种类型，即活泼型（Sanguine，S）、力量型（Choleric，C）、完美型（Melancholy，M）和和平型（Phlegmatic，P），称为SCMP性格轮廓模型，如图1—2所示。外向而感性的人称为活泼型，这类人通常比较乐天派（Sanguine）；外向而理性的人称为力量型，这类人通常坚定果断，但脾气易怒（Choleric）；内向而理性的人称为完美型，这类人事事追求完美，对自己和他人要求都比较苛刻，通常看上去比较忧郁（Melancholy）；内向而感性的人称为和平型，这类人性格和蔼，与世无争，看上去比较平静（Phlegmatic）。不同性格轮廓的主要外在表现和潜在缺点归纳在表1—1中，可以用来和自己比对一下，看看自己更像哪一种性格类型。

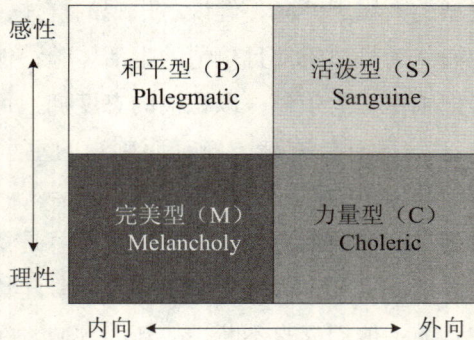

图 1—2 SCMP 性格轮廓模型

表 1—1 不同性格轮廓的外在表现和潜在缺点

| 性格轮廓 | 外在表现 | 潜在缺点 |
|---|---|---|
| 活泼型 | ● 热情、奔放、幽默、健谈、能言善辩<br>● 思维活跃，不受约束，创造思维比较强<br>● 容易接受新事物和新人，善于与人交往<br>● 富于浪漫情怀，乐观<br>● 情绪化，感情外露<br>● 喜欢人性化管理而不喜欢制度化管理 | ● 无组织无纪律<br>● 缺少统筹，没有计划<br>● 容易冲动<br>● 容易以自我为中心<br>● 健忘，常常丢三落四<br>● 变化无常 |
| 力量型 | ● 雷厉风行、坚决果敢，有魄力<br>● 工作上充满信心和活力<br>● 要强，认准目标决不放弃<br>● 外向，行动，乐观<br>● 善于管理，能综观全局<br>● 知人善任，合理委派工作 | ● 自信心容易膨胀<br>● 有很强的控制欲，专制<br>● 固执，认为自己总是对的<br>● 忽视他人感受，缺少人情味<br>● 不会主动道歉 |
| 完美型 | ● 做事仔细、负责<br>● 深思熟虑，善于分析<br>● 不允许自己犯下错误<br>● 对自己和别人都有着很高的要求<br>● 注重生活细节，干净整洁、井井有条<br>● 情感不轻易外露 | ● 挑剔，不能容忍别人缺点<br>● 看不到大的方向和目标<br>● 脆弱，敏感<br>● 没有活力，让人觉得阴沉<br>● 容易受到伤害<br>● 缺少安全感 |
| 和平型 | ● 平和，镇静，有耐心<br>● 做事细心，考虑周全<br>● 平等的观念特别强，尊重别人<br>● 平衡各种力量和各种关系<br>● 不喜欢张扬，不爱唠叨 | ● 缺乏责任心<br>● 拖延<br>● 墨守成规，不喜欢改变<br>● 没有主见<br>● 不会拒绝 |

通常而言，活泼型的人属于外向、健谈、乐观的群体，他们情感外露，乐于与人交往，分享他们认为是快乐并且热情的生活体验；他们把幸福和快乐视为人生的目标，懂得把工作变为乐趣，以积极的态度拥抱每一件事，给世界带来欢乐；活泼型的人大脑里总是充满了新奇而刺激的主意，他们善于制造气氛，激发大家的热情，是出色的倡导者和高效的组织者。

力量型的人总是拥有充沛的精力，他们的注意力总是集中于外部世界；他们具有强大的意志力，为信念挺身而出，永远充满动力自发地瞄准目标前进，即使遇到阻力也勇往直前；他们喜欢不断挑战新的领域，在接受挑战中不断地获得新的兴趣和能力；力量型的人能力出众，因而表现出相当地自信，当发生危机时，他们能够控制大局，往往是团队的中流砥柱。

完美型的人是内向的思考者，他们文静、喜欢独处，善于分析，有思想深度；他们对工作认真负责，对自己要求严格，对别人也要求严格；他们对待目标严肃认真，做事有秩序有组织，能够准时无误地完成任务；完美型的人敏感细致，善于观察别人，体谅他人的困难；他们追求有条不紊，干净整洁，对自己的生活有长远规划并做好安排；由于处处追求完美，他们生活得比较辛苦，但是也更容易获得成功。

和平型的人普遍内向，自制、自律，平静、随和，既不要求别人，也不苛求自己；和平型的人最容易和别人相处，他们待人温和，脾气好，有耐心，不自夸；他们能够稳定地保持原则，在发生冲突时保持冷静的头脑，耐心地聆听别人，协调各方面的力量使之融洽，是团队中重要的协调者。

需要说明的是，性格并没有好坏之分，任何一种性格特征都有其不可替代的优点，也有相对的弱点和不足之处。实际上我们每个人的性格都是多样化的，没有一个人百分之百地属于某一种类型，往往是多种性格的融合，只是某种类型的特征相对明显一些。一个人的性格与他的职业发展和事业成功有着密切联系，不同的性格类型可以在不同的领域和不同的角色中发挥优势获得成功，我们要善于利用自己性格中的优势，找准自己在团队中的定位，不要只盯住自己的个性弱点，苛求完美反而会适得其反。

没有完美的个人，但是可以有完美的团队。一个团队需要不同性格类型的人，大家取长补短、互利互助、协同工作，这样的团队将无坚不摧。不同的性格类型的人在一起工作时，由于彼此的差异可能会发生摩擦。如果各方能彼此了解对方的性格类型，知道如何与之相处，无疑将有助于团队的团结和个人的发展。

中国家喻户晓的神话小说《西游记》中描述了唐僧师徒四人去西天取经的奇遇和经历。师徒四人性格迥异，但是相互配合，互为补充，组成一个完整的团队。师父唐僧心怀理想、不畏困难，情感细腻，富有牺牲精神，是典型的完美型性格；孙悟空爱憎分明、能力出众，敢于和恶势力挑战，但是桀骜不驯、容易冲动，是典型的力量型性格；猪八戒性格开朗、活泼多动，一路上给大家增添了很多笑料，另一方面八戒本性善良，在关键时刻总能与大家齐心协力，是典型的活泼型性格；沙僧沉默寡言、性格随和，缺少主见，默默地承担着分内之事，任劳任怨，是典型的和平型性格。

下面来做一个快速的小测试，了解一下自己的性格轮廓吧，看一看和自己之前的初步判断是否一致。

## 小测试

### 性格轮廓测试

（资料来源：［美］莉托.性格解析［M］.查文宏 译.南昌：江西人民出版社）

在下列各个选项中，选择一个最适合描述你自己的词语，在该词语前面用"√"做记号。

| 编号 | A | B | C | D |
| --- | --- | --- | --- | --- |
| 1 | ☐ 生动 | ☐ 富于冒险 | ☐ 善于分析 | ☐ 适应力强 |
| 2 | ☐ 喜好娱乐 | ☐ 善于分析 | ☐ 坚持不懈 | ☐ 和平 |
| 3 | ☐ 善于社交 | ☐ 意志坚定 | ☐ 自我牺牲 | ☐ 驯服 |
| 4 | ☐ 令人信服 | ☐ 竞争性 | ☐ 体贴 | ☐ 自控性 |
| 5 | ☐ 使人振作 | ☐ 反应敏捷 | ☐ 受尊重 | ☐ 含蓄 |
| 6 | ☐ 生机勃勃 | ☐ 自立 | ☐ 敏感 | ☐ 满足 |
| 7 | ☐ 推动者 | ☐ 积极 | ☐ 计划者 | ☐ 耐性 |
| 8 | ☐ 无拘无束 | ☐ 肯定 | ☐ 按部就班 | ☐ 羞涩 |
| 9 | ☐ 乐观 | ☐ 坦率 | ☐ 井井有条 | ☐ 迁就 |
| 10 | ☐ 有趣 | ☐ 强迫性 | ☐ 忠诚 | ☐ 友善 |
| 11 | ☐ 可爱 | ☐ 勇敢 | ☐ 细节 | ☐ 外交手腕 |
| 12 | ☐ 令人高兴 | ☐ 自信 | ☐ 文化修养 | ☐ 贯彻始终 |

续表

| 编号 | A | B | C | D |
|------|------|------|------|------|
| 13 | ☐ 激励性 | ☐ 独立 | ☐ 理想主义 | ☐ 无攻击性 |
| 14 | ☐ 感情外露 | ☐ 果断 | ☐ 深沉 | ☐ 尖刻幽默 |
| 15 | ☐ 喜交朋友 | ☐ 发起者 | ☐ 音乐性 | ☐ 调解者 |
| 16 | ☐ 多言 | ☐ 执着 | ☐ 考虑周到 | ☐ 容忍 |
| 17 | ☐ 活力充沛 | ☐ 领导者 | ☐ 衷心 | ☐ 聆听者 |
| 18 | ☐ 惹人喜欢 | ☐ 首领 | ☐ 制图者 | ☐ 知足 |
| 19 | ☐ 受欢迎 | ☐ 勤劳 | ☐ 完美主义者 | ☐ 和气 |
| 20 | ☐ 跳跃性 | ☐ 无畏 | ☐ 规范性 | ☐ 平衡 |
| 21 | ☐ 露骨 | ☐ 专横 | ☐ 扭捏 | ☐ 乏味 |
| 22 | ☐ 散漫 | ☐ 无同情心 | ☐ 不宽恕 | ☐ 缺乏热情 |
| 23 | ☐ 唠叨 | ☐ 逆反 | ☐ 怨恨 | ☐ 保守 |
| 24 | ☐ 健忘 | ☐ 率直 | ☐ 挑剔 | ☐ 胆小 |
| 25 | ☐ 好插嘴 | ☐ 急躁 | ☐ 无安全感 | ☐ 优柔寡断 |
| 26 | ☐ 难预测 | ☐ 不善表达 | ☐ 不受欢迎 | ☐ 不合群 |
| 27 | ☐ 即兴 | ☐ 固执 | ☐ 难以取悦 | ☐ 犹豫不决 |
| 28 | ☐ 放任 | ☐ 自负 | ☐ 悲观 | ☐ 平乏 |
| 29 | ☐ 易怒 | ☐ 好争吵 | ☐ 不合群 | ☐ 无目标 |
| 30 | ☐ 幼稚 | ☐ 鲁莽 | ☐ 消极 | ☐ 冷漠 |
| 31 | ☐ 虚荣 | ☐ 工作狂 | ☐ 不善交际 | ☐ 担忧 |
| 32 | ☐ 喋喋不休 | ☐ 不圆滑老练 | ☐ 过分敏感 | ☐ 胆怯 |
| 33 | ☐ 生活紊乱 | ☐ 跋扈 | ☐ 抑郁 | ☐ 多疑 |
| 34 | ☐ 反复 | ☐ 排斥异己 | ☐ 内向 | ☐ 无异议 |
| 35 | ☐ 杂乱无章 | ☐ 喜欢操纵 | ☐ 情绪化 | ☐ 言语不清 |
| 36 | ☐ 好表现 | ☐ 顽固 | ☐ 怀疑 | ☐ 缓慢 |
| 37 | ☐ 大嗓门 | ☐ 统治欲 | ☐ 孤僻 | ☐ 懒惰 |
| 38 | ☐ 不专注 | ☐ 易怒 | ☐ 多疑 | ☐ 拖延 |
| 39 | ☐ 报复型 | ☐ 烦躁 | ☐ 勉强 | ☐ 轻率 |
| 40 | ☐ 善辩 | ☐ 狡猾 | ☐ 好批评 | ☐ 妥协 |
| 统计 | 总计（　　） | 总计（　　） | 总计（　　） | 总计（　　） |

测试结果：

上述统计结果中得分最多的一项就是最贴近你的性格类型。如果有几个选项得分相似的话，则说明你是多重性格的组合。

| 选项 | A | B | C | D |
|------|-----|-----|-----|-----|
| 性格类型 | 活泼型 | 力量型 | 完美型 | 和平型 |
| 得分 | | | | |

我的主要性格特征是 _____。

### 1.1.3　工作风格

有人说，人生就像一出戏，每个人都是主角。然而我们不仅仅是演员，更是这出戏的编剧和导演。一般戏剧总有个既定的结局，人生则不同，结果往往操控在我们自己手中。我们应该相信，经过个人不懈的努力和追求，探索自己最适合的角色，我们都可以为自己的人生书写剧本，出演自己希望的角色。

我们来看现实生活中的一个剧本：

单位里，张总监的威信最高，做事雷厉风行，但有些家长作风，不太容忍下属有反对意见。老钱是技术骨干，平时不爱说话，但是总能在关键问题上有自己独到的见解，对数据特别敏感。行政助理小李年轻漂亮，而且一张小嘴特别甜，属于"万人迷"的那种，每次联欢会都主动担任主持人，在台上尽显风采。小王是个慢性子，永远都不慌不忙，按部就班地完成工作，性格比较随和，一般大伙有点小事，都喜欢找小王帮忙，让人放心。小田是个"关系户"，小伙子头脑灵活，反应快，主意也多，就是做事情比较懒散，不过仰仗着亲属的背景，再加上和大家的关系还都不错，大伙儿都迁就着他。

看了上面的描述，是不是你的身边也有这样的人，甚至其中某个人非常像你自己。是的，上面剧本中的几个人分别代表了生活中几种不同类型的人。我们每个人都有各自的特点，在某些方面和他人有些相似，在某些方面又和别人有着很大的不同。我们到底属于什么样的人，我们有哪些优势，又有哪些缺点，如何做到在工作中扬长避短？这些是我们每个人都非常关心的问题。

先做一个简单的测试吧。请注意回答问题时不是依据别人眼中的你来判断，而是你认为自己本质上是不是这样的。

## 小 测 试

### 个人工作风格测试

（资料来源：美国 PDP 人力资源诊断系统）

请回答下列问题，并按照具体情况打分。

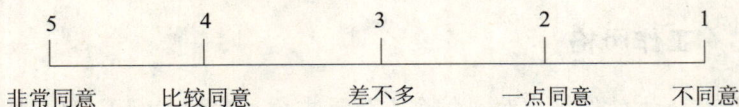

| 5 | 4 | 3 | 2 | 1 |
|---|---|---|---|---|
| 非常同意 | 比较同意 | 差不多 | 一点同意 | 不同意 |

试试回答以下的问题：

1）你做事是一个值得信赖的人吗？                5 4 3 2 1

2）你个性温和吗？                            5 4 3 2 1

3）你有活力吗？                             5 4 3 2 1

4）你善解人意吗？                           5 4 3 2 1

5）你独立吗？                              5 4 3 2 1

6）你受人爱戴吗？                           5 4 3 2 1

7）你做事认真且正直吗？                      5 4 3 2 1

8）你富有同情心吗？                         5 4 3 2 1

9）你有说服力吗？                          5 4 3 2 1

10）你大胆吗？                             5 4 3 2 1

11）你精确吗？                             5 4 3 2 1

12）你适应能力强吗？                        5 4 3 2 1

13）你组织能力好吗？                        5 4 3 2 1

14）你积极主动吗？                         5 4 3 2 1

15）你害羞吗？                            5 4 3 2 1

16）你强势吗？                            5 4 3 2 1

17）你镇定吗？                            5 4 3 2 1

18）你勇于学习吗？                         5 4 3 2 1

19）你反应快吗？                          5 4 3 2 1

20）你外向吗？                            5 4 3 2 1

21）你注意细节吗？                         5 4 3 2 1

22）你爱说话吗？                          5 4 3 2 1

续表

试试回答以下的问题：

23）你的协调能力好吗？　　　　　　　　　　5  4  3  2  1

24）你勤劳吗？　　　　　　　　　　　　　　5  4  3  2  1

25）你慷慨吗？　　　　　　　　　　　　　　5  4  3  2  1

26）你小心翼翼吗？　　　　　　　　　　　　5  4  3  2  1

27）你令人愉快吗？　　　　　　　　　　　　5  4  3  2  1

28）你传统吗？　　　　　　　　　　　　　　5  4  3  2  1

29）你亲切吗？　　　　　　　　　　　　　　5  4  3  2  1

30）你工作足够有效率吗？　　　　　　　　　5  4  3  2  1

请将每个问题的得分填到下表中：

| 类型 | | 得分统计 | | | | | | 总分 |
|---|---|---|---|---|---|---|---|---|
| 老虎 | 题号 | 5 | 10 | 14 | 18 | 24 | 30 | |
| | 得分 | | | | | | | |
| 孔雀 | 题号 | 3 | 6 | 13 | 20 | 22 | 29 | |
| | 得分 | | | | | | | |
| 考拉 | 题号 | 2 | 8 | 15 | 17 | 25 | 28 | |
| | 得分 | | | | | | | |
| 猫头鹰 | 题号 | 1 | 7 | 11 | 16 | 21 | 26 | |
| | 得分 | | | | | | | |
| 变色龙 | 题号 | 4 | 9 | 12 | 19 | 23 | 27 | |
| | 得分 | | | | | | | |

得分评价：

假若有某一项分远远高于其它四项，你就是典型的这种属性；

假若有某两项分大大超过其它三项，你是这两种动物属性的综合；

假若各项分数都比较接近，表明你是一个面面俱到近似完美性格的人；

假若有某一项分数特别偏低的话，就需要下工夫加强该动物属性了。

上面这个测试就是著名的行为风格测试工具 PDP（Professional Dynamitic Program）。做完这个小测试，你是哪一类风格的人呢？你是否注意到自己工作风格和周围领导同事下属的区别呢，如何才能和不同的人进行高效的沟通合作呢？也许上述测试能给你一些启示。

下面我们来看看每种动物类型都具有什么样的特征。

| 老虎型（支配型） |
| --- |
| **性格特征：**<br>　　一般企图心强烈，喜欢冒险，个性积极，竞争力强，凡事喜欢掌控全局发号施令，不喜欢维持现状。行动力强，目标一经确立便会全力以赴。<br>　　自信坚定，善于控制局面并能果断地作出决定，是个有决断力的组织者。<br>　　适合开创性与改革性的工作，在开拓事业的时代或需要进行改革的环境中，容易有出色的表现。 |
| **工作风格：**<br>　　交谈时进行直接的目光接触；<br>　　有目的性且行动迅速；<br>　　说话快速且具有说服力；<br>　　运用直截了当的实际性语言；<br>　　办公室挂有日历、计划要点。 |
| **潜在缺点：**<br>　　在决策上倾向于专断，不易妥协，较容易与人发生争执摩擦。<br>　　当感到压力时，倾向于迅速完成工作，而忽视细节。<br>　　天性好胜，可能会忽略自己和别人的情感，有时会成为工作狂。 |
| **典型人物：** 撒切尔夫人、杰克·韦尔奇，上文剧本中的张总监 |

| 孔雀型（表达型） |
| --- |
| **性格特征：**<br>　　热情洋溢，乐观和善，重视形象，擅于建立人际关系。有真诚的同情心和感染他人的能力，在任何团体内都是人缘最好和最受欢迎的人。<br>　　具有高度的表达能力，社交能力极强，表现欲强，在团体或社群中容易广结善缘、建立知名度。很适合需要当众表现、引人注目的工作。<br>　　天生具有鼓吹理想的特质，在推动新思维、执行某种新使命或推广某项宣传等任务的工作中，会有出色的表现。最适合在开发业务的工作环境中发挥所长。 |
| **工作风格：**<br>　　运用快速的手势；<br>　　面部表情特别丰富；<br>　　运用有说服力的语言；<br>　　工作空间里充满了各种能鼓舞人心的东西。 |

**潜在缺点：**

容易情绪化，容易过于乐观。

思考过于跳跃，常无法顾及细节，对事情缺少耐心。

**典型人物：** 孙中山、克林顿、里根、戈尔巴乔夫，上文剧本中的小李

| 考拉型（和蔼型） |
| --- |

**性格特征：**

行事稳健，性情平和，作风平实，不喜欢制造麻烦；生活讲究规律但也随缘从容，面对困境能泰然自若。

具有高度的耐心，只要决心投入，绝对是"路遥知马力"的最佳典型。

适宜从事安定内部的管理工作，在需要专业精密技巧的领域，或在气氛和谐且不具紧迫时间表等职场环境中，最能发挥所长。当企业的产品稳踞市场时，考拉型的企业领导人是极佳的总舵手。

**工作风格：**

面部表情和蔼可亲；

说话慢条斯理，声音轻柔；

用赞同型、鼓励性的语言；

办公室里摆有家人的照片。

**潜在缺点：**

很难坚持自己的观点和迅速做出决定。一般说来，不喜欢面对与同事意见不和的局面，不愿处理争执。

不太适合做开拓性的工作。

**典型人物：** 甘地、宋庆龄，上文剧本中的小王

| 猫头鹰型（分析型） |
| --- |

**性格特征：**

传统而保守，分析力强，精确度高，个性拘谨含蓄，谨守分寸忠于职责。行事讲究条理分明、守纪律重承诺，是个完美主义者。

注重细节，喜欢把细节条例化，有耐心仔细考察所有的细节并想出合乎逻辑的解决办法。善于以数字或文字作为表达工具而不擅长通过语言来沟通情感。

喜欢在安全架构的环境中工作，行事讲究制度化，事事求依据，适合事务机构的行事方式。在体系完善和发展稳定的组织中，宜用猫头鹰型领导人。

| 工作风格：<br><br>很少有面部表情；<br>动作缓慢；<br>使用精确的语言、注意特殊细节；<br>办公室里挂有图表、统计数字等。 | |
| --- | --- |
| **潜在缺点：**<br><br>有时会钻牛角尖，让人觉得"吹毛求疵"。常常把事实和精确度置于感情之前，会被认为是感情冷漠。<br>直觉能力和应变能力都偏低，面对变化容易迷失，创造能力相对较弱，不宜担任动荡环境中的工作以及需要创新能力的任务。 | |
| **典型人物：**爱因斯坦、"华人神探"李昌钰，上文剧本中的老钱 | |

| 变色龙型（综合型） | |
| --- | --- |
| **性格特征：**<br><br>具有高度的应变能力，没有突出的个性，处事极具韧性，善于在工作中调整自己的角色去适应环境，因此能够充分融入各种新环境、新文化中且适应性良好。<br>擅于沟通，擅长整合内外信息；处事圆融，懂得凡事看情况看场合，行事不走偏锋，办事让人放心。<br>事事求中立并倾向站在没有立场的位置，在冲突的环境中，能密切地融合于各种环境游走折中。可以为组织进行对内对外的各种交涉，只要任务确实和目标清楚，都能恰如其分地完成其任务。 | |
| 工作风格：<br><br>综合老虎、孔雀、考拉和猫头鹰多种特质，没有特别突出的特点。 | |
| 潜在缺点：<br><br>会被觉得没有个性。<br>没有强烈的个人意识形态，容易被认为没有原则。 | |
| **典型人物：**诸葛亮、基辛格，上文剧本中的小田 | |

# 1.2　本我探源

在上一节，我们通过两个简单的测试来判断自己的性格轮廓和工作风格。其实人是很复杂的高等动物，每个人都有各自独特的特点，而我们平时表现出来的，只是很少的一部分。正如冰山一样，冰山露出水面的只有整个体积的10%，而绝大部分，都深藏在水面之下。

1895 年，德国心理学家西格蒙德·弗洛伊德（Sigmund Freud）与约瑟夫·布鲁尔（Josef Breuer）合作发表了《歇斯底里研究》，其中阐述了著名的"冰山理论"，认为人的心理分为本我、自我、超我三部分：

（1）本我是人的各种原始欲望，是人的基本需求；

（2）自我是个体出生后，在现实环境中由本我中分化发展而产生，由本我而来的各种需求，如果不能在现实中立即获得满足，人就必须迁就现实的限制，并学习如何在现实中获得需求的满足；

（3）超我是由个体在生活中接受社会文化、道德规范的教养而逐渐形成的，往往是由道德判断、价值观等组成。

上述三部分构成完整的个体，相互作用。自我介于超我和本我之间，协调本我和超我，既不能违反社会道德约束又不能太压抑。在通常情况下，本我、自我和超我相互协调，处于平衡状态，从而保证了人格的正常发展。如果三者失调乃至破坏，就会产生精神疾病，危及人格的发展。

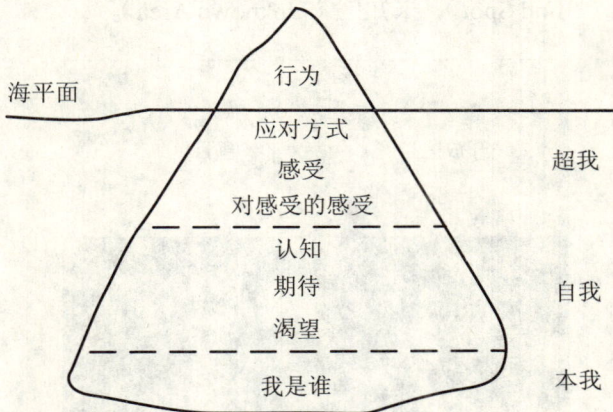

图 1—3 萨提亚模式的冰山理论

弗洛伊德认为人的人格就像海面上的冰山一样，露出来的仅仅只是一部分，即有意识的层面；剩下的绝大部分是处于无意识的，但是隐藏在水下的潜意识和无意识部分却对人的行为产生重要影响。

美国著名家庭治疗大师维吉尼亚·萨提亚（Virginia Satir）女士在从事心理治疗的过程中进一步发展了弗洛伊德的冰山理论，萨提亚模式中的个人冰山理论如图 1—3 所示，冰山各层隐喻的含义如下：

（1）行为——日常生活中表露的行为模式；

（2）应对方式——受外界刺激自然产生的应对方式

（3）感受——对外界事物的感受，表现为喜悦、兴奋、着迷、愤怒、伤痛、恐惧、悲伤等情绪；

（4）对感受的感受——对各种情绪的判断；

（5）认知——信念、假设、主观意识、思考、想法、价值观；

（6）期待——对自己、对别人的期待，以及来自他人对自己的期待；

（7）渴望——内心深处的需求，包括爱、接纳、归属、创意、连结、自由，等等；

（8）我是谁——最本原的自我，包括灵性、灵魂、生命能量、精髓、核心、存在。

我们日常表现出来的外在行为只是关于自己冰山的一角，在冰山之下，隐藏着许多别人未知甚至自己也从未察觉的情绪、感受、期待、渴望等。心理学上把人对自己的认知分成四个范畴：公开区（Open Area），隐藏区（Hidden Area），盲目区（Blind Spot），未知区（Unknown Area）。

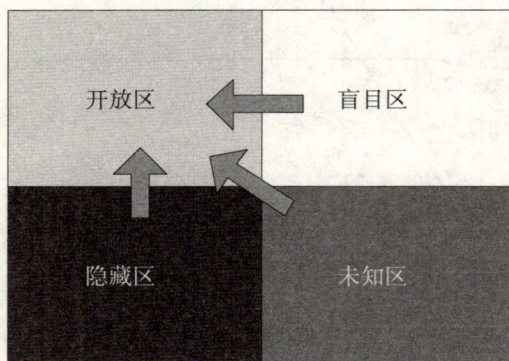

图1—4　乔哈里视窗

这个概念由 Joseph Luft 和 Harry Ingham 提出，如图 1—4 所示，称为乔哈里视窗（Johari Window，Johari 是两人名字 Joseph 和 Harry 的组合）。公开区是自己知道、别人也知道的信息，例如你的名字、身高、长相，以及毕业院校、工作职务等这些公开的信息；隐藏区是自己知道而别人不知道的秘密，例如自己内心的想法、某些隐秘的爱好；盲目区是自己不知道但别人却知道的盲点，比如不经意间的行为方式、别人对你的感受等；未知区是自己和别人都不知道的信息，这个区域有多大，没有人知道，是认知的黑洞，有待不断地发掘。

认知自我的过程就是不断地扩大开放区的过程：将自己更加开放，让更多的人来认识自己，并通过与他人有效的沟通获取别人对自己的反馈，更加深入地了解自己，弥补认知的盲区，寻找自身不足，继而加以改进。

那么如何才能认识到海面之下的自我呢，如何才能扫除更多的盲目区并发掘更大的未知区呢？每个人出生和成长的环境不同，生活阅历也不尽相同，导致了人们各方面上的差异。我们可以尝试从如下七个方面探索自己的冰山深处：

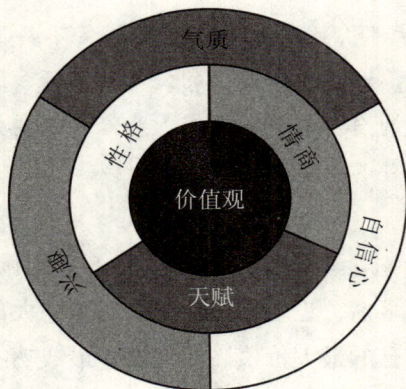

图1—5　认识自己的七个维度

（1）天赋：这是我们与生俱来的特征，现代科学已经证明了基因、生长环境对人的禀赋有着重要的影响；

（2）情商：情商是与智商（很大程度取决于天赋）相对的，是一个人在情绪智力方面的综合体现；

（3）性格：性格是人在长期的生活中逐渐形成的，对人的行为方式有着重要的影响；

（4）兴趣：我们对不同事物的爱好程度是不同的，不同人表现出的喜好也是不同的。

（5）气质：气质是人内在性格、品质的外在流露，体现了一个人的精神风貌。

（6）自信心：自信心是对个人对自我的认可程度。

（7）价值观：价值观是我们内心的行为准则，是我们行动的方向标。

正如图1—5所示，气质、自信心和兴趣是个人天赋、性格和情商多方面因素综合的外在表现，这六个方面不断融合促进形成了价值观。反之，价值观及价值观的成熟度对这些方面又都有着不同程度的引导。

## 1.2.1　天赋——天生我材

美国著名咨询公司盖洛普（Gallup）在其推出的商业畅销书《现在，发现你的优势》中，提出了一项革命性的观点："成功之道在于最大限度地发挥优势，而不是克服弱点。"书中指出：

"不幸的是，我们大部分人对自身才干和优势不甚了了，更不具备根据优势安排自己生活的能力。相反，在我们的父母、老师、经理和一心关注病态的心理学引导下，我们成为自身弱点的专家，为修补这些欠缺而一生追求，却对我们的优势不闻不问，任其荒废。"

书中公布了一组针对全球大型组织中两百万人的调查结果，只有20%的人有机会做他最擅长的事情，也就是说在这些组织中大部分人都不能做自己最擅长的事情，以发挥自己的最大价值。而像那些最成功的人士，如沃伦·巴菲特、比尔·盖茨、泰格·伍兹等，他们之所以取得成功，正是因为他们发现了自己的优势，并很好地运用了这些优势，同时对他们不擅长的方面做了很好的控制。巴菲特并非具有洞悉市场规律的思辨能力，但是他有耐心等待并投入信任，使得他能够长期投资一些他能够直觉理解其产品和服务的公司，而对他不熟悉的互联网等新兴领域却从不涉足。比尔·盖茨则将自己不擅长的综合管理交给了鲍尔默，自己专心关注技术发展。泰格·伍兹有着超凡的长射技能和进洞技术，但是他的障碍技能仅列第61，但这并没有妨碍他成为最伟大的高尔夫运动员。

这一观点似乎和著名的"木桶效应"矛盾。"木桶效应"告诉我们，我们能成就多大的事业，受囿于我们最薄弱的那个方面。而现在盖洛普的优势识别器（Strengths Finder）却告诉我们：在一个分工的社会中，如果我们能做自己更擅长做的事情时，效率更高，更容易获得成功。

不可否认，每个人在天赋上有所差异。正如有的人生来高大，天生是打篮球的料，有的人生来矮小，但是反应敏捷；有的人少年得志，有的人则大器晚成；有的人是天生的演说家，有的人讷于言而敏于行；有的人看一眼就能对一长串数字过目不忘，有的人却对数字异常头疼……每个人在某个领域都有与众不同的天赋，如果能够在成长早期被发现，并加以培养，就像插上了一双飞翔的翅膀，获得比同龄人更好的发展。

哈佛大学心理学家霍华德·加德纳（Howard Gardner）于1983年提出多元智能理论（Theory of Multiple Intelligences），并于1995年加以修改完善。他认为，人类的智慧至少包括八种不同的能力，即语言智能、数理逻辑智能、视觉空间智能、音乐智能、肢体运动智能、内省智能、人际智能和自然探索智能。不同的智能使得人们对不同的表现形式具有不同程度的敏感度，也使得人们更倾向于从事不同类型的操作，因此也就更适合不同的职业。对这八种智能的具体描述如表1—2所示。

表 1—2　加德纳的多元智能理论

| 智能 | 释义 | 敏感于 | 倾向于 | 适合职业 |
|---|---|---|---|---|
| 语言智能 | 能够有效地运用口头语言及文字描述事件、表达思想并与人交流 | 声音、意义、结构、语言风格 | 听、说、读、写 | 作家、演说家、记者、编辑、节目主持人、播音员、律师 |
| 数理逻辑智能 | 擅于靠推理来进行思考，喜欢提出问题并执行实验以寻求答案，寻找事物的规律及逻辑顺序 | 模型、数字和数据，因果关系、客观和定量的分析及推理 | 发现模型、进行计算，形成和验证假设，使用科学方法演绎和归纳 | 会计、统计师、经济学家、工程师、科学家、程序员 |
| 视觉空间智能 | 对色彩、线条、形状、空间及它们之间关系的敏感性很高，感受、辨别、记忆、改变物体的空间关系并借此表达思想和情感 | 色彩、形状、视觉游戏，对称、线条、意向 | 将观念视觉化，创造心理意向，注意视觉细节，绘画和素描 | 艺术家、摄影师、工程师、装潢设计人员、导游、侦察、巡逻员 |
| 肢体运动智能 | 善于运用整个身体来表达想法和感觉，以及运用双手灵巧地生产或改造事物 | 触摸、运动、自己身体的状况、体育竞赛 | 需要力量、速度、灵活性、手眼协调和平衡的活动 | 机械工、外科医生、木工、雕刻家、建筑工、舞蹈者、运动员、演员 |

续表

| 智能 | 释义 | 敏感于 | 倾向于 | 适合职业 |
|---|---|---|---|---|
| 音乐智能 | 能够准确感知音调、旋律、节奏和音色等能力，通过作曲、演奏和歌唱等表达音乐 | 音调、节拍、速度、旋律、音高 | 听、唱、弹奏乐器 | 作曲家、指挥家、歌唱家、乐师、乐器制作者、音乐评论家 |
| 人际智能 | 擅长与人交往能力，包括组织能力、分析能力、人际联系能力，能很好地与他人合作，并且对人们的情绪、态度和愿望的细微变化很敏感 | 身体语言、情绪、声音、感受 | 关注他人的感受和个性，并作出回应 | 行政人员、经理、咨询师、教师、治疗师、心理学家 |
| 内省智能 | 认识到自己的能力，正确把握自己的长处和短处，控制情绪、意向、动机、欲望，对生活有规划，自尊、自律，会吸收他人的长处 | 自己的优点、弱点、目标和需求 | 确立目标，评估人的能力和弱点，监控自己的思维 | 生态学家、巡逻员、动物学家、植物学家、兽医、猎人、侦查员 |
| 自然探索智能 | 善于观察自然界中的各种事物，对物体进行辨识和分类，有着强烈的好奇心和求知欲，有着敏锐的观察能力 | 自然物体、植物、动物、自然规律、生态问题 | 对生物和自然物的鉴别 | 天文学家、生物学家、地质学家、考古学家、环境设计师 |

　　加德纳博士认为，所有人都具有这八种智能，这些智能在每个人成长的早期即已形成，但是大多数人只在一两种智能上表现特别出色，这就是所谓的天赋。他进一步指出，人的智能发展具有不均衡性，既有强项，也有弱点，人一旦找到自己智能的最佳点，智能潜力就能得到充分发挥，从而取得惊人的成绩。多元智能理论可以帮助我们发掘自己的潜能，找到自己擅长的智能。

　　江苏卫视于2013年岁末推出一档综艺节目《最强大脑》，旨在发掘具有特殊智能、脑力过人的人才。这档节目刚刚推出即引起广泛关注，各位选手表现出的惊人脑力令人惊叹！不管是在短时间内记忆200个人的指纹，还是在几秒内心算几十位数字开方，或者蒙着眼睛穿越三维障碍空间……都让人们不得不承认天赋的存在。如果对这些具有特殊智能的人加以培养和引导，则会发挥更重要的作用，甚至成为下一个爱因斯坦。

　　不仅是这些天赋异禀的人需要发掘天赋，我们每个人应该及早充分发掘自身的天赋并加以培养，从事自己擅长的领域，可以帮助我们事半功倍、游刃有余。

**小　测　试**

## 成人多元智能量表

（资料来源：［美］哈维·席尔瓦，理查德·斯特朗，马修·佩里尼著．多元智能与学习风格．张玲译．北京：教育科学出版社．）

1. 多元智能指标

以下是对一些行为的叙述，请用下列 0 到 4 的数字表示最适合你的情况。

```
0          1          2          3          4
完全不像我  不太像我   无所谓     很像我    完全像我
```

| I | II |
|---|---|
| A 我喜欢阅读 | A 当我学会一个新词，我会试着把它用在对话或写作中 |
| B 我觉得逻辑问题是有趣的挑战 | B 我喜欢数学课，而不是社会课或英语课 |
| C 当我思考时，我会画出来 | C 我能够区分色彩、线条及形状的细微差别 |
| D 我喜欢唱歌，即使只唱给自己听 | D 我经常听音乐 |
| E 我善于动手修理或制作物品 | E 我有很好的平衡感和协调能力 |
| F 我善于结交新朋友 | F 我喜欢社交聚会及活动 |
| G 我常常思考自己及自己的价值观 | G 我很重视自己的独立性 |
| H 只要有机会，我喜欢待在大自然中 | H 我善于预测自然现象的变化 |
| **III** | **IV** |
| A 我喜欢就某一观点进行辩论或对某件事情进行解释 | A 我常使用隐喻，我的语言很有表现力 |
| B 我善于在情境中发现规律与异常 | B 我善于分析数字与资料 |
| C 我善于将观念形象化 | C 我善于查阅地图 |

| | |
|---|---|
| D 唱歌时我不会跑调 | D 我精通一种乐器 |
| E 我能很快学会一种新的舞蹈或运动 | E 我讲话时常用手势 |
| F 我乐于参加聚会 | F 我很容易与别人熟悉 |
| G 我经常自言自语 | G 我经常反省自己的优点与缺点 |
| H 我参加过保护生态的活动 | H 我喜欢生物，不喜欢化学 |
| **V** | **VI** |
| A 我善于用文字描述事物 | A 我善于用言语说服他人 |
| B 我不墨守成规 | B 抽象的概念不会令我厌烦 |
| C 当我阅读时，我的脑海中会浮现出故事的情节 | C 当我看电影时，我比较注意看而不是听 |
| D 当音乐变得沉闷、节奏失常或跑调时，我会立刻发现 | D 在我的脑海中，有一座"音乐图书馆" |
| E 我喜欢体能活动，即使它很艰苦 | E 如果我长时间不能走动，就会觉得很烦 |
| F 我喜欢与新的人交往和共事 | F 当我无法作出决定时，我会咨询别人的意见 |
| G 我喜欢三思而后行 | G 我经常需要属于自己的时间 |
| H 我精通户外活动，如打猎、钓鱼或观鸟 | H 我有特殊的园艺才能 |
| **VII** | **VIII** |
| A 我喜欢研究每个字的意义 | A 我发现写作很愉快 |
| B 我能阅读并理解有数字的图表 | B 科学上最新的讨论与议题令我着迷 |
| C 我善于颜色搭配和装饰 | C 我站在一个地方不动，也能想象出某一物品在不同角度的样子 |
| D 我喜欢自己作曲 | D 我可以跟上节拍 |
| E 我需要动手操作，才能了解工作原理 | E 我喜欢手工活动，如木工、组装模型或缝纫 |
| F 我不喜欢冲突，当冲突发生时，我尽量维持和谐 | F 我善于让他人感觉自在、舒服 |
| G 我喜欢为自己设定个人目标 | G 我比较信任自己的判断，而不是他人的忠告 |
| H 我喜欢以大自然为背景或对象来绘画或摄影 | H 我喜欢远足和露营 |

续表

| IX | X |
|---|---|
| A 我喜欢到图书馆或书店去看书并研究一些想法 | A 我很会玩猜字谜等文字游戏 |
| B 我相信几乎每一件事情都有一个合乎逻辑的解释 | B 我喜欢玩斗智游戏 |
| C 我容易记住别人的长相，而不是他们的姓名 | C 我喜欢玩走迷宫、辨认视觉错觉等游戏 |
| D 我很清楚自己的音乐趣味，知道自己喜欢什么，不喜欢什么 | D 我记得很多歌曲的歌名 |
| E 我喜欢亲自参加某种运动，而不是旁观 | E 我善于模仿他人的动作 |
| F 我对他人的反应很强烈 | F 我喜欢与他人共事 |
| G 我喜欢自己做自己的老板 | G 我喜欢可以一个人玩的游戏，如单人纸牌、电脑游戏 |
| H 在户外，我觉得舒适而自信 | H 在森林中，我可以凭借太阳和星星找到方向 |

2. 计分

将你所选的数字填入相应的表格中，并计算你每项智能的总分。

| 题号 | 智能类别 | 项目 | | | | | | | | | | 总分 |
|---|---|---|---|---|---|---|---|---|---|---|---|---|
| | | I | II | III | IV | V | VI | VII | VIII | IX | X | |
| A | 语言 | | | | | | | | | | | |
| B | 数理逻辑 | | | | | | | | | | | |
| C | 视觉空间 | | | | | | | | | | | |
| D | 音乐 | | | | | | | | | | | |
| E | 肢体运动 | | | | | | | | | | | |
| F | 人际 | | | | | | | | | | | |
| G | 内省 | | | | | | | | | | | |
| H | 自然探索 | | | | | | | | | | | |

3. 画出你的智能轮廓

统计你每项智能的总分，并用线连起来。

| 得分<br>智能 | 根本不擅长 | 不太擅长 | 有点擅长 | 比较擅长 | 非常擅长 |
|---|---|---|---|---|---|
| 语言 | 0——5——10——15——20——25——30——35——40 | | | | |
| 数理逻辑 | 0——5——10——15——20——25——30——35——40 | | | | |
| 视觉空间 | 0——5——10——15——20——25——30——35——40 | | | | |
| 音乐 | 0——5——10——15——20——25——30——35——40 | | | | |
| 肢体运动 | 0——5——10——15——20——25——30——35——40 | | | | |
| 人际 | 0——5——10——15——20——25——30——35——40 | | | | |
| 内省 | 0——5——10——15——20——25——30——35——40 | | | | |
| 自然探索 | 0——5——10——15——20——25——30——35——40 | | | | |

我最擅长的两项智能是 _____ 和 _____；

我最不擅长的两项智能是 _____ 和 _____。

### 1.2.2 情商——成功关键

过去人们通常只注重智力的发展，通过各种方式提高学习能力、记忆能力，获取大量的知识，但是后来人们逐渐发现，智力并不是取得成功的决定条件。很多人非常聪明，但是性格孤僻或者目中无人，不懂得与人相处合作，发展并不顺利；而有的人，虽然不见得聪颖过人，但是处事周到，与人合作愉快，到处受人欢迎，事业极为成功。于是人们开始反思传统的单纯的智力教育模式，逐渐发现，人的管理情绪能力、人际交往能力等非智力因素也是获得成功不可或缺的条件。为此，美国心理学家彼得·萨洛维（Peter Salovey）和约翰·梅耶（John Mayer）提出了情绪智力（Emotion Intelligence）的概念，经过著名科学记者丹尼尔·戈尔曼（Daniel Goleman）发展形成现在广为人知的情商理论。戈尔曼认为，情商（Emotion Quotient，EQ）与智商（Intelligence Quotient，IQ）的关注点不同，情商侧重认知和管理情绪的能力，包括以下几个层次的内容：

（1）认知自我情绪：自我意识是情商的基础，要想提高情商，首先需要了解自己喜怒哀乐的起源和动因。

（2）管理自我情绪：仅仅认识到自我情绪还不够，只有掌控好自己的情绪，才可能做出理智的行为。情绪管理建立在自我认知的基础上，通过自我调节，达到自我安慰，摆脱焦虑或不安的目的。

（3）自我激励：高情商的人善于激励自己，对目标保持高度热忱，并将情绪专注于该目标，从而有利于集中注意力和发挥创造力。

（4）认知他人情绪：除了管理自我、激励自我外，高情商的人善于察言观色，洞察他人的心理活动，从而了解别人的想法和需求。

（5）人际关系管理：人际关系管理是在认知自己和他人情绪基础上，管理自己和他人情绪的艺术，高情商的人往往善解人意、体贴周到，能够与不同性格、不同类型的人都能和谐相处、愉快合作，这是良好人际关系的基础。

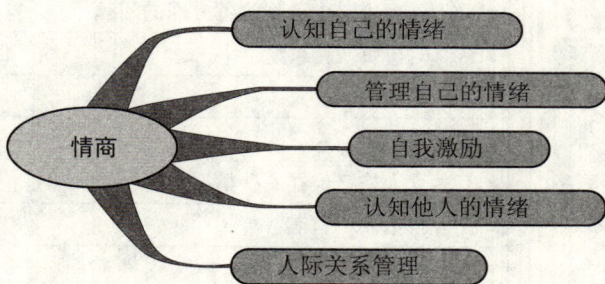

图1—6　情商的五个方面

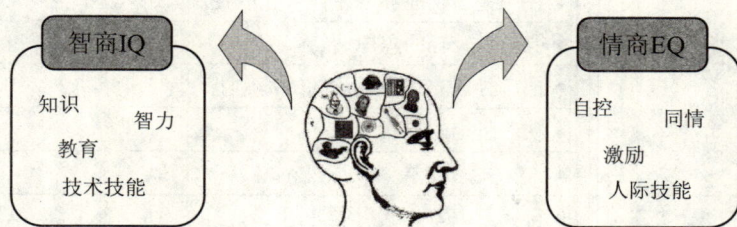

图1—7　智商和情商的比较

虽然戈尔曼本人在《情商：为什么情商比智商更重要》一书的序言中否认了情商决定了成功的80%的说法，但是，情商无疑在人取得成功的过程中发挥着关键性的作用。具有高情商的人，能够很好地控制自己的情绪，并体察到他人的情绪感受，关心他人，拥有良好的人际关系，容易受人欢迎，从而获得更多的信任和帮助。不同情商水平的人表现呈现出一定的差别，给人留下的印象也大不相同。情商水平的高低不像智力水平那样可用测验分数较准确地表示出来，它只能根据个人的综合表现进行判断。一般认为，不同水平的情商表现如表 1—3 所示。

表 1—3　不同情商的表现

| 情商水平 | 具体表现 |
|---|---|
| 高情商 | ● 尊重所有人的人权和人格尊严 |
| | ● 不将自己的价值观强加于他人 |
| | ● 对自己有清醒的认识，能承受压力 |
| | ● 自信而不自满 |
| | ● 人际关系良好，和朋友或同事能友好相处 |
| | ● 善于处理生活中遇到的各方面的问题 |
| | ● 认真对待每一件事情 |
| 较高情商 | ● 是负责任的好公民 |
| | ● 自尊 |
| | ● 有独立人格，但在一些情况下易受别人焦虑情绪的感染 |
| | ● 比较自信而不自满 |
| | ● 较好的人际关系 |
| | ● 能应对大多数问题，不会有太大的心理压力 |
| 较低情商 | ● 易受他人影响，自己的目标不明确 |
| | ● 在一些场合能够原谅他人，能控制大脑 |
| | ● 能应付较轻的焦虑情绪 |
| | ● 把自尊建立在他人认同的基础上 |
| | ● 缺乏坚定的自我意识 |
| | ● 人际关系较差 |
| 低情商 | ● 自我意识差 |
| | ● 无确定的目标，也不打算付诸实践 |
| | ● 严重依赖他人 |
| | ● 处理人际关系能力差 |
| | ● 应对焦虑能力差 |
| | ● 生活无序 |
| | ● 无责任感，爱抱怨 |

　　为了帮助人们认识情商并改善情商水平，美国情商研究专家乔舒瓦·弗理德曼（Joshua Freedman）经过多年的研究和实践，将已有的情商研究成

果进行整理，汇总出提高情商的三大步骤八种核心胜任力，如图1—8所示，具体为：

第一步：了解情绪。首先需要弄清楚什么是情绪，什么是情绪智力，情绪智力如何影响我们的行为模式和决策，这是提高情商的前提。了解情绪包括两个方面：一是认知情绪的分类和来源，二是识别情绪模式，即能够识别自我及他人情绪发生起因、发展路径及可能结果等。

第二步：选择情绪。通过培养自我管理和自我引导的能力，使自己能够有意识地引导自己的思考、情绪和行动，而不是由潜意识控制，即"下意识地反应"。这一步包括四个要素：

（1）因果思维：在情绪发生的一刻能够进行因果思考，而不是急于下结论；

（2）驾驭情绪：能够管理和运用情绪，使得情绪能够在可控范围内变化，并尽可能向着预期的目标演化；

（3）运用内在动力：运用个人价值观、自我激励等方式产生正能量，向外界辐射，产生积极的影响和效果；

（4）修炼乐观思维：在任何情绪下，能够保持乐观的情绪进行思考和行动。

第三步：超越情绪。通过追求自我存在价值来提升运用情绪的能力。当我们的日常行为与自我内心深处的渴望达到一致时，我们将会做出最合理的抉择，最大限度地发展自我驾驭能力，释放自己的全部力量与潜能，最有效地完成目标。

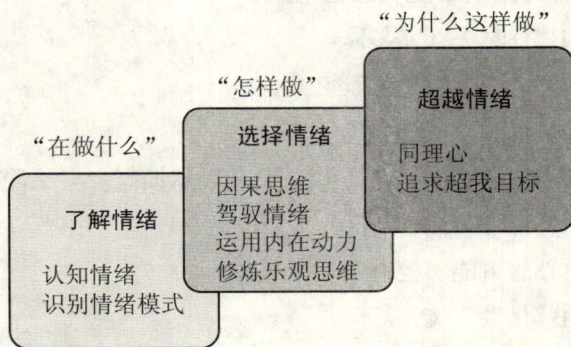

"为什么这样做"

"怎样做"

超越情绪

"在做什么"

选择情绪

同理心
追求超我目标

了解情绪

因果思维
驾驭情绪
运用内在动力
修炼乐观思维

认知情绪
识别情绪模式

**图1—8 6秒钟情商提升模型**

## 小 测 试

### 情商水平测试

本问卷是一组综合性测试情商的问答题，回答没有正确与错误之分，请根据你的实际情况与真实想法，用最快的时间在三种选项中作出选择。

1. 对自己的性格类比有比较清晰的了解？

A. 总是　　B. 有时　　C. 从不

2. 无法确知自己是在为何生气、高兴、伤心或忌妒？

A. 总是　　B. 有时　　C. 从不

3. 知道自己在什么样的情况下容易发生情绪波动？

A. 总是　　B. 有时　　C. 从不

4. 即使有生气、高兴、伤心、忌妒的事也不愿或不能表达出来？

A. 总是　　B. 有时　　C. 从不

5. 懂得从他人言谈与表情中发现自己情绪的变化？

A. 总是　　B. 有时　　C. 从不

6. 起伏很大，自己都不了解是为什么？

A. 总是　　B. 有时　　C. 从不

7. 有扪心自问的反思习惯？

A. 总是　　B. 有时　　C. 从不

8. 不知道自己的感情是脆弱还是坚强？

A. 总是　　B. 有时　　C. 从不

9. 性情不够开朗，很少展露笑容？

A. 总是　　B. 有时　　C. 从不

10. 很难找到表达情绪的适当方式，要么表示愤怒。要么隐忍或委屈？

A. 总是　　B. 有时　　C. 从不

11. 遇到不顺心的事能够控制自己的情绪？

A. 总是　　B. 有时　　C. 从不

12. 情绪波动起伏，往往不能自控？

A. 总是　　B. 有时　　C. 从不

13. 遇到意想不到的突发事件，能够冷静应对？

A. 总是　　B. 有时　　C. 从不

14. 精神处于紧张状态，不能自我放松？

A. 总是　　B. 有时　　C. 从不

15. 受到挫折或委屈，能够保持能屈能伸的乐观心态？

A. 总是　　B. 有时　　C. 从不

16. 对自己期望很高，达不到标准时会很生气或发脾气？

A. 总是　　B. 有时　　C. 从不

17. 出现感情冲动或发怒时，能够较快地"自我熄火"？

A. 总是　　B. 有时　　C. 从不

18. 做什么事都很急，觉得自己属于耐不住性子的人？

A. 总是　　B. 有时　　C. 从不

19. 听取批评意见包括与实际情况不相符的意见时，没有耿耿于怀或不乐意？

A. 总是　　B. 有时　　C. 从不

20. 对人对事不喜欢深思熟虑，主张"跟着感觉走"？

A. 总是　　B. 有时　　C. 从不

21. 在人生道路上的拼搏中，相信自己能够成功？

A. 总是　　B. 有时　　C. 从不

22. 不愿尝试所谓新事物，对自己不会的事情会感到无聊、低级趣味？

A. 总是　　B. 有时　　C. 从不

23. 决定了要做的事不轻言放弃？

A. 总是　　B. 有时　　C. 从不

24. 一次想做很多事，因此显得不够专心？

A. 总是　　B. 有时　　C. 从不

25. 工作或学习上遇到困难，能够自我鼓励克服困难？

A. 总是　　B. 有时　　C. 从不

26. 对于自己该做的事，很难主动地负责到底？

A. 总是　　B. 有时　　C. 从不

27. 相信"失败乃成功之母"？

A. 总是　　B. 有时　　C. 从不

28. 没有必要要求自己什么，觉得自己做不到的事不如干脆放弃？

A. 总是 　　B. 有时 　　C. 从不

29. 办事出了差错自己要总结经验教训，不怨天尤人？

A. 总是 　　B. 有时 　　C. 从不

30. 不敢担任新的职责，因为怕自己会犯错？

A. 总是 　　B. 有时 　　C. 从不

31. 对同学、同事们的脾气性格有一定的了解？

A. 总是 　　B. 有时 　　C. 从不

32. 在意别人对自己的看法，生活无法轻松自在？

A. 总是 　　B. 有时 　　C. 从不

33. 经常留意自己周围人们的情绪变化？

A. 总是 　　B. 有时 　　C. 从不

34. 当别人提出问题时会不知怎样回答才让人满意？

A. 总是 　　B. 有时 　　C. 从不

35. 与人交往时知道怎样去了解和尊重他人的情感？

A. 总是 　　B. 有时 　　C. 从不

36. 与人相处时不善于了解对方的想法或怎样看待事物？

A. 总是 　　B. 有时 　　C. 从不

37. 能够说出亲人和朋友各自的一些优点和长处？

A. 总是 　　B. 有时 　　C. 从不

38. 触痛别人或伤及别人的感情时自己不能察觉？

A. 总是 　　B. 有时 　　C. 从不

39. 不认为参加社交活动是浪费时间？

A. 总是 　　B. 有时 　　C. 从不

40. 别人的感受是什么对我来说没有必要去考虑？

A. 总是 　　B. 有时 　　C. 从不

41. 有同他人合作的心态？

A. 总是 　　B. 有时 　　C. 从不

42. 对单位、学校及家庭既定的规章制度不能照章行事？

A. 总是 　　B. 有时 　　C. 从不

43. 见到他人的进步和成就有高兴的心情？

A. 总是　　B. 有时　　C. 从不

44. 对有约在先的事，无法履行兑现，或草率了事？

A. 总是　　B. 有时　　C. 从不

45. 与人共事懂得不能"争功于己，诿过于人"？

A. 总是　　B. 有时　　C. 从不

46. 担心自己的意见或建议不好时，宁愿随声附和？

A. 总是　　B. 有时　　C. 从不

47. 与人相处能够"严于律己，宽以待人"？

A. 总是　　B. 有时　　C. 从不

48. 别人不同意自己的意见时就会表现出不满，或避而远之？

A. 总是　　B. 有时　　C. 从不

49. 知道失信和欺骗是友谊的大敌？

A. 总是　　B. 有时　　C. 从不

50. 觉得委曲求全是解决矛盾的好方法？

A. 总是　　B. 有时　　C. 从不

## 情商测试答题纸

| 自我情绪认知 | | | | 自我情绪管理 | | | | 自我激励 | | | | 他人情绪认知 | | | | 人际关系管理 | | | |
|---|---|---|---|---|---|---|---|---|---|---|---|---|---|---|---|---|---|---|---|
| 题号 | A | B | C | 题号 | A | B | C | 题号 | A | B | C | 题号 | A | B | C | 题号 | A | B | C |
| 1 | 2 | 1 | 0 | 11 | 2 | 1 | 0 | 21 | 2 | 1 | 0 | 31 | 2 | 1 | 0 | 41 | 2 | 1 | 0 |
| 2 | 0 | 1 | 2 | 12 | 0 | 1 | 2 | 22 | 0 | 1 | 2 | 32 | 0 | 1 | 2 | 42 | 0 | 1 | 2 |
| 3 | 2 | 1 | 0 | 13 | 2 | 1 | 0 | 23 | 2 | 1 | 0 | 33 | 2 | 1 | 0 | 43 | 2 | 1 | 0 |
| 4 | 0 | 1 | 2 | 14 | 0 | 1 | 2 | 24 | 0 | 1 | 2 | 34 | 0 | 1 | 2 | 44 | 0 | 1 | 2 |
| 5 | 2 | 1 | 0 | 15 | 2 | 1 | 0 | 25 | 2 | 1 | 0 | 35 | 2 | 1 | 0 | 45 | 2 | 1 | 0 |
| 6 | 0 | 1 | 2 | 16 | 0 | 1 | 2 | 26 | 0 | 1 | 2 | 36 | 0 | 1 | 2 | 46 | 0 | 1 | 2 |
| 7 | 2 | 1 | 0 | 17 | 2 | 1 | 0 | 27 | 2 | 1 | 0 | 37 | 2 | 1 | 0 | 47 | 2 | 1 | 0 |
| 8 | 0 | 1 | 2 | 18 | 0 | 1 | 2 | 28 | 0 | 1 | 2 | 38 | 0 | 1 | 2 | 48 | 0 | 1 | 2 |
| 9 | 0 | 1 | 2 | 19 | 2 | 1 | 0 | 29 | 2 | 1 | 0 | 39 | 2 | 1 | 0 | 49 | 2 | 1 | 0 |
| 10 | 0 | 1 | 2 | 20 | 0 | 1 | 2 | 30 | 0 | 1 | 2 | 40 | 0 | 1 | 2 | 50 | 0 | 1 | 2 |
| 总分 | | | | | | | | | | | | | | | | | | | |

将上述五个分项得分相加即为总体 EQ 指数，情商总分：_____

解析：

| 得分 | 情商水平 | 评价 |
|---|---|---|
| 81—100 分 | 较高 | • 情绪稳定，乐观自信，客观冷静，人际交往、处理问题及社会适应能力较强，是一种积极健康的心理状态。 |
| 41—80 分 | 居中 | • 尚需保持和发扬优势面，克服不足，不断提高。 |
| 40 分以下 | 偏低 | • 情绪常波动起伏，人际交往、处理问题及社会适应能力欠缺，但也毋需恐惧，应当找出薄弱环节，有针对性地加强自我修养和锻炼，以不断提高自己的情商水平。 |

### 1.2.3  性格——秉性难移

在 1.1.2 节中，我们初步了解了自己的性格轮廓，SCMP 模型只从两个维度来衡量人的性格，相对比较简单，本小节将介绍一个更为成熟的性格模型，即 MBTI 模型。

先做一个小测验：快速将你双手交叉合上，用劲握一握，看看你的左手大拇指在最上面，还是右手的大拇指在最上面？看看别人，是否和你一样？

然后交换一下，即如果本来左手大拇指在最上面，这一次右手大拇指会出现在最上面，再用劲握一握，是什么感觉？

没错，你会觉得别扭，还是一开始的握法更舒服。

双手紧握这样一个简单的动作，我们不经意地做了几十年，已经习以为常，一开始下意识的握法是我们长期以来形成的习惯，因此是我们最舒服的状态。一旦换个方式，就会感觉很不适应。其实我们的性格也是一样的，个人的性格是在几十年生活中长期形成的一种生活模式，一时难以改变。性格本身并无优劣，正如左手大拇指在上还是右手大拇指在上一样。我们需要的做的，是了解自己的性格特征，了解自己最舒服的为人处事的方式，以帮助自己在一些特定的情境下做出恰当的反应。

瑞士著名心理学家卡尔·荣格（Carl G. Jung）在其 1921 年发表的《心理类型学》中详细阐述了内倾型和外倾型的态度类型，同时将人的心理活动分为感觉、直觉、思维和情感四种基本机能。荣格按照两种态度类型与四种机能的组合，将人类性格共分成八种类型，以此来描述彼此之间的差异。这一理论被美国的 Katherine C. Briggs 和 Isabel Briggs Myers 进一步发展，形成 MBTI（Myers-Briggs Type Indicator）性格模型。MBTI 是当今世界上应用最广泛的职业性格测试工具，用来衡量和描述人们在精力来源、获取信息、作出决策、对待生活等方面的心理活动规律和性格类型。

MBTI 通过四个维度来测量人在性格和行为方面的偏好和差异，如图 1—9 所示，具体包括

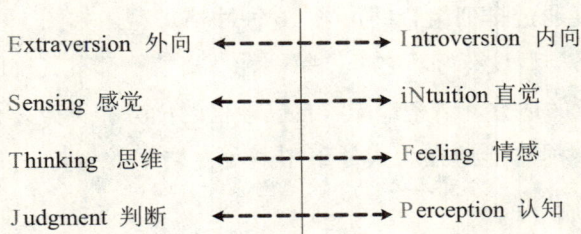

Extraversion 外向 ◄──────► Introversion 内向

Sensing 感觉 ◄──────► iNtuition 直觉

Thinking 思维 ◄──────► Feeling 情感

Judgment 判断 ◄──────► Perception 认知

**图 1—9　MBTI 职业性格模型的四个维度**

（1）外向（Extraversion，E）vs. 内向（Introversion，I）

这个维度衡量人的注意力所在和精力的来源。外向的人会更多地关注外部事物，从其他人和外部活动中获取和补充能量；内向的人会更多关注内心世界，从自身内部和静思中获取和补充能量。外向的人生活面宽，需要与人交流，并自由地表达思想和情绪；内向的人生活面窄，他们需要私人空间，不爱表露自己的思想和情绪；

（2）感觉（Sensing，S）vs. 直觉（iNtuition，N）

这个维度指人获取信息的方式。感觉型的人喜欢处理具体实际的事情，在交待任务时喜欢明确的和可量化的事情；直觉型的人喜欢想象未来的各种可能，倾向于获得创新的机会。感觉型的人喜欢用已有的经验驾轻就熟地工作，按部就班地做事；直觉型的人喜欢尝试新的不同的经历，做事方式跳跃，无论地点和时间。

（3）思维（Thinking，T）vs. 情感（Feeling，F）

这个维度指人作决策的方式。思维型的人倾向于站在局外看待某个情形，更注重原则，如真理和正义；情感型的人倾向于把自己放进情境之中来看待某件事情，更注重关系与和谐。思维型的人擅长思辨和分析，往往会批评多一点；情感型的人善于了解人，喜欢赞赏多一点。

（4）判断（Judging，J）vs. 认知（Perceiving，P）

这个维度衡量人对待外界和处世的方式。判断型的人喜欢定义顺序和计划，将生活安排地井然有序；认知型的人喜欢随性和灵活，享受无拘无束、自由自在的生活。判断型的人喜欢按明确的时间表做事，在完全确定后才会心安；认知型的人喜欢保留一些余地，但往往会最后一刻才匆匆完成某件事。

这四个维度通过排列组合共形成 16 种性格类型，如图 1—10 所示。正如前文所述，性格类型没有好坏之分，每一种性格特征都有其价值和优点，也有缺点和需要注意的地方。清楚地了解自己性格的优势和劣势，有利于更好地发挥自己的特长，尽可能地在为人处事中避免性格中的劣势，更好地和他人相处，更好地做出决策。

|  | 感觉型 | | 直觉型 | |
|---|---|---|---|---|
| 内向型 | ISTJ | ISFJ | ISTF | ISTJ |
| | ISTP | ISFP | INFP | INTP |
| 外向型 | ESTJ | ESFJ | ENFJ | ENTJ |
| | ESTP | ESFP | ENFP | ENTP |

图 1—10　MBTI 十六型人格

图 1—10 中的十六种类型根据其相似度可以简化成 4 大类，分别是感觉—判断（SJ）型，感觉—认知（SP）型，直觉—思维（NT）型，直觉—情感（NF）型。

SJ 型——忠诚的监护人

S 特质使他们注重细节，信赖事实；J 特质使他们组织有序。因此 SJ 型的人忠诚可靠、推崇规则、尊重权威、价值观保守，能够按时完成任务。SJ 型的人具有很强的责任心与事业心，他们被一种服务于社会需要的强烈动机所驱使。他们在生活中往往充当着保护者、管理员、监护人的角色。SJ 倾向的人大多对政府部门及军事部门的职务感兴趣，并且在工作中显现出卓越的成就。据统计，美国历史上 41 位总统中就有 20 位是 SJ 倾向，比如乔治·华盛顿、乔治·布什等都是典型的 SJ 特质的领导人。

| ISTJ | ISFJ |
|---|---|
| • 严肃、安静、集中精力投入、可信赖<br>• 行事务实、有序、逻辑、实际、真实<br>• 工作、居家、生活均有良好组织及秩序<br>• 负责任<br>• 照设定目标来作出决策且坚定执行<br>• 重视传统与忠诚<br>• 传统性的思考者或经理 | • 安静、和善、负责任且有良心<br>• 行事尽责投入<br>• 稳定性高，是项目或团队的安定力量<br>• 愿投入、吃苦及力求精确<br>• 对细节事务有耐心<br>• 忠诚、考虑周到、知性且会关切他人感受<br>• 致力于营造和谐有序的工作与家庭环境 |
| **ESTJ** | **ESFJ** |
| • 务实、事实倾向，具有企业或技术天份<br>• 不喜欢抽象理论；喜欢学习实用技能<br>• 喜欢组织与管理活动，且专注以最有效率方式行事以到达效果<br>• 具有决断力、关注细节且很快做出决策<br>• 容易忽略他人感受。<br>• 喜欢当领导者或企业主管。 | • 诚挚、爱说话、合作性高、受欢迎、光明正大，是天生的合作者及活跃的组织成员<br>• 重和谐且擅长营造和谐的氛围<br>• 常作对他人有益的事务<br>• 给予鼓励及赞许会有更佳工作成效<br>• 对直接、具体影响人们生活的事务感兴趣<br>• 喜欢与他人共事，精确、准时地完成工作。 |

SP 型——天才的艺术家

S特质使其具有实干精神，而P特质又令其追求自由和灵性，富有想象力。因此 SP 型的人往往有冒险精神，反应灵敏，在任何要求技巧性强的领域中游刃有余，他们为行动、冲动和享受现在而活着，常常被认为是喜欢活在危险边缘寻找刺激的人。SP 倾向的人多喜欢从事艺术、娱乐、体育和文学等方面的工作，比如音乐大师莫扎特、歌星麦当娜、篮球巨人乔丹等。

| ISTJ | ISFJ |
|---|---|
| • 冷静旁观者，安静、预留余地、有弹性<br>• 以无偏见的好奇心观察与分析<br>• 有兴趣探索原因及效果，了解技术事件如何运作且使用逻辑推断事实<br>• 擅长于掌握问题核心及找出解决方式<br>• 擅长分析成事的缘由 | • 羞怯、安宁和善、敏感、亲切、行事谦虚<br>• 倾向避开争论，不对他人强加已见或价值观<br>• 无意于领导，常常是忠诚追随者<br>• 办事不急躁，安于现状，无意于因过度急切而破坏现况，非成果导向<br>• 喜欢有自由的空间，按照自订的日程办事 |

| ESTJ | ESFJ |
| --- | --- |
| • 擅长现场解决问题，并享受其中的过程<br>• 倾向于技术事务及运动<br>• 交结志同道合的友人<br>• 具有适应性、容忍度、务实性，专注心力于很快出成效的工作<br>• 不喜欢冗长的概念、解释及理论<br>• 专精于可操作、分解或组合的具体事务 | • 外向、和善、易于接受、乐于分享<br>• 喜欢与他人一起行动且促成事件发生，在学习时亦然<br>• 预测事件未来的发展并会热烈参与其中<br>• 擅长人际相处，具备完备常识<br>• 很有弹性，能立即适应他人与环境。<br>• 热爱生命、人、物质享受 |

NT 型——科学家、思想家

N 特质的人一般想象力丰富，而 T 特质的人又善于思考，因此具有 NT 倾向的人天生有着好奇心，有兴趣获得新知识，喜欢梦想，有极强的分析问题、解决问题的能力。大多数 NT 类型的人喜欢并擅长物理、研究、管理、电脑、法律、工程等理论性和技术性强的工作，比如爱因斯坦、比尔·盖茨等。

| ISTJ | ISFJ |
| --- | --- |
| • 具有强烈动机与意愿来达成目的与创意<br>• 有宏大的愿景，能快速在众多外界事件中找出有意义的典范<br>• 具有良好的策划能力，并完成工作<br>• 具有怀疑心，挑剔、独立、果决，对专业水准及绩效要求高。 | • 安静、自持、弹性，适应力强<br>• 特别喜爱追求理论与科学事理<br>• 擅于通过逻辑及分析来解决问题<br>• 对创意事务及特定工作感兴趣，对聚会与闲聊没有兴趣<br>• 追求可发挥个人强烈兴趣的生涯 |
| **ESTJ** | **ESFJ** |
| • 反应快、聪明、敏捷、长于多种事务<br>• 具有激励伙伴及直言不讳的专长 | • 坦诚、具有决策力的活动领导者<br>• 长于发展与实施广泛的系统以解决组织的问题 |
| • 对解决挑战性的新问题富有策略，但会疏忽或厌烦经常性的任务与细节<br>• 容易转移至新生的兴趣<br>• 会有技巧地索求想要的东西<br>• 擅长看清他人 | • 擅长具有内涵与智慧的谈话，如公众演讲<br>• 喜欢经常吸收新知识，广开信息管道<br>• 容易过度自信，会强加自已观点<br>• 喜欢长远规划、设定目标 |

NF 型——理想主义者、精神领袖

N 特质使人思维活跃，F 特质令人感性、富有同情心，因此 NF 倾向的人在精神上有极强的哲理性，他们善于言辩、充满活力、有感染力、能影响他人的价值观并鼓舞其激情，帮助别人成长和进步。NF 倾向的人大都在教育界、文学界、宗教界、咨询界等领域显示着他们的非凡成就，比如甘地、奥黛丽·赫本等。

| ISTJ | ISFJ |
|---|---|
| • 坚忍、必须达成目标，最大努力投入工作<br>• 默默强烈地、诚挚地关切他人<br>• 因坚守原则而受敬重<br>• 提出造福大众的明确愿景而为人所追随<br>• 追求创意、关系及物质财富的意义及关联<br>• 了解如何激励别人，对他人有洞察力<br>• 光明正大，且坚信其价值观<br>• 有组织且果断地践行其愿景 | • 具有理想，忠诚于其价值观及重要的人<br>• 希望外在生活形态与内在价值观相吻合<br>• 具有好奇心且很快能看出机会所在<br>• 具有了解及发展他人潜能的企图<br>• 常担任开发创意的工作<br>• 做事全神贯注<br>• 对所处境遇及目前拥有不太在意<br>• 适应力强、有弹性，除非价值观受到威胁 |
| **ESTJ** | **ESFJ** |
| • 充满热忱、精力充沛、聪明、富想象力<br>• 认为生命充满机会，期望他人肯定与支持<br>• 几乎能达成所有感兴趣的事<br>• 解决难题，并能对有困难的人施予援手<br>• 即兴执行，能力过人，无须预作规划准备<br>• 为达到目的，经常尽力而为 | • 热忱、负责任，具有鼓励他人的领导风格<br>• 真正关切别人的诉求，会切实用心去处理<br>• 擅长带领团体讨论或演示文稿提案<br>• 爱交际、受欢迎，富有同情心<br>• 对称赞或批评很在意<br>• 喜欢引导别人且能帮助别人发挥潜能 |

实际上，人类社会参差百态，性格千差万别，不可能只有上述的十六种类型。MBTI 模型最大的意义在于通过大量的统计数据，将人群做了一个相对简化的分类，并分析指出不同类型的人的特点是什么，有助于我们探索自己的主要倾向。另外，也需要注意到，性格在长期有意识的学习和磨练中，可能会发生一些变化。比如一个内向的人，当他意识到自己性格内向后，有意识地鼓励自己多和别人交流，并练习演讲能力，在公共场合挑战自己，可能会逐渐变得外向起来；同样，一个直觉型的人，如果经常练习数学和逻辑，也能将自己培养成逻辑思考能力强的人。但是正如古话所说："江山易改，秉性难易"，要想改变自己性格的人，往往需要超乎寻常的决心和毅力，还要付出较大的代价。比如，一个内向的人强迫自己在公众场合和很多人交际，回到家后很可能先把自己关起来睡上一觉，因为他需要从自己内心恢复能量；而一个思维跳跃的直觉型的人在刚开始学习数学会觉得非常头疼，而当他逐渐适应数学的严密逻辑

后，很可能原先的想象力也随之枯竭了。

如前所述，性格没有好坏之分，只是每个人在长期的生活环境熏陶之下养成的不同行为方式。不同性格的人在不同的职业中可能会发挥不同的优势，但是这并不意味着性格决定职业。研究人员发现，同样是美国总统，乔治·华盛顿是一位虔诚的基督教徒，严谨忠诚，一生致力于建造一个独立民主的国家，是典型的 SJ 型人格；富兰克林·德拉诺·罗斯福冷静温和，带领美国走出经济大萧条，并在第二次世界大战中果断参战，使美国成为世界头号强国，是位 NT 型的战略家；奥巴马则善于言辞，他的讲演富有感染力，并反复强调重建"美国梦"，NF 偏好明显；里根则是美国历任总统中唯一一位演员出身的总统，在踏入政坛前，里根担任过运动广播员、救生员、报社专栏作家、励志讲师、电影电视演员等多种职业，并且是美国影视演员协会的领导人，有着强烈的 SP 特质。这四位总统虽然性格迥异，但是他们凭借着自己的优点，在美国特定时期发挥了重要作用，因而也达到了个人的事业巅峰。因此，我们每个人应该根据自己的性格特点，选择适合自己的工作类型，并在工作上不断发挥自己的优势，获得成功。

## 小 测 试

### MBTI 职业性格测试

指导语：

1. 请在心态平和及时间充足的情况下才开始答题。

2. 每道题目均有两个答案选项。请仔细阅读题目，按照与你性格相符的程度，选择你一般情况下最自然的表现。

3. 请注意，题目的答案无对错之分，你不需要考虑哪个答案"应该"更好，而且不要在任何问题上思考太久，而是应该凭你心里的第一反应做出选择。

4. 如果你觉得在不同的情境里，两个答案或许都能反映你的倾向，请选择一个对于你的行为方式来说最自然、最顺畅和最从容的答案。

内向（I）—外向（E）

1.在约会中，我通常：

（E）整体来说蛮健谈的。

（I）较安静，和很熟的人聊天会比较舒服。

2.我倾向拥有：

（E）很多认识的人和很亲密的朋友。

（I）一些很亲密的朋友和一些认识的人。

3.你心情低落时怎样让自己振作起来？

（E）聚会，谈天，出游……

（I）沉思，看书，看电影……

4.你参与社交聚会时

（E）总是能认识新朋友

（I）只跟几个亲密挚友呆在一起

5.你喜欢一个人独自享受空闲时光，或者在安静的家庭环境中放松。

（I）是这样

（E）不是

6.选择你较喜欢的词

（E）演说

（I）写作

7.当你放假时，你多数会

（E）参观著名景点

（I）花时间逛博物馆和一些较幽静的地方

感觉（S）—直觉（N）

1.比起对现实的细节的把握，你更擅长于宏观思考

（N）是的

（S）不是

2.你时常因为生命中遇到的某些复杂情况而迷惑不解

（N）是的

（S）不，我很少想太多，关注实际

3.我比较倾向于

（S）关注当下发生的事

（N）畅想未来，为未来做计划和准备

4.相对之下，我更喜欢

（S）确定而有形的事物

（N）灵感和推理

5.我更愿意被看作是

（S）务实的人

（N）有想法的人

6.你更愿把 ____ 作为朋友？

（S）脚踏实地的人

（N）有头脑的人

7.选择你较喜欢的词

（S）捕捉

（N）总结

| 思维（T）—情感（F） | 判断（J）—认知（P） |
|---|---|
| 1．当和某人分手时。 | 1．在第一次约会中，我： |
| （F）我通常让自己的情绪深陷其中，很难才能抽身而出。 | （J）若我所约的人来迟了，我会很不高兴。 |
| （T）虽然我觉得受伤，但一旦下定决心，我会直截了当地将过去恋人的影子甩开。 | （P）一点都不在乎，因为我也常常迟到。 |
| 2．当我不同意我朋友的想法时： | 2．我选择的生活比校倾向于： |
| （F）我尽可能地避免伤害对方的感受；若是会对对方造成伤害的话，我就不会说。 | （J）有计划和日程表 |
| （T）我通常毫无保留地说话，并且对我的朋友直言直语，因为对的就是对的。 | （P）随性自然 |
| 3．认识我的人倾向形容我为： | 3．我是这样喜欢……的人： |
| （F）热情和敏感。 | （J）不喜欢总是考虑太多，比较决绝 |
| （T）逻辑和明确。 | （P）考虑比较多，下决定的时候常显得犹豫不决 |
| 4．你认为任何事情都可以被分析 | 4．我是这类型的人： |
| （T）是的 | （J）喜欢在一个时间里专心于一件事情直到完成。 |
| （F）不，我不认为每件事都是有前因后果的 | （P）享受同时进行好几件事情。 |
| 5．选择你较喜欢的词 | 5．把事物收拾得有条理，你就会感到高兴 |
| （T）严谨 | （J）是的 |
| （F）热心 | （P）不，我习惯自由自在和随意 |
| 6．下列哪一个评价更适合你？ | 6．在项目或任务中，我更大的优势在于 |
| （F）性情中人 | （J）事先制定完备计划 |
| （T）理智的人 | （P）遇到问题时灵活应对 |
| 7．你在做一个决定时，更多地会 _____ | 7．选择你较喜欢的词 |
| （T）权衡实际的得失 | （J）一丝不苟 |
| （F）考虑其他人的感受 | （P）不拘小节 |

计算你每个维度两个字母的得分：

| E | 7—6—5—4—3—2—1—0 | 0—1—2—3—4—5—6—7 | I |
|---|---|---|---|
| S | 7—6—5—4—3—2—1—0 | 0—1—2—3—4—5—6—7 | N |
| T | 7—6—5—4—3—2—1—0 | 0—1—2—3—4—5—6—7 | F |
| J | 7—6—5—4—3—2—1—0 | 0—1—2—3—4—5—6—7 | P |

问卷所揭示的职业性格类型是：_____

### 1.2.4　兴趣——择我所爱

"我不喜欢我现在的工作"，这是很多人的口头禅。看到他们每天愁眉苦脸地上班，甚至下班了，还在埋怨上班的种种。我们不禁替这种人感到担忧，人生这么短暂，每天都在牢骚中度过。

工作是人生很重要的一部分。假设一个人从25岁开始工作，到60岁退休，这其间35年，工作几乎占据了个人一半以上的有效时间。如果做着一份不感兴趣的工作，无异于每天都在炼狱。而事实上，很多人便是这样得过且过，他们每天极度不情愿地起床：哎，又得去上班了。而临近下班时，心情雀跃，心想终于又下班了。这样的生活，将我们美好的年华一点点地侵蚀。

兴趣往往左右着我们的工作态度。可以想象让一个喜欢交际、能言善辩的孔雀型的人每天对着电脑整理报告、校对数据，或者让一个性格内向、喜欢思考的猫头鹰型人去组织一场年终联欢晚会，该是一件多么苦不堪言的差事。

李开复在《做最好的自己》一书中，回忆自己当年考入著名的哥伦比亚大学法学院时，却发现对所修的"政治科学"一点都提不起兴趣，而自己对计算机编程却有浓厚的兴趣，于是毅然选择转系进了哥大默默无闻的计算机专业。要知道，哥大的法学院是全美顶尖的，而那时计算机则是一个全新的专业，连教师都不清楚情景如何。如果李开复当年没有跟随自己内心的兴趣，勉强修完法学专业，也许若干年后，凭他的聪明，会成为一名小有名气、却过得不开心的李律师，却少了一位叱咤IT界，驰骋于苹果、微软、谷歌等世界顶尖的李开复博士。

那么如何才能发掘自己的兴趣呢？在社会学中，被广泛应用的"霍兰德职业兴趣模型"能帮助人们了解自己的兴趣和专长。这个模型由美国约翰·霍普金斯大学心理学教授、著名的职业指导专家约翰·霍兰德（John H. Holland）提出。霍兰德教授于1959年提出了具有广泛社会影响的人职匹配理论，他认为同一类型的劳动与职业互相结合，达到适应状态，劳动者只有找到适宜的职业岗位，其才能与积极性才会得以很好地发挥。这一理论首先根据劳动者的择业倾向和工作技能，将劳动者划分为六种基本类型，对应地，职业岗位也划分为六类。不同职业兴趣和职业类型的特点如表1—4所示。

表1—4　霍兰德职业兴趣与职业分类

| 类型 | 特点描述 | 典型职业 |
|---|---|---|
| R—实际型<br>Realistic | ● 兴趣：喜欢和物体、机械、劳作、动物、植物有关的工作<br><br>● 特长：有运动或机械操作的能力，是勤奋的技术家<br><br>● 特征：顺从、坦率、谦虚、自然、实际、礼貌、害羞、稳健、节俭、物质主义 | 人际要求不高的技术性工作，如劳工、机械员、工程师、电工、飞机机械师 |
| I—研究型<br>Investigative | ● 兴趣：喜欢观察、学习、思考、分析和解决问题<br><br>● 特长：有数理能力和科学研究精神，是重视客观的科学家<br><br>● 特征：分析、谨慎、批评、好奇、独立、聪明、内向、条理、谦逊、精确、理性、保守 | 要求具备思考和创造，社交要求不高，如科研工作者，从事生物、医学、化学、物理、地质、天文等研究的科学家、工程师 |
| A—艺术型<br>Artistic | ● 兴趣：喜欢用想象力和创造力，从事美感的创作<br><br>● 特长：有艺术、直觉、创作的能力，是表现美的艺术家<br><br>● 特征：复杂、想象、冲动、独立、直觉、无秩序、情绪化、理想化、不顺从、有创意、富有表情、不重实际 | 艺术性的，直觉独创性的，从事艺术创作的，如作家、音乐家、画家、设计师、演员、舞蹈家、诗人 |
| S—社会型<br>Social | ● 兴趣：喜欢与人接触，以教学或协助的方式，增加他人的知识、自尊心、幸福感<br><br>● 特长：有教导、宽容、与人融洽相处的能力，是温暖的助人者<br><br>● 特征：合作、友善、慷慨、助人、仁慈、圆滑、善社交、善解人意、说服他人、理想主义、富有洞察力 | 与人打交道的，具备高水平沟通技能，热情助人的，如教师、心理师、辅导人员、社会工作者 |

| 类型 | 特点描述 | 典型职业 |
|---|---|---|
| E—企业型 Enterprising | ● 兴趣：喜欢影响、说服他人，与人群互动，追求政治或经济上的成就<br>● 特长：有领导和说服他人的能力，是自信的领导者<br>● 特征：冒险、野心、独断、冲动、乐观、自信、追求享受、精力充沛、善于社交、获取注意、知名度高 | 管理、督导、具有领导力的，善于言行，有说服力，如企业经理、政治家、法学家、推销员 |
| C—传统型 Conventional | ● 兴趣：喜欢处理文书或数据，注意细节、按指示完成琐碎的事<br>● 特长：有敏捷的文书和计算能力，是谨慎的事务家<br>● 特征：顺从、谨慎、保守、自律、顺从、规律、坚毅、实际、稳重、有效率、缺乏想象力 | 注重细节讲究精确的，办公、事务性的，如银行人员、财税专家、文书处理、秘书、数据处理人员 |

霍兰德用六边形模型来表示六种兴趣、职业类型的相互关系，这六种类型按照一个固定的顺序可排成一个六边形，如图1—11所示。霍兰德六边形模型不是简单地用六个角来罗列这六种职业类型，边长和对角线的长度还对应着不同职业之间的相关度。两种职业类型之间的距离越近，其职业环境及人格特质的相似程度就越高，例如企业型和社会型距离最近，这两者的相似性也最高，比如社会型和企业型的人都较其他类型的人更喜欢与人打交道。传统型和艺术型分布在对角线上，具有最低程度的相似性，表明两者之间的工作性质和所需技能差别也较大；传统型的人容易循规蹈矩、按部就班，而艺术型的人则富有创新精神、喜欢变化。

还可以从另外一个维度来看霍兰德模型，按照工作性质和工作内容，可以将职业和兴趣分成这样的四类：偏重与人际打交道、偏重与事务打交道、偏重于创意、偏重与具体数据打交道。这种分类与霍兰德六边形模型的关系图1—11所示。社会型和企业型的工作要求更多的人际交流，而研究型和实际型更多的是完成一些事务性的工作；从事社会工作和研究工作的人需要有创新思路来解决问题；而实际型人才和企业管理者会经常和具体数据打交道。

霍兰德认为：个人的行为是人格与环境交互作用的结果，而职业选择是个人人格的延伸，因此职业选择也是人格的表现。人格形态与行为形态影响人的择业及其对生活的适应，同一职业团体内的人有相似的人格特征，因此他们对很多情境与问题会有相似的反应方式，从而产生类似的人际环境。环境造就了人格，反过来人格又影响着个体对职业环境的选择与适应；人们总是寻找能够施展其能力与技能、表现其态度与价值观的职业；职业满意感、稳定性和职业成就取决于个体人格类型和职业环境的匹配与融合。

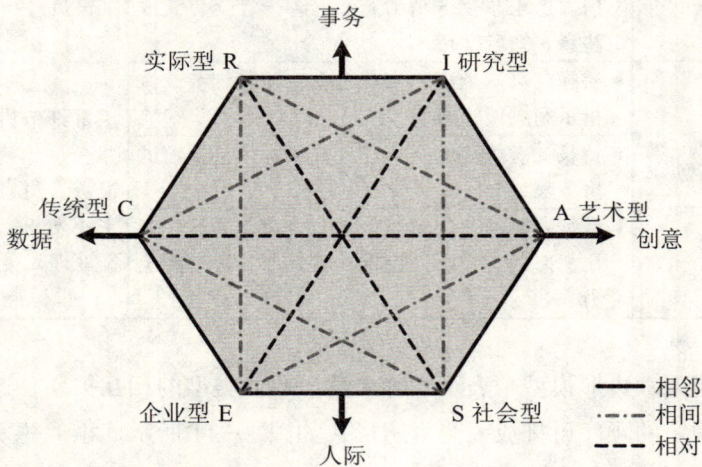

**图1—11 霍兰德职业兴趣模型**

当某种兴趣类型的个体从事与之相对应的职业类型时，最能满足其职业需求，表现职业兴趣，发挥职业能力。例如一个社会型兴趣特质占主导地位的人在一个社会型的职业环境中工作，会感到更舒畅，但如果让他在一个实际型的工作环境中工作，他可能会感到不适应、不满意。因此霍兰德六边形模型可以帮助我们对兴趣类型与职业类型之间的适配性进行评估，以寻求一种最佳的匹配。

霍兰德六边形反映出影响个人职业选择三个方面的因素：职业兴趣、职业能力和职业类型，如图1—12所示。职业兴趣是人意识中的倾向性偏好，对某种职业类型的工作表现出特别的兴趣和意愿；职业能力是人的胜任能力，对该项职业所需的技能是否擅长。兴趣和能力其实是相互作用的，对某件事感兴趣，才会愿意投入精力钻研学习，能力得到提升；反过来，做事得心应手，则会增加成就感，兴趣随之变浓。因此，一份合适的职业既要与兴趣匹配，也要与能力匹配。

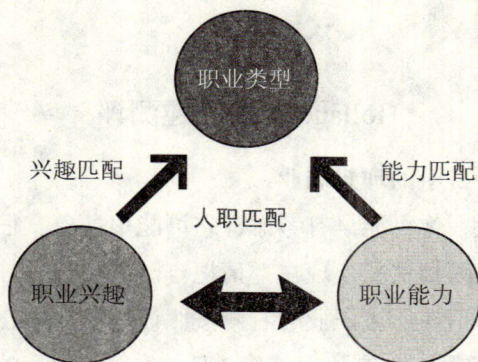

图1—12 人职匹配模型

值得注意的是，除了少数人有特别明显的倾向，我们大多数人都属于六种类型中的两种或两种以上类型的不同组合，正如人的兴趣也可以是多种兴趣的组合。比如一个人喜欢做研究工作，同时也关心社会问题，那么他可以选择成为一名社会科学研究人员，社会科学研究人员就是研究型和社会型的组合。一种职业有它的主要兴趣类型，一个人会同时有几种职业兴趣，关键是要弄清自己哪些职业兴趣同时也是自己的强项，从社会需要和自己的能力优势方面选择和确定一种主要的职业兴趣。我们在进行职业规划时，应把自己的职业兴趣与个人的职业能力、人格特征结合起来，做一个最佳的匹配。

能够发现自己的兴趣的确是一件幸福的事情，但是我们也要避免让"兴趣"成为自己朝三暮四、喜新厌旧的借口。生活中有一些这样的人，因为对现在工作不满，跳槽到另外一个岗位，结果工作没多久，就又对新工作厌烦了。连续换了几份工作，始终"这山看着那山高"。从事技术研究的人可能会羡慕从事销售的人，有机会经常出差，游山玩水；而做销售的人可能又会羡慕做技术的人可以过安稳的生活，不用疲于奔命。其实任何工作都需要一个长期积累的过程，不可能每天都是新鲜的，总有遇到坎的时候。就像婚姻一样，恋爱的时候觉得对方一切都是完美的，盼望着早日步入婚姻的殿堂；而当结婚之后真正开始过日子时，却发现如开水般清淡，不免又心生落寞。这就是所谓的"围城效应"：墙外的人想进去，墙里的人想出来。因此，探索职业兴趣是一件长期而慎重的事情，需要不断地检验自己是否确实对某份工作感兴趣并且能够逐渐地将兴趣转化为能力，从而实现真正的"人职匹配"。

## Holland 职业兴趣测评

**第一部分　您心目中的理想职业**

对于未来的职业，你可能早有考虑，它可能很抽象、很朦胧，也可能很具体、很清晰。不论是哪种情况，现在都请把自己最想干的三种工作，按顺序写下来，并说明理由。请在所填职业的右侧按照该职业在你心目中的清晰程度或具体程度，按从很朦胧/抽象到很清晰/具体分别用1、2、3、4、5来表示，比如5分表示它在你心中的印象非常清晰。

职业 1：_____　清晰/具体程度：1　2　3　4　5

理由：_____

_____

职业 2：_____　清晰/具体程度：1　2　3　4　5

理由：_____

_____

职业 3：_____　清晰/具体程度：1　2　3　4　5

理由：_____

_____

以下第二、三、四部分每个类别下的每个小项皆为是否选择题，请选出比较适合你的，与你的情况相符的项目，并按有一项适合的计1分的规则统计分值，将相应分值填写在第五部分的统计项目中。

**第二部分　您所感兴趣的活动**

下面列举了若干种活动，选择其中你喜欢的活动。统计每个类型里喜欢的活动总数填到第五部分得分表格里。

| R：实际型活动 | A：艺术型活动 |
|---|---|
| 1. 装配修理电器或玩具 | 1. 素描/制图或绘画 |
| 2. 修理自行车 | 2. 参加话剧/戏剧 |
| 3. 用木头做东西 | 3. 设计家具/布置室内 |
| 4. 开汽车或摩托车 | 4. 练习乐器/参加乐队 |
| 5. 用机器做东西 | 5. 欣赏音乐或戏剧 |
| 6. 参加木工技术学习班 | 6. 看小说/读剧本 |
| 7. 参加制图描图学习班 | 7. 从事摄影创作 |
| 8. 驾驶卡车或拖拉机 | 8. 写诗或吟诗 |
| 9. 参加机械和电气学习班 | 9. 进艺术（美术/音乐）培训班 |
| 10. 装配修理机器 | 10. 练习书法 |
| I：研究型活动 | S：社会型活动 |
| 1. 读科技图书或杂志 | 1. 参加单位组织的正式活动 |
| 2. 在实验室工作 | 2. 参加某个社会团体或俱乐部活动 |
| 3. 改良水果品种，培育新的水果 | 3. 帮助别人解决困难 |
| 4. 调查了解土和金属等物质的成份 | 4. 照顾儿童 |
| 5. 研究自己选择的特殊问题 | 5. 出席晚会、联欢会、茶话会 |
| 6. 解算术或数学游戏 | 6. 和大家一起出去郊游 |
| 7. 物理课 | 7. 想获得关于心理方面的知识 |
| 8. 化学课 | 8. 参加讲座会或辩论会 |
| 9. 几何课 | 9. 观看或参加体育比赛和运动会 |
| 10. 生物课 | 10. 结交新朋友 |
| E：企业型活动 | C：传统型活动 |
| 1. 鼓动他人 | 1. 整理好桌面与房间 |
| 2. 卖东西 | 2. 抄写文件和信件 |
| 3. 谈论政治 | 3. 为领导写报告或公务信函 |
| 4. 制定计划、参加会议 | 4. 检查个人收支情况 |
| 5. 以自己的意志影响别人的行为 | 5. 打字培训班 |
| 6. 在社会团体中担任职务 | 6. 参加算盘、文秘等实务培训 |
| 7. 检查与评价别人的工作 | 7. 参加商业会计培训班 |
| 8. 结交名流 | 8. 参加情报处理培训班 |
| 9. 指导有某种目标的团体 | 9. 整理信件、报告、记录等 |
| 10. 参与政治活动 | 10. 写商业贸易信 |

### 第三部分　您所擅长的活动

　　下面列举若干种活动，请选择你能做或大概能做的事。统计你擅长活动的总数直接写在第五部分得分表格里上。

| R：实际型能力 | A：艺术型能力 |
|---|---|
| 1. 能使用电锯、电钻和锉刀等木工工具 | 1. 能演奏乐器 |
| 2. 知道万用电表的使用方法 | 2. 能参加二部或四部合唱 |
| 3. 能够修理自行车或其它机械 | 3. 独唱或独奏 |
| 4. 能够使用电钻订、磨床或缝纫机 | 4. 扮演剧中角色 |
| 5. 能给家具和木制品刷漆 | 5. 能创作简单的乐曲 |
| 6. 能看建筑设计图 | 6. 会跳舞 |
| 7. 能够修理简单的电气用品 | 7. 能绘画、素描或书法 |
| 8. 能修理家具 | 8. 能雕刻、剪纸或泥塑 |
| 9. 能修理收录机 | 9. 能设计板报、服装或家具 |
| 10. 能简单地修理水管 | 10. 能写一手好文章 |
| **I：研究型能力** | **S：社会型能力** |
| 1. 懂得真空管或晶体管的作用 | 1. 有向各种人说明解释的能力 |
| 2. 能够列举三种蛋白质多的食品 | 2. 常参加社会福利活动 |
| 3. 理解铀的裂变 | 3. 能和大家一起友好相处地工作 |
| 4. 能用计算尺、计算器、对数表 | 4. 善于与年长者相处 |
| 5. 会使用显微镜 | 5. 会邀请人、招待人 |
| 6. 能找到三个星座 | 6. 能简单易懂地教育儿童 |
| 7. 能独立进行调查研究 | 7. 能安排会议等活动顺序 |
| 8. 能解释简单的化学 | 8. 善于体察人心和帮助他人 |
| 9. 能理解人造卫星为什么不落地 | 9. 帮助护理病人和伤员 |
| 10. 经常参加学术的会议 | 10. 安排社团组织的各种事务 |
| **E：企业型能力** | **C：常规型能力** |
| 1. 担任过学生干部并且干得不错 | 1. 会熟练地打字 |
| 2. 工作上能指导和监督他人 | 2. 会用打印机或复印机 |
| 3. 做事充满活力和热情 | 3. 能快速记笔记和抄写文章 |
| 4. 有效利用自身的做法调动他人 | 4. 善于整理保管文件和资料 |
| 5. 销售能力强 | 5. 善于从事事务性的工作 |
| 6. 曾作为俱乐部或社团的负责人 | 6. 会用算盘 |
| 7. 向领导提出建议或反映意见 | 7. 能在短时间内分类和处理大量文件 |
| 8. 有开创事业的能力 | 8. 能使用计算机 |
| 9. 知道怎样能成为一个优秀的领导者 | 9. 能搜集数据 |
| 10. 健谈善辩 | 10. 善于为自己或集体做财务预算表 |

### 第四部分　你所喜欢的职业

　　下面列举了多种职业，请认真地看，请选择你有兴趣的工作，有一项计 1 分，不太喜欢或不关心的工作不选，不计分。请将答案直接写在第五部分的答题纸上。

| R：实际型职业 | S：社会型职业 |
|---|---|
| 1. 飞机机械师 | 1. 街道、工会或妇联干部 |
| 2. 野生动物专家 | 2. 小学、中学教师 |
| 3. 汽车维修工 | 3. 精神病医生 |
| 4. 木匠 | 4. 婚姻介绍所工作人员 |
| 5. 测量工程师 | 5. 体育教练 |
| 6. 无线电报务员 | 6. 福利机构负责人 |
| 7. 园艺师 | 7. 心理咨询员 |
| 8. 长途公共汽车司机 | 8. 共青团干部 |
| 9. 电工 | 9. 导游 |
| 10. 火车司机 | 10. 国家机关工作人员 |
| **I：研究型能力** | **A：艺术型职业** |
| 1. 气象学或天文学者 | 1. 乐队指挥 |
| 2. 生物学者 | 2. 演奏家 |
| 3. 医学实验室的技术人员 | 3. 作家 |
| 4. 人类学者 | 4. 摄影家 |
| 5. 动物学者 | 5. 记者 |
| 6. 化学学者 | 6. 画家、书法家 |
| 7. 数学学者 | 7. 歌唱家 |
| 8. 科学杂志的编辑或作家 | 8. 作曲家 |
| 9. 地质学者 | 9. 电影电视演员 |
| 10. 物理学者 | 10. 电视节目主持人 |
| **E：企业型职业** | **C：常规型职业** |
| 1. 厂长、经理、企业领导者 | 1. 会计师 |
| 2. 电视制片人 | 2. 银行出纳员 |
| 3. 公司经理 | 3. 税收管理员 |
| 4. 销售员 | 4. 计算机操作员 |
| 5. 不动产推销员 | 5. 薄记人员 |
| 6. 广告部长 | 6. 成本核算员 |
| 7. 体育活动主办者 | 7. 文书档案管理员 |
| 8. 销售部长 | 8. 打字员 |
| 9. 个体工商业者 | 9. 法庭书记员 |
| 10. 企业管理咨询人员 | 10. 人员普查登记员 |

### 第五部分　统计

| 测试内容 | | R型<br>实际型 | I型<br>调查型 | A型<br>艺术型 | S型<br>社会型 | E型<br>企业型 | C型<br>常规型 |
|---|---|---|---|---|---|---|---|
| 第二部分 | 兴趣 | | | | | | |
| 第三部分 | 能力 | | | | | | |
| 第四部分 | 职业倾向 | | | | | | |

根据统计分数将下图对应位置做标注，用三种不同颜色的曲线将各个类型的得分相连，以便更加直观地看出自己的霍兰德职业倾向。

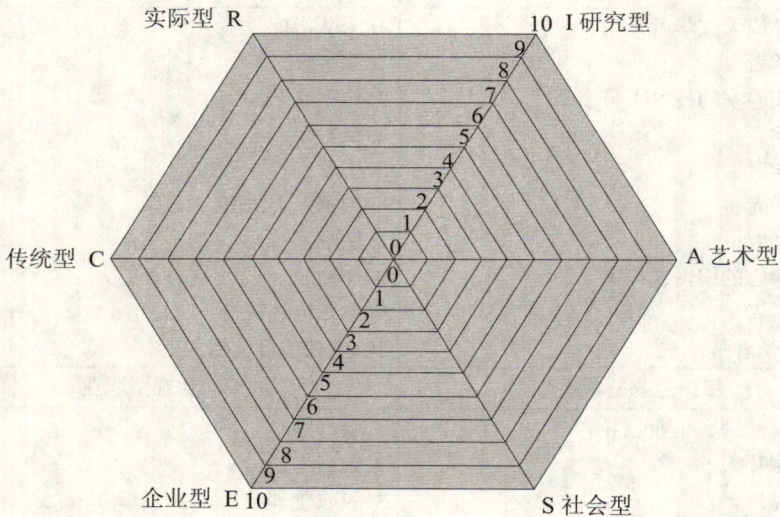

图1—13　霍兰德六型人格量化图

请评估一下你的兴趣、能力和职业倾向是否匹配，如果三者达到很好的吻合，那么恭喜你，你已经找到自己最适合的职业类型了。如果三者尚有较大偏差，不妨试着做些调整，或者锻炼自己感兴趣的职业所欠缺的能力，或者探索一下你所擅长的领域，那里或许暗藏着你的兴趣点。

最后，请回顾一下第一部分，你最初的职业梦想与上述测评结果是否一致。

### 1.2.5 气质——个人名片

我们常常称赞某个人"很有气质"，通常是被这个人在某方面突出的魅力所吸引。气质是最容易留给别人的第一印象，因此也被称为一个人的"名片"。

在心理学上，气质被认为是人的个性心理特征的外在表现，是在生理素质的基础上通过生活实践在后天条件影响下形成的，反映为情绪体验的快慢强弱，以及动作的灵敏迟钝等方面稳定的特征。气质受到人的世界观、性格和社会环境等控制，一般通过人们处理问题、相互交往显示出来，并表现出个人典型的、稳定的心理特点。

古代希腊哲学家希波克拉底（Hippocrates）用体液解释气质类型，创立了气质学说，将人的气质分为四种类型：胆汁质、多血质、粘液质、抑郁质。根据这四种气质类型的典型表现，可以分别称为兴奋型、活泼型、安静型、抑制型。虽然这种划分方法缺乏科学根据，但是很好地将人们日常生活中常见的气质类型做了一个有效的划分，因此沿用至今。表1—5列出了四种气质类型的典型特征及适合职业。

表1—5 希波克拉底四种气质类型

| 气质类型 | 气质表现 | 适合工作 |
|---|---|---|
| 多血质（活泼型） | • 活泼，好动，敏感，反应快，灵活性高，易于适应环境变化；<br>• 善于交际，积极主动，热情大方，善于推销自己，在工作学习中精力充沛而且效率高；<br>• 注意力不稳定，兴趣容易转移；无恒心，受不了一成不变的生活。 | 适合交际方面的职业，如记者、律师、公关人员、秘书、艺术工作者等。 |
| 粘液质（安静型） | • 反应比较缓慢，坚持而稳健的辛勤工作，固定性有余而灵活性不足；<br>• 沉着冷静，稳定，能克制冲动，严格恪守既定的工作制度和生活秩序；<br>• 情绪不易外露，善于忍耐，目标确定后，具有执着追求、坚持不懈的韧性。 | 适合医务、图书管理、会计、翻译、教员、营业员等工作。 |

续表

| 气质类型 | 气质表现 | 适合工作 |
|---|---|---|
| 胆汁质<br>（兴奋型） | • 情绪兴奋性高，性急易冲动，心境变化剧烈，行动敏捷，反应迅速暴躁而有力；<br>• 主动性强，能以极大的热情投身事业，有坚忍不拔的劲头克服困难；<br>• 任性、粗暴、易发脾气；不善于考虑可行性，当精力消耗殆尽时，情绪沮丧。 | 适合于竞争激烈、冒险性和风险性强的职业，如运动员、改革者、探险者等。 |
| 抑郁质<br>（抑制型） | • 感情细腻，谨小慎微，高度的情绪易感性，对外界事物敏感，思考过多；<br>• 细致，善于察觉到别人观察不到的微小细节，思维周密，有步骤，有计划；<br>• 行动表现上迟缓，有些孤僻；遇到困难时优柔寡断，面临危险时极度恐惧；<br>• 工作中耐受能力差，容易感到疲劳。 | 一般较适合从事理论研究工作等。 |

图1—14　不同气质类型的人物代表

　　气质学说按照人的心理特征进行划分，不同心理特征的人表露出来的精神风貌、神态举止、行为风格大不相同。气质没有好坏之外，每一种气质都有其优点，如果善于加以利用，使之成为自己的特长，实现正向反馈，并形成品牌效应；同样每一种气质也有其缺点，在平时生活中注意规避，有利于身心健康。因此对自我气质类型的评估，有助于我们更好地了解自己的心理特征，调整不良心像，并指导我们的行为举止。

　　虽然表1—5给出了不同气质类型最适合的工作类型建议，但是这不影响在某个领域里不同气质的人都可以取得成功。聪明的人善于发挥自己的长处，从而脱颖而出。鲁迅是典型的粘液质，擅长冷静而深邃的思考，使他深刻地洞察人性，形成了冷峻犀利的文风，成为中国新文化运动的旗手；普希金是典型的胆汁质，他的诗热情奔放，抨击专制、讴歌自由，像一团熊熊燃烧的烈火，高尔基评价他"用语言把人们的心灵燃亮"；张爱玲则是典型的忧郁质，个人坎坷的身世和颠沛的生活，养成了她细腻敏感的心理，对忧愁和危机体验深刻，她的文字对心理描写细致入微，复杂微妙，弥漫着浓厚的悲剧色彩，但这丝毫不影响其文学成就。也正是因为如此，文学世界才丰富多彩。

气质学说从心理学的角度定义"气质"，还给我们一个启示：我们每天展示出来的精神风貌、言谈举止，给别人留下的印象，其实都是我们内在心理活动的自然流露。多血质的人乐观活泼、积极主动，给人以阳光和信心；粘液质的人安静专注，给人一种沉稳可信的印象；胆汁质的人精力旺盛、性急易躁，会给人一种力量；抑郁质的人细腻敏感，被认为是多愁善感的一类。因此，要想拥有良好的气质，并不仅仅是在梳妆打扮、衣服配饰上花功夫，更重要的是要修炼自己的内心，保持积极自信的心态，增加学识、提高修养，养成优雅的行为习惯，自内而外地培养气质。

## 小 测 试

### 气质测评

（资料来源：章达友.职业生涯规划与管理 [M].厦门：厦门大学出版社 .）

测试说明：在回答问题时，你认为很符合自己情况的，记 2 分；比较符合的，记 1 分；介于符合与不符合之间的，记 0 分；比较不符合的，记 –1 分；完全不符合的，记 –2 分。

1. 做事力求稳妥，不做无把握的事。     –2  –1  0  1  2

2. 遇到可气的事就怒不可遏，想把心里话全说出来才痛快。     –2  –1  0  1  2

3. 宁可一人干事，不愿很多人在一起。     –2  –1  0  1  2

4. 到一个新环境很快就能适应。     –2  –1  0  1  2

5. 厌恶那些强烈的刺激，如尖叫、噪音、危险镜头等。     –2  –1  0  1  2

续表

6. 和人争吵时，总是先发制人，喜欢挑衅。　　　　　　　　　-2　-1　0　1　2

7. 喜欢安静的环境。　　　　　　　　　　　　　　　　　　　-2　-1　0　1　2

8. 善于和人交往。　　　　　　　　　　　　　　　　　　　　-2　-1　0　1　2

9. 羡慕那种善于克制自己感情的人。　　　　　　　　　　　　-2　-1　0　1　2

10. 生活有规律，很少违反作息制度。　　　　　　　　　　　-2　-1　0　1　2

11. 在多数情况下情绪是乐观的。　　　　　　　　　　　　　-2　-1　0　1　2

12. 碰到陌生人觉得很拘束。　　　　　　　　　　　　　　　-2　-1　0　1　2

13. 遇到令人气愤的事，能很好地自我克制。　　　　　　　　-2　-1　0　1　2

14. 做事总是有旺盛的精力。　　　　　　　　　　　　　　　-2　-1　0　1　2

15. 遇到问题常常举棋不定，优柔寡断。　　　　　　　　　　-2　-1　0　1　2

16. 在人群中从不觉得过分拘束。　　　　　　　　　　　　　-2　-1　0　1　2

17. 情绪高昂时，觉得干什么都有兴趣；情绪低落时，又觉得　-2　-1　0　1　2
　　什么都没有意思。

18. 当注意力集中于某一事物时，别的事物很难使我分心。　　-2　-1　0　1　2

19. 理解问题总比别人快。　　　　　　　　　　　　　　　　-2　-1　0　1　2

20. 碰到危险情况，常有一种极度恐惧感。　　　　　　　　　-2　-1　0　1　2

21. 对学习、工作、事业抱有很高热情。　　　　　　　　　　-2　-1　0　1　2

22. 能够长时间做枯燥、单调的工作。　　　　　　　　　　　-2　-1　0　1　2

23. 符合兴趣的事情，干起来劲头十足，否则就不想干。　　　-2　-1　0　1　2

24. 一点小事能引起情绪波动。　　　　　　　　　　　　　　-2　-1　0　1　2

25. 讨厌做那种需要耐心、细致的工作。　　　　　　　　　　-2　-1　0　1　2

26. 与人交往不卑不亢。　　　　　　　　　　　　　　　　　-2　-1　0　1　2

27. 喜欢参加热烈的活动。　　　　　　　　　　　　　　　　-2　-1　0　1　2

28. 爱看感情细腻、描写人物内心活动的文学作品。　　　　　-2　-1　0　1　2

29. 工作学习时，常感到厌倦。　　　　　　　　　　　　　-2　-1　0　1　2

30. 不喜欢长时间谈论一个问题。愿意实际动手干。　　　-2　-1　0　1　2

31. 宁愿侃侃而谈，不愿窃窃私语。　　　　　　　　　　-2　-1　0　1　2

32. 别人说我总是闷闷不乐。　　　　　　　　　　　　　-2　-1　0　1　2

33. 理解问题常比别人慢些。　　　　　　　　　　　　　-2　-1　0　1　2

34. 疲倦时只要短暂的休息就能精神抖擞，重新投入工作。-2　-1　0　1　2

35. 心里有话，宁愿自己想，不愿说出来。　　　　　　　-2　-1　0　1　2

36. 认准一个目标就希望尽快实现，不达目的，誓不罢休。-2　-1　0　1　2

37. 同样和别人学习、工作一段时间后，常比别人更疲倦。-2　-1　0　1　2

38. 做事有些莽撞，常常不考虑后果。　　　　　　　　　-2　-1　0　1　2

39. 老师讲授新知识时总希望他讲慢些，多重复几遍。　-2　-1　0　1　2

40. 能够很快忘记那些不愉快的事情。　　　　　　　　　-2　-1　0　1　2

41. 做作业或完成一件工作总比别人花的时间多。　　　-2　-1　0　1　2

42. 喜欢运动量大的剧烈体育运动，或参加各种文艺活动。-2　-1　0　1　2

43. 不能很快地把注意力从一件事转移到另一件事上去。-2　-1　0　1　2

44. 接受一个任务后，就希望迅速完成。　　　　　　　　-2　-1　0　1　2

45. 认为墨守成规比冒风险强些。　　　　　　　　　　　-2　-1　0　1　2

46. 能够同时注意几件事。　　　　　　　　　　　　　　-2　-1　0　1　2

47. 当我烦闷的时候，别人很难使我高兴。　　　　　　　-2　-1　0　1　2

48. 爱看情节起伏跌宕、激动人心的小说。　　　　　　　-2　-1　0　1　2

49. 对工作认真严谨，具有始终一贯的态度。　　　　　　-2　-1　0　1　2

50. 和周围人们的关系总是相处得不好。　　　　　　　　-2　-1　0　1　2

51. 喜欢复习学过的知识，重复做已经掌握的工作。　　-2　-1　0　1　2

52. 希望做变化大、花样多的工作。　　　　　　　　　　-2　-1　0　1　2

53. 小时候会背 20 首诗歌，我似乎比别人记得清楚。　　-2 　-1 　0 　1 　2

54. 别人说我"出语伤人"，可我并不觉得这样。　　-2 　-1 　0 　1 　2

55. 在体育活动中，常因反应慢而落后。　　-2 　-1 　0 　1 　2

56. 反应敏捷，头脑机智灵活。　　-2 　-1 　0 　1 　2

57. 喜欢有条理而不麻烦的工作。　　-2 　-1 　0 　1 　2

58. 兴奋的事常常使我失眠。　　-2 　-1 　0 　1 　2

59. 老师讲新的概念，常常听不懂，但是弄懂以后就很难忘记。　　-2 　-1 　0 　1 　2

60. 假定工作枯燥无味，马上情绪低落。　　-2 　-1 　0 　1 　2

按题号将分数分类，并汇总各类得分。

| 类型 | 题号 | | | | | | | | | | | | | | | 总分 |
|---|---|---|---|---|---|---|---|---|---|---|---|---|---|---|---|---|
| 胆汁质 | 2 | 6 | 9 | 14 | 17 | 21 | 27 | 31 | 36 | 38 | 42 | 48 | 50 | 54 | 58 | |
| 多血质 | 4 | 8 | 11 | 16 | 19 | 23 | 25 | 29 | 34 | 40 | 44 | 46 | 52 | 56 | 60 | |
| 粘液质 | 1 | 7 | 10 | 13 | 18 | 22 | 26 | 30 | 33 | 39 | 43 | 45 | 49 | 55 | 57 | |
| 抑郁质 | 3 | 5 | 12 | 15 | 20 | 24 | 28 | 32 | 35 | 37 | 41 | 47 | 51 | 53 | 59 | |

测评结果：

（1）如果其中一种气质得分明显高出其它 3 种，均高出 4 分以上，则可定为该类气质型。如果该类型气质得分高出 20 分，则为典型；如果该类得分在 10—20 分，则为一般型。

（2）如果两种类型得分接近，其差异低于 3 分，而且又明显高于其它两种，高出 4 分以上，则可定为两种气质混合型。

（3）如果三种类型得分均高于第四种，而且接近，则为 3 种气质的混合型，如多血—胆汁—粘液混合型或粘液—多血—抑郁混合型。

根据上述测评结果，我的气质类型是：_____

### 1.2.6 自信心——力量之源

追求成功几乎是每个人的愿望。可是妨碍一个人成功的最大障碍往往是自己，我们常常会怀疑自己的能力，即使是有成功条件，也可能因为害怕尝试而错失良机。这种心理上的畏缩有时会成为自己成功的绊脚石。

**成长寓言**

● **自信——亨利效应**

美国一个孤儿院里有个叫亨利的小男孩，由于身材矮小，其貌不扬，还带着浓重的口音，他一直生活在自卑的阴影中。孤儿院院长了解到他的情况，把他叫过去，递给他一本杂志，说："这本杂志里说拿破仑有一个私生子流落在美国，这个私生子又生了一个儿子，很多特征和你一样，个子不高，一口法国口音的英语。"亨利半信半疑，他反复翻阅杂志，看着拿破仑的照片，越看越觉得和自己有几分相像，便开始相信自己就是拿破仑的孙子。从此，他不再为身材、长相和口音烦恼，凭着自己是"拿破仑孙子"的信念，积极面对生活。若干年后，亨利成为一家大公司的董事长。后来有人考证，亨利并非杂志中所说的拿破仑的孙子，亨利还是身材矮小、其貌不扬的亨利，但已经远远不是当年那个自卑的亨利了。

**【成长智慧】**

同样的亨利可以取得不同的成就，这就是自信的力量。自信能够让人不再纠结于自身的不足，而是选择积极进取，用行动去赢取成功，因成功而更加自信。

因为接收虚假信息或刺激表现出盲目的自信或积极的态度，从而产生异乎寻常的正面效果，心理学把这种现象称为"亨利效应"。

亨利的故事给了我们两方面的启示：一方面，自卑会绊住我们前进的脚步。一些人在行动之前总会不断地怀疑自己：我行吗？我肯定干不了，还是算了吧。在这种畏难情绪影响下，还没动手，自己先放弃了。另外一方面，换一种积极的心态，即使没有立即带来财富的增加，或者能力的增强，甚至丝毫没有改变你现在的境遇，但这种心态上的转变可以使你变得积极向上，乐观进取，从而改变你未来的人生轨迹。正如亨利一样，他的个子并没有长高，他的口音依旧，但是他已经不把注意力放在这些方面了，而是把更多的精力投入到事业之中，因为他相信：拿破仑可以做到的，我同样也可以做到。因此，自信实际上扫除了你心中的魔障，让你不再耿耿于怀于一些微不足道的缺憾，让你面对困难不再彷徨失措，让你昂首挺胸，迈步向前，赢得尊重和信任。

美国"钢铁大王"安德鲁·卡内基说过："一个对自己的内心有完全支配能力的人，对他自己有权获得的任何其他东西也会有支配能力。"当我们开始用积极的方式思维并把自己看成成功者时，我们便开始向成功迈进了。

如果说自卑是自信的天敌，那么自负就是自信的另一个天敌。自负的人往往表现出一幅极度自信的状态，高高在上，唯我独尊，实际上充满了对他人的不信任，以及自己内心的一种恐惧。自信的人充满探索精神，并乐于与他人合作并分享成果；自负的人容易自以为是，认为别人都不如自己，拒绝合作，更生怕别人抢占成果。自卑的人畏首畏尾，将自己封闭在一个小圈子里；而自负的人却总试图将所有的成功封闭在自己的圈子里。每个人的内心都藏着自卑和自负的情绪，这源于我们对自己的认知不足、定位不准。当我们深入地了解自己各个方面，能够客观地评估自己的能力，选择合适的职业发展方向后，才能避免自卑和自负的情绪作怪，在适合自己的道路上迈出自信的步伐。

自卑      自信      自负

**图1—15 自信的两大敌人**

自信心的培养首先要从尊重自己做起，自尊自爱，相信"天生我才必有用"；在生活中不失时机地肯定自己，为自己取得的哪怕一点点成绩鼓舞，在潜意识中树立"我行"的信念；从一些小的成功去发掘自己的闪光点，找到自己擅长和感兴趣的领域，从而激发自己的进取心；从小的进步不断积累到大的成功，同时正确地面对失败，自觉地总结原因，从渴望成功到坦然面对失败，是个人心理素质的一个飞跃，也是自信心回归的开始；当一个人能够正确地面对成败时，已经在本质上从自觉上升到了自信，这时通过有计划地制定目标，并严格执行计划，努力实现目标；最后，在选择的正确道路上不断发挥你的优势，成为拥有自信心的成功人士。

## 成长寓言

### ● 成功——并非绝难

1965 年，一位韩国学生到剑桥大学主修心理学。他常常到学校的咖啡厅听一些成功人士聊天，包括诺贝尔奖获得者，某些领域的学术权威和一些创造了经济奇迹的人。这些人幽默风趣，举重若轻，把自己的成功都看得非常自然和顺理成章。时间长了，他发现，他以前被国内的一些成功人士欺骗了。那些人为了突出自己的成就和不凡，普遍把创业的艰辛夸大了。他们的成功经历把那些还没有取得成功的人给吓唬住了。

作为心理系的学生，他认为很有必要对韩国成功人士的心态加以研究。1970 年，他把《成功并不像你想像的那么难》这本书作为毕业论文，提交给现代经济心理学的创始人威尔·布雷登教授。布雷登教授读后大为惊喜，他认为这是个新发现，这种现象虽然在东方甚至在世界各地普遍存在，但此前还没有一个人大胆地提出来并加以研究。惊喜之余，他写信给他的剑桥校友、时任韩国总统的朴正熙。他在信中说，"我不敢说这部著作对你有多大的帮助，但我敢肯定它比你的任何一个政令都能产震动。"

后来这本书果然伴随着韩国的经济起飞了。这本书鼓舞了许多人，因为他们从一个新的角度告诉人们，成功与"劳其筋骨、饿其体肤"、"头悬梁、锥刺股"没有必然的联系。只要你对某一事业感兴趣，长久地坚持下去就会成功，因为上帝赋予你的时间和智慧够你圆满做完一件事情。后来这位青年也获得了成功，他成了韩国泛亚汽车公司的总裁。

【成长智慧】

很多事情并非因为难我们不敢做，而是因为我们不敢做才难的。世上许多事，只要真正想做，都能做到，即使有困难，也都能克服。最怕的就是还没有开始，自己先畏难放弃了。

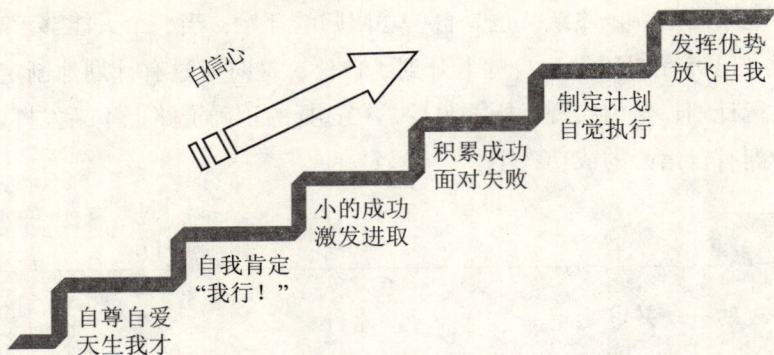

图1—16 培养自信的六个步骤

## 小 测 试

### 成功自信心测试

（资料来源：改编自章达友. 职业生涯规划与管理 [M]. 厦门：厦门大学出版社.）

测试说明：请仔细阅读下列试题，然后再选择最符合你个人情况的得分。

| 题目 | 得分 |
|---|---|
| 对于正向测试，请按如下标准打分<br><br>　　1　　　　2　　　　3　　　　4　　　　5<br>　完全不像我　不太像我　无所谓　很像我　完全像我 | |
| 1. 当我应邀参加对事业有帮助的社交活动时，即使不认识任何人我也会出席。 | |
| 2. 在桌球、网球等比赛中重挫对手，会让我觉得很痛快。 | |
| 3. 我比那些不惜一切代价，想要出人头地的人有价值得多。 | |
| 4. 我知道我是天生的赢家。 | |
| 5. 对别人努力争取却无法得到的工作，我会更积极争取，这样才能体现自己 | |
| 6. 我觉得工作有兴趣但不能赚大钱并没有什么好处。 | |
| 7. 我觉得有钱有势而让人觉得快意，总比潇洒美丽动人要好。 | |
| **成功潜意识正向测试得分** | |

（表格左侧竖排文字：成功潜意识正向测试）

续表

| 题目 | 得分 |
|---|---|
| 对于反向测试，请按如下标准打分<br><br>　　5　　　　　4　　　　　3　　　　　2　　　　　1<br><br>完全不像我　不太像我　　无所谓　　很像我　　完全像我 | |
| 1．当我碰到一个我真正想要的工作机会时，我却常常懒得表示任何兴趣。 | |
| 2．我常常担心如果我的工作能力太强了，上级会增加我的工作负担。 | |
| 3．即使工作报告是我准备的，我也宁愿别人提出来，这样我才能退居幕后。 | |
| 4．当我获奖或升职时，我常会觉得浑身不对劲或受之有愧。 | |
| 5．和老朋友保持联系、维持友谊，总比提升太快而失去他们好。 | |
| 6．当我的同事或朋友为我成功激动万分时，我自己却觉的无所谓。 | |
| 7．对赚钱比我多的人给我理财建议，我常常不会有任何兴趣。 | |
| 8．我觉得对自己的经济状况作重大改善，反倒会干扰我目前的生活状况。 | |
| 9．我认识自己越成功，反倒会有更多的"某些理由"对自己发生更大兴趣。 | |
| 10．如果有人在业务上侮辱或错怪我，我通常不会和他们争论什么，即使因此失去了做生意的机会，我也不在乎。 | |
| 11．当大家为找一家餐馆吃饭而意见不一致时，我通常不会有任何主张。 | |
| 12．我觉得胜败无定论，主要是你自己感受如何。 | |
| 13．我觉得为别人花钱容易，为自己花钱难。 | |
| 14．即使有更好的工作机会在等我，我也不会离开我一向做得很好的工作。 | |
| 15．我在意的是自己有多少成就感，而不是别人如何看待我。 | |
| 成功潜意识反向测试得分 | |
| **总得分 = 正向试题得分 - 反向试题得分 =** | |

（表格左侧竖排：成功潜意识反向测试）

测评解释:

| 得分 | 自信心水平 | 表现 |
|---|---|---|
| 85 以上 | 很高 | ● 会把握任何机会而无所畏惧。只是得分很低可能会为你带来正负两种不同的效果,可能会令人生畏,也可能因无所畏惧,鲁莽行事而令人生厌。 |
| 74—84 | 较高 | ● 敏感度高,愿意冒险并会坦然面对任何后果。这种人有成功必备的自信心和解决问题的创造力,因此,得分较低者很能把握机会,能不受情绪困扰而具备成功所需的责任,对一个渴求成功的人而言,得分落在此范围最为理想。 |
| 61—73 | 中等 | ● 有追求成功和逃避成功的倾向,在强度和频率上,两者大约相同。此类人机会不错,如果能再做些正面改善,成功机会更大。 |
| 49—60 | 较低 | ● 觉得自己根本不够资格谈论并乞求成功。在接受成功的报偿时,痛苦多于快乐。此类人还是可能获得成功,但追求成功的痛苦过程,在别人眼里是得不偿失的。 |
| 25 以下 | 很低 | ● 你几乎被恐惧所控制,想要成功相当困难,你总是从负面看待自己,生活拘束,觉得人生暗淡无光。如果把你要成功,就要改变这种态度,必要时,不妨求助于专家。 |

### 1.2.7　价值观——追随我心

2009 年 9 月,Google 中国区总裁李开复宣布辞职,着手创办指导和帮助青年人创业的"创新工场",引起业界震动。李开复在离职声明中引用苹果公司创始人乔布斯的一段名言,来表达自己的心声:

"最重要的,拥有跟随内心与直觉的勇气,你的内心与直觉多少已经知道你真正想要成为什么样的人。任何其它事物都是次要的。"

李开复自 1998 年只身来到中国开创微软亚洲研究院以来,一直关注中国青年的成长。后来加入 Google,创办中国分公司,在他的带领下蒸蒸日上,虽然也面临着各种压力和挑战,但此时正是他个人职业生涯的巅峰。他选择了放弃高薪和成就,全身心投入到帮助青年人成功的工作中,无疑有着一种强大的内心力量支撑着他做出这样的选择,正如那段心声所言:Follow your heart

（追随我心）。

在乔布斯"卖一辈子汽水，还是跟我一起改变世界"的感召下，百事可乐总裁约翰·斯考利加入了苹果；虽然多次荣登世界首富宝座，沃伦·巴菲特依然每天开着一辆普通的雪佛兰汽车，同时将数百亿美元捐给盖茨基金会，并许诺死后"裸捐"；被称为"现代管理学大师"的彼得·德鲁克终身没有创立自己的公司，而是通过著作和授课的方式，帮助他人成功；中国古代的伯夷、叔齐"义不食周粟"绝食而死……这些人面对人生做出了不同的选择，是什么左右着他们做出这样的决定？

也许在日常生活中，我们并不觉得价值观的存在，甚至有人会认为大谈价值观是一件虚无缥缈的事情。然而价值观却实实在在地影响着我们在关键时刻的抉择，引导着人生的走向。

简单来说，价值观是我们在长期生活中形成的对什么是好、什么是应该的基本看法，是我们作出决定和采取行动的原则和标准。价值观表达了个人对客观事物（包括人、物、事）以及对自己的行为结果的意义、作用、效果和重要性的总体评价，它使人的行为带有稳定的倾向性。

人的价值观建立在需求的基础上，根据美国社会学家、心理学家亚伯拉罕·马斯洛（Abraham H. Maslow）提出的"需求层次理论"（《人类激励理论》，1943年），人的需求按照层次高低可分为五种，像阶梯一样从低到高、逐级递升，如图1—17所示，具体含义如下：

（1）生理需求（Physiological needs）：这是人类维持自身生存的最基本需求，包括饥、渴、衣、住、性等方面的需要。从这个意义上说，生理需求是推动人类进步最强大的动力。

（2）安全需求（Safety needs）：这是人类要求保障自身安全、避免疾病侵袭、摆脱失业和丧失财产威胁等方面的需要。这一类需求已经超越了衣食住行的基本需求，而是进一步寻求生存的安全感。

（3）情感和归属需求（Love and belonging needs）：这一层次的需求包括两个方面，一是关爱的需求，希望关爱别人，也渴望别人的关爱；二是归属的需求，即人都在寻找一种归属感，希望成为群体中的一员，并相互关心和照顾。

（4）受尊重需求（Esteem needs）：希望自己有稳定的社会地位，希望个人的能力和成就得到社会承认。

（5）自我实现需求（Self-actualization）：这是最高层次的需求，它是指最大程度地发挥个人的能力，实现个人理想、抱负。

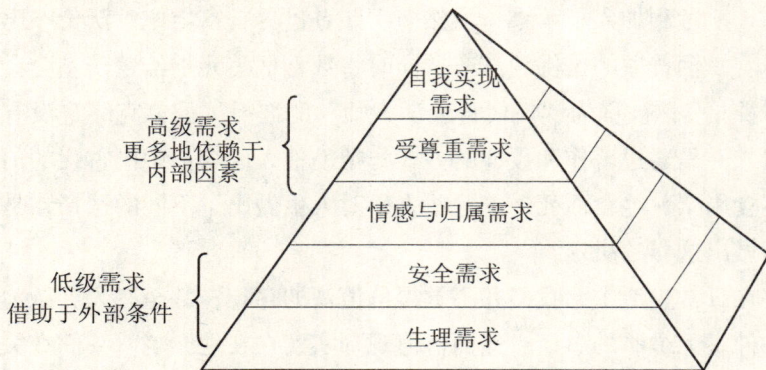

高级需求
更多地依赖于
内部因素

低级需求
借助于外部条件

自我实现需求
受尊重需求
情感与归属需求
安全需求
生理需求

图1—17　马斯洛需求层次理论

马斯洛还将这五种需求分为高低两级，其中生理上的需求、安全上的需求和情感与归属需求都属于低一级的需求，这些需求通过外部条件就可以满足，比如别人可以给你提供衣食住行，提供养老、医疗、失业保险，提供感情上的关爱，从而保障稳定有质量的生活；而受尊重需求和自我实现的需求是高级需求，只有通过内部因素才能满足，即必须依靠自我才能获得。低层次的需求基本得到满足之后，它的激励作用就会降低，这时高层次的需求会取代它成为推动行为的主要原因。人们对不同层次需求的追求与社会的发展程度密切相关，在发展中国家，由于经济条件较差，人们会更多地关注较低层次的需求，而在发达国家，当人们已经满足了基本的生活需要，有充足的物质条件支撑他们追求更高层次的需求，这就是中国古代政治家管仲所谓的"仓廪实而知礼节，衣食足而知荣辱"。对于社会整体而言，高层次的需求比低层次的需求具有更大的价值，因为此时人类已经摆脱了个体欲望而追求群体的和谐相处与发展繁荣。高层次需求是人类作为高等动物的重要体现。人们对受尊重和自我实现的需求是无止境的。

价值观就是一种高层次的内心需求。它凌驾于整个人性之上，支配着人的行为、态度、信念、认知等，支配着人认识世界、了解自我、自我定位、自我规划等行为。人比普通动物更加高级，恰恰体现在动物只能被动适应环境，人不仅能认识世界是什么、怎么样和为什么，而且还知道应该做什么、选择什么，确定并实现奋斗目标。价值观直接决定一个人的理想、信念、生活目标和追求方向的性质，对人们自身行为的定向和调节起着非常重要的作用。价值观的作用主要体现在以下两个方面：

（1）价值观反映人们的认知和需求状况。个体的价值观是从出生开始，在家庭和社会的影响下逐渐形成的，是各种社会性因素对个人内心长期的刺激和反馈而形成的对客观世界及行为结果基本稳定的认知和评价，因而它从某个方面反映了人们的人生观和世界观。

（2）价值观对人的行为动机有导向作用。人们的行为动机受到价值观的支配和制约，在同样的客观条件下，具有不同价值观的人，其动机模式不同，产生的行为也不相同。只有那些经过价值判断被认为是可取的，才能转换为行为的动机，并以此为目标引导人们的行为。

哈佛大学教授戴维·麦克利兰（David C. McClelland）在研究人的工作动机时，认为个体在工作情境中有三种重要的高层次需求动机，如图1—18所示。

（1）成就动机：渴望将事情做得完美，争取成功的需要。

（2）权力动机：影响或控制他人且不受他人控制的需要。

（3）人际动机：建立友好亲密的人际关系的需要。

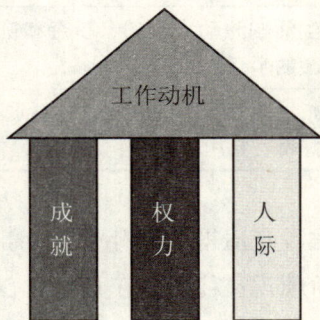

图1—18　麦克利兰工作动机理论

美国心理学家谢洛姆·施瓦茨（Shalom H. Schwartz）等人在麦克利兰等前人研究的基础之上，总结出10个普遍的价值观动机类型，分为自我超越、自我提高、保守、对变化的开放性态度等4个维度，并编制成"施瓦茨价值观量表"，具体内容如表1—6所示。

表1—6　施瓦茨价值观量表动机类型

| 维度 | 动机类型 | 说　明 |
|---|---|---|
| 自我超越 | 普遍性 | ● 为了人类和自然的福祉而理解、欣赏、忍耐、保护，如社会公正、心胸开阔、世界和平、智慧、美好的世界、与自然和谐一体、保护环境、公平 |
| 自我超越 | 慈善 | ● 维护和提高那些自己熟识的人们的福利，如帮助、原谅、忠诚、诚实、真诚的友谊 |
| 自我提高 | 权力 | ● 社会地位与声望，对他人以及资源的控制和统治，如社会权利、财富、权威 |
| 自我提高 | 成就 | ● 根据社会的标准，通过实际的竞争所获得的个人成功，如成功的、有能力的、有影响力的 |
| 保守 | 传统 | ● 尊重、赞成和接受文化或宗教的习俗和理念，如接受生活命运的安排、风险、尊重传统、谦卑、节制 |
| 保守 | 遵从 | ● 对行为、喜好和伤害他人或违背社会期望的倾向加以限制，如服从、自律、礼貌、给父母和他人带来荣耀 |
| 保守 | 安全 | ● 安全、和谐、社会的稳定、关系的稳定和自我的稳定，如家庭安全、国家安全、社会秩序、清洁、互惠互利 |
| 对变化的开放性态度 | 享乐主义 | ● 个人的快乐或感官上的满足，如愉快、享乐生活 |
| 对变化的开放性态度 | 刺激 | ● 生活中激动人心的、新奇和挑战性的，如冒险、变化的和刺激的生活 |
| 对变化的开放性态度 | 自我定向 | ● 指思想和行为的独立，包括选择、创造、探索，如创造性、好奇、自由、独立、选择自己的目标 |

　　总之，价值观是我们去发现值得做和有意义的事情的原则，它能够指引我们该做什么，如何去做。价值观往往深藏在我们内心深处，不容易察觉。只有当我们面临选择，必须选择放弃时，才能深刻地体会到我们真正珍惜和在乎的东西。

　　著名作家毕淑敏写过一篇散文《我的五样》，记叙了自己在心理咨询师的带领下探索生命中最宝贵东西的过程。首先在一张白纸上写下你最宝贵的五样东西，然后在不得不舍弃其中一样的情况下划去一样。接着一个个地删除，直到只剩下一样，这样东西就是你生命中不可或缺的最宝贵的东西。这样的抉择是对心灵深处的拷问，也是对个人价值观的挖掘。

## 小 测 试

### 职业价值观探索

（资料来源：改编自莎拉·库克．培训的 100 个工具 [M]．上海：上海交通大学出版社．）

下面我们通过一系列练习来探索自己的价值观。请按照步骤逐项完成。

**第一步　价值观快速选择**

凭你的直觉，在下面若干个选项中选出三个你最看重的内容。

□弹性工作时间　　□成为管理者　　□报酬好　□独立　□稳定

□和家人在一起的时间　□成为专家　□休闲　　□挑战　□创造

□其他 _____

**第二步　选择你的十大价值观**

看看以下的个人价值观和工作价值观列表。选出 10 种对你来说是最重要的价值观。然后利用所提供的登记表，按照优先顺序对它们进行排列。

| 1. 有职责 | | 2. 优秀 | |
|---|---|---|---|
| 3. 成就 | | 4. 名声 | |
| 5. 进步 | | 6. 家庭 | |
| 7. 冒险 | | 8. 快节奏 | |
| 9. 威信 | | 10. 经济回报 | |
| 11. 人道主义 | | 12. 舒适 | |
| 13. 环境保护 | | 14. 自由 | |
| 15. 挑战 | | 16. 友谊 | |
| 17. 变革 | | 18. 乐趣 | |
| 19. 协作 | | 20. 健康 | |
| 21. 共性 | | 22. 帮助他人 | |
| 23. 能力 | | 24. 帮助社会 | |
| 25. 竞争 | | 26. 诚实 | |
| 27. 创造力 | | 28. 独立 | |

| | | | |
|---|---|---|---|
| 29. 客户导向 | | 30. 内部融洽 | |
| 31. 果断 | | 32. 正直 | |
| 33. 效率 | | 34. 智慧 | |
| 35. 平等 | | 36. 参与 | |
| 37. 道德 | | 38. 知识 | |
| 39. 领导能力 | | 40. 信仰 | |
| 41. 爱 | | 42. 名誉 | |
| 43. 忠诚 | | 44. 责任心 | |
| 45. 意义 | | 46. 安全 | |
| 47. 开诚布公 | | 48. 服务 | |
| 49. 和平精神 | | 50. 慢节奏 | |
| 51. 个人发展 | | 52. 稳定性 | |
| 53. 权利 | | 54. 地位 | |
| 55. 压力 | | 56. 刺激 | |
| 57. 隐私 | | 58. 时间 | |
| 59. 升迁 | | 60. 信任 | |
| 61. 质量 | | 62. 多样性 | |
| 63. 认可 | | 64. 独立工作 | |
| 65. 人际关系 | | 66. 合作 | |
| 67.（请补充） | | 68.（请补充） | |

### 第三步  价值观排序

将你选出的 10 种价值观填入下表第一栏"价值观"中，其他两列先空着，直接进入第四步。

| 价值观 | A栏<br>被选择的总次数 | B栏<br>排序 |
|---|---|---|
| 1. | | |
| 2. | | |
| 3. | | |
| 4. | | |

| 价值观 | A栏<br>被选择的总次数 | B栏<br>排序 |
|---|---|---|
| 5. | | |
| 6. | | |
| 7. | | |
| 8. | | |
| 9. | | |
| 10. | | |

### 第四步 价值观比较

现在请完成下面的等级表。你需要将每一种价值观和其他的9种价值观依次做比较，以决定在每两种价值观之间你更偏向于看重哪一种。比如第一行（1，2）就是让在第二步列出的价值观1和2之间做一个选择。

| 1 2 | | | | | | | | |
|---|---|---|---|---|---|---|---|---|
| 1 3 | 2 3 | | | | | | | |
| 1 4 | 2 4 | 3 4 | | | | | | |
| 1 5 | 2 5 | 3 5 | 4 5 | | | | | |
| 1 6 | 2 6 | 3 6 | 4 6 | 5 6 | | | | |
| 1 7 | 2 7 | 3 7 | 4 7 | 5 7 | 6 7 | | | |
| 1 8 | 2 8 | 3 8 | 4 8 | 5 8 | 6 8 | 7 8 | | |
| 1 9 | 2 9 | 3 9 | 4 9 | 5 9 | 6 9 | 7 9 | 8 9 | |
| 1 10 | 2 10 | 3 10 | 4 10 | 5 10 | 6 10 | 7 10 | 8 10 | 9 10 |

当完成比较后，统计一下每种价值观选中的次数，将其填入第三步A栏。

然后，在B栏对10种价值观按照选中次数进行排序，得到你心中各价值观的优先等级。

### 第五步　我的价值观清单

| 句子 | 价值观 |
|---|---|
| 1. 假如我有一百万，我 _____。 | |
| 2. 我曾经听过或者读过的最好的概念是 _____。 | |
| 3. 我最想改变世界的一件事物是 _____。 | |
| 4. 我一生中最想要的是 _____。 | |
| 5. 我做得最好时是当我 _____。 | |
| 6. 我最关注的是 _____。 | |
| 7. 我最常会幻想的是 _____。 | |
| . 我的父母最希望我 _____。 | |
| 9. 我一生中最大的快乐是 _____。 | |
| 10. 我是 _____ 的人。 | |
| 11. 我的朋友认为是我是 _____ 的人。 | |
| 12. 我相信 _____。 | |
| 13. 假如我只有二十四小时生命，我会 _____。 | |
| 14. 我最喜爱的音乐是 _____。 | |
| 15. 最能和我一起工作的人是 _____ 的人。 | |
| 16. 我的工作必须给我 _____。 | |
| 17. 我认为最好的电视节目是 _____。 | |
| 18. 我给我子女的忠告会是 _____。 | |
| 19. 假如发生火灾，我只能保存一样物件，那将是 _____。 | |
| 20. 假如我能改变自己一样东西，那将会是 _____。 | |

# 1.3　镜像自我

古语云"当局者迷，旁观者清"。要想更加清楚地认识自己，不能忽视他人对自己的看法和意见。

美国社会心理学家查尔斯·库利（Charles H. Cooley）提出了"镜像自我"的概念。库利认为，人对自我的认知主要是通过与他人在社会中互动形成的，他人对自己的评价、态度等等，是反映自我的一面"镜子"。我们通过其他人了解他们在我们身上所看到的形象，就像我们在镜子里看自己一样。社会学家乔治·米德（George H. Mead）进一步精炼了这个观点，指出与自我概念有关的并不仅仅是别人如何评价我们，而是我们觉得他们如何评价我们，因为别人对我们的评价也是通过我们自己感知的。归纳起来，镜像自我包括这样三层涵义：

第一层：我以为别人看到我什么，这并不一定就是别人真的看到我这些，而是我认为他看到了。

第二层：我以为别人看到我的这些后会有什么想法，这也并不真的就是别人有的想法，而是我以为他有的想法，是我根据他的一些外在行为进行的猜测。

第三层：我对我以为的别人的想法有什么想法，这是我对别人想法做出的反应。

这样三个层次是我们与他人进行互动时内心的三个步骤，我们对别人的反应实际上是我们自我意识的流露，这也就是"镜像自我"的意义所在。

对应地，通过他人镜像来认知自我，也包括三个层次：

首先，通过他人的反馈了解自我，客观地、平心静气地听取他人对自己的意见，了解他人对自己的真实看法，而不能单纯地凭自己猜测。有时候不必要的猜测会引起误会甚至引发矛盾。

其次，在听取对方反馈后，需要换一个角度，他为什么会这样看我，我是否也曾经这样评价过别人，当时别人如何给我留下这样的印象，我会对他身上的这样问题有何建议。

最后，反思自己身上是否确实存在这样的问题，我的哪些行为给对方造成这样的印象，如果是好的印象，不妨继续保持；如果是不好的印象，则需要思考如何改进。

### 1.3.1 他人看我

泰戈尔说："你看不到你自己，你看到的只是你的影子。"我们无法直接看到自己的形象，只有通过镜子才能看到自己。他人就是这样一面镜子，能帮助我们看到自己在他人心目中呈现出来的形象。

人生活在社会中，我们的行为不可能不受到他人的影响，同时，我们的行为也需要对和我们相关的人负责，因此这些人对我们的期望也会一定程度上影响到我们的行为方式。其实人与人之间互为对方的镜子，从对方眼里来观察自己，可以看到社会上其他人对自己的认识与评价，产生对自己满意或者不满意的情绪体验，这些反馈可以有效地帮助我们更清楚地认识自己，改善我们的行为，更好地融入到社会中。

正如乔哈里视窗模型揭示的，他人对自己的认知范畴包括两个区域，公开区和盲目区。从他人获得的公开区信息有助于帮助我们检验对自己的认知是否正确，盲目区的信息则可以帮助我们了解认知的空白，继而更加全面地认识自己。

为了更加有效地了解他人对自己的真实看法，首先需要学会倾听他人的意见，包括正面的意见和负面的意见。正面的意见是别人对你的肯定，既要感谢别人的鼓励，同时也要保持一颗冷静的心，这样的意见是否言过其实，或者仅仅是礼节性的称赞；负面的意见尤其重要，这正是我们扫除盲目区的灯塔。对于敢于提出负面意见的人要心怀感恩，他敢于告诉你真相，让你避免在错误的道路上越走越远；同时对于批评也要适当地调整心态，人无完人，今天的不足正是明天努力的方向，不要因为别人的批评而灰心丧气，一蹶不振。

有些人往往对正面的意见欣然接受，对负面的意见却置若罔闻，甚至怀恨在心。这种心态阻碍了我们获取客观信息的渠道，导致盲目区的增大，这样的教训在历史上并不鲜见。三国著名的将领关羽战功赫赫、威震八方，当其镇守军事要镇荆州后，开始变得自大，听不进去别人的负面意见，最终连丞相诸葛亮都只能专程写信夸赞其"美髯公第一"。正是这样的自鸣得意，使得他始终沉醉于自我的满足和盲目的自信中，对敌我形势做出了错误的判断，最终败走麦城，不仅丢了自己的性命，也让刘备的帝王霸业中途折戟。

## 小 测 试

### 他人看我

现在走近你关注的人，听听他们对你的看法吧。

| 关注对象 | 别人眼中的我 | 我期望的别人眼中的我 | 差距在哪里 | 如何改进 |
|---|---|---|---|---|
| 父母 | | | | |
| 恋人/配偶 | | | | |
| 兄弟姐妹 | | | | |
| 朋友 | | | | |
| 上司 | | | | |
| 同事 | | | | |
| 下属 | | | | |

### 1.3.2 换位思考

宋代大文学家苏轼说："不识庐山真面目，只缘身在此山中。"这句富有哲理的诗句告诉我们，站在自己的角度看自己，或许难以纵观全貌。但是当我们换一个角度，却能够比较容易地站在旁观者的角度，给出一些客观的评价。

换位思考一般是说站在别人的角度，替别人思考问题。同样，也可以站在别人的角度，替自己思考。我们常常会有这样的经历，当某人非常难以做一个决定而向你请教时，你会发现这个问题其实并不难，这是因为你跳出了他的思维框架，抓住了问题的关键所在。

当我们能够获得别人对我们的评价后，需要冷静地看待这些评价，有些赞美可能是发自肺腑的，也可能是溢美之辞；而那些批评性质的评价，对于帮助自己改进尤为重要。在对待这些负面评价时，不妨站在评价人的角度想想，他为什么会有这样的意见，我的哪些行为导致了他的这些看法。

另外一方面，根据镜像对称原理，我们也是他人认知自我的镜子。我们这面镜子反射出我们对他人的认知，这个角度有助于我们推测他人对自己的认知模式和表达的含义。比如我们会受到一个自高自大、喜欢吹毛求疵的人的打击，从而情绪低落，并在内心对此人产生厌恶感；反过来，当我们察觉到某人在自己的批评下，出现情绪低落并流露出厌恶的表情时，我们就需要反思自己的行为，是否犯了"自高自大，吹毛求疵"的毛病。推人及己，这就是镜像自我的双重意义所在。

### 1.3.3 日省吾身

曾子曰："吾日三省吾身，为人谋而不忠乎？与朋友交而不信乎？传不习乎？"儒家将反省作为修身的重要功课，主张在反省中不断完善自我。

在多元智能理论中，善于内省也是一个重要的智能。反省可以帮助我们更加深入地认知自己的行为方式和动因。人的很多行为是在潜意识控制下完成的，我们自己或许并没有察觉到这些行为以及这些行为造成的可能后果，通过反省，可以帮助我们察觉和认知这些不经意的行为，从而发掘探索自己的潜能。

反省是学习过程中至关重要的环节。人始终处于一个学习和矫正的过程中，我们不能保证我们的认知和行为都是正确的，会犯这样或者那样的错误，因此反省显得尤为重要。从成功中反省经验，是哪些因素使我获得了成功，如果缺少其中某一项，我是否还能取得这样的成功；从失败中反省教训，为什么会失败，导致失败的根源是什么，今后如何避免等。反省能使我们在成长的过程中获取智慧，做到举一反三，提高学习效率。

管理学大师彼得·德鲁克尤其推崇"回馈分析法（Feedback Analysis）"，实际上就是一种反省技巧。德鲁克建议人们每当做出重要决定或采取重要行动时，可以事先记录下自己对结果的预期，经过一段时间后再将实际结果与自己的预期比较。通过这样持之以恒地练习，我们就能知道，自己的长处在哪些方面，哪些事情会让你的长处无法发挥出来，自己在哪些方面能力不是特别强，需要加强和改进，甚至在哪些方面完全不擅长。

德鲁克还提供了回馈分析时需要重点关注的几个方面：

（1）专注于加强自己的长处，把自己放到能发挥长处的地方，并弥补需要改善的技能或学习新技能。

（2）发现任何由于自负而造成的偏见和无知，并且加以克服。

（3）纠正不良习惯。通过反省发现那些会影响你的工作成效和工作表现的事情，这样的习惯能很快地在回馈中反映出来。

（4）发现哪些问题是由缺乏礼貌造成的，并据此改进自己的交际方式。

反省是日常的思考之上更深一个层次的思维方式。如果我们只停留在看待问题本身，而不能将思维扩散到多个方面，对自己进行全方位的回顾与检查，就难以发现自身的问题和思维方式的局限性。通过反省的过程，可以帮助我们更加全面地认知自己，认知客观世界，找到解决问题的新方法。

在做完本章的自测，并通过亲人、朋友等获得一些他们对自己的反馈后，下面就是自我反省的过程了。请认真回答下列问题：

1. 在填写测评题目时，哪些问题令我停下来深思？

2. 在看到测评结果后，哪些结果令我感到意外？

3. 这些测评反映我的主导特征是什么？

4. 我最大的长处是什么？

5. 我最大的短处是什么？

6. 我与他人最大的不同是什么？

7. 至今为止，我感到最成功的事情有哪些？

8. 我感到目前对自己最不满意的方面有哪些？

9. 我最喜欢与什么样的人相处？

10. 我是否曾经对某些事情十分投入？

11. 在我的生命中，我最看重的三种事物是什么？

12. 我最喜欢的生活方式是什么样的？我对自己目前的生活是否满意？

# 第二章

# 按图索骥——生涯规划

凡事预则立，不预则废。

——《礼记·中庸》

如果把人的一生比喻成爬梯子的话，未来的目标就是要到达的幸福天堂。也许我们最害怕听到的一句话是："当我爬到顶，才发现自己把梯子放错了地方。"梯子放错了地方，导致终点偏离了最初期望的目的地，这就是路径依赖。

如果把人的一生比喻成爬梯子的话，未来的目标就是要到达的幸福天堂。也许我们最害怕听到的一句话是："当我爬到顶，才发现自己把梯子放错了地方。"梯子放错了地方，导致终点偏离了最初期望的目的地，这就是路径依赖。

"路径依赖"源于物理学中的惯性，指物体一旦进入某一路径，就可能对这种路径产生依赖。事实上，路径依赖的现象已经深入到社会的各个方面，美国经济学家道格拉斯·诺思（Douglass C. North）由于采用"路径依赖"理论成功地解释了经济制度的演进和变迁，因此获得 1993 年的诺贝尔经济学奖。在我们日常生活中，"路径依赖"的现象并不鲜见。

乍听之下可能会觉得不可思议，但是仔细想想：我们之所以会走到今天这一步，都是由当年每一个小的决定所导致的，譬如高考填志愿选择了这个专业而不是那个专业，大学毕业时选择了继续读研而不是直接工作，找工作时选择了这份工作而不是另一份工作。我们现在走的每一步都或多或少地取决于我们之前走的路，我们将来可能到达的方向，也取决于我们现在的位置，这就是人生中的路径依赖。

现代社会分工已经非常精细，俗话说"隔行如隔山"，即使在同一行业里，不同方向的人都可能对自己之外的内容了解甚少。随着入行时间的推移，自己的限制也越多，改行的机会成本也越大，这就是职业生涯中的"路径依赖"效应。因此在进行职业规划时，应当非常慎重地选择一份适合自己的职业。

**成长寓言**

### ● 惯性——火车铁轨

我们都乘坐过火车，为了保证火车可以在神州大地纵横驰骋，不同地方铁轨的宽度肯定是相同的。你可曾想过，为什么火车两条铁轨之间的宽度要定成现在的标准，也就是四英尺八点五英寸？这里有一段很有趣的考证。火车铁轨的宽度取决于火车的轮距，早期的火车沿用了当时电车的标准，而最先造电车的人原来是造马车的。进一步考证发现，古罗马军队战车轮子的宽度也是四英尺八点五英寸，这个尺寸正好是两匹马屁股的宽度。

这个故事还有下文。20世纪70年代，美国开始研制航天飞机，其中火箭推进器在不同的地方制造，需要使用火车运输，途中可能会通过一些隧道，这些隧道的宽度只比火车轨距宽一点，因此火箭推进器的宽度自然也就受限于火车轨距。所以，今天世界上最先进的运输系统的设计，居然被两千年前两匹马的屁股宽度决定了！

【成长智慧】

我们每一步选择，都决定了未来的人生；我们未来的生活，正是我们今天的抉择。

# 2.1　生涯阶段

我们先来展望一下人的一生所经历的各个阶段。按照传统的分类方式，人的一生可分为童年、少年、青年、中年、老年等若干阶段，童年时代是无忧无虑地成长，少年和青年主要是求学和就业，人到中年意味着需要承担抚养家庭的重任，老年则是退休之后的颐养天年。

中国古人对人生不同阶段有着深刻的认知。孔子说："吾十有五而志于学，三十而立，四十而不惑，五十而知天命，六十而耳顺，七十而从心所欲，不逾矩。"（《论语·为政篇》）。按照孔子的观点，人生分为六个阶段，分别为求学阶段、自立阶段、成熟阶段、安命阶段、耳顺阶段和随性阶段。人在成长的过程中心理成熟度越来越高,在不同的人生阶段对自己的定位也有所不同。

随着人类平均寿命的延长,上述分段方法也应该重新诠释。按照联合国世界卫生组织最新推荐的年龄分段方法,44 岁以下为青年人,45 岁至 59 岁为中年人,60 岁至 74 岁为年轻老年人,75 岁至 89 岁为老年人,90 岁以上为长寿老人。新的年龄分段令人振奋,意味着我们实际上拥有更长的青春岁月,心不老,人不老。

### 2.1.1 生涯彩虹

按照美国著名职业生涯规划导师舒伯(Donald E. Super)提出的"生涯彩虹"理念,我们每个人在一生中会经历许多不同的阶段,同时会担任许多不同的角色。舒伯认为,在个人发展历程中,主要包括成长阶段(0—14 岁),探索阶段(15—20 岁),建立阶段(30 岁左右),维持阶段(45 岁左右)和退出阶段(65 岁以后),随着年龄的增长,人在不同的阶段会扮演不同的角色。为了综合阐述生涯发展不同阶段与不同角色彼此间的相互影响,舒伯创造性地设计了一幅"生涯彩虹图",形象地描绘了多重角色生涯发展的时空关系,如图2—1 所示。

在生涯彩虹图中,纵向层面是由一组角色组成,分成子女、学生、休闲者、公民、工作者、持家者六种不同的角色。不同角色起始时间不同,在同一年龄阶段可能同时扮演多种角色,因此会有所重叠,在人生的很长阶段里,多种角色交互影响;各种角色在不同阶段彩带宽度不一,表示该角色在这个年龄阶段的权重。在不同的人生阶段,我们所担任的角色权重也会有所侧重,除了受到年龄增长和社会对个人发展等因素的影响外,还跟个人在各个角色上所花的时间和感情投入的程度有关。

从上述彩虹图的彩带比例中可以看出,成长阶段最主要的角色是子女,这时候我们享受父母的哺育和抚养;探索阶段(15—20 岁)的主要角色是学生,这是我们求学的岁月;建立阶段(30 岁左右)的主要角色是家长和工作者,这时我们同时承担着开创事业和养育后代的双重责任;维持阶段(45 岁左右)工作者的角色突然中断,又恢复了学生角色,暗示这时必须再学习、再适应才有可能处理好职业与家庭生活中所面临的问题,化解所谓的"中年危机"。

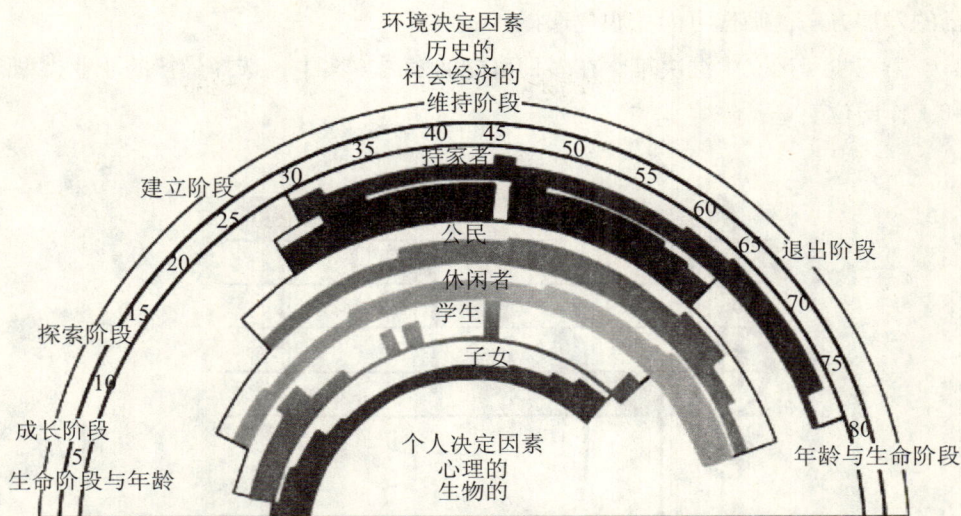

图 2—1　生涯彩虹图

　　生涯中的各种角色之间是相互作用的，一个角色的成功，特别是早期角色的成功，将会为其他角色的发展奠定良好的基础，比如学生时代学业优秀有助于找到一份好工作，使得工作者角色的起点较高；反之，某一个角色的失败，也可能导致另一个角色的失败，比如持家者角色失败导致家庭关系不和，从而事业受到影响。同时，舒伯进一步指出，为了某一角色的成功付出太大的代价，也有可能导致其他角色的失败。如果一个人把全部精力投入到工作之中，事业也许会获得成功，但是牺牲了作为休闲者应该享有的舒适生活和健康身体。

　　因此我们在设计职业生涯目标时，需要平衡各个人生阶段的角色重心，思考清楚自己究竟想要什么样的人生，才能够兼顾生活的各个方面，实现真正意义上的成功人生。

### 2.1.2　规划流程

　　那么，我们如何规划自己的职业生涯呢？具体说来，包括六大步骤，可以归纳为图 2—2 所示的六部曲：

　　第一步：认知自己和职业环境。不仅需要了解冰山之上的个人行为方式，还需要深入探索自己的职业兴趣、性格特征、天赋能力等多个方面，同时还要积极了解自己所处的社会环境，并了解不同职业的特点和区别。

　　第二步：设定发展方向。在深入了解自己和职业环境之后，选择最合适自己的发展方向，筛选可能的职业选择。

第三步：确立生涯决策。在多种可能的发展方案中，选择最佳的职业类型和工作岗位。

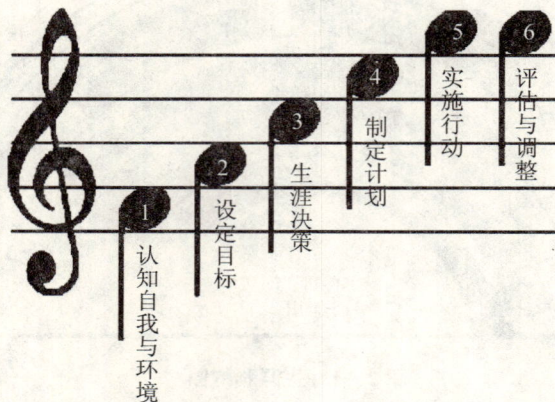

**图2—2　职业生涯规划六部曲**

第四步：制定行动计划。在目标导向的基础上，设计个人发展路径，制定切实可行的计划，包括近期行动方案和长期规划。

第五步：实施行动方案。仅有目标和计划是远远不够的，关键在于实施。

第六步：评估与调整。在计划具体落实的过程中，可能会发现原先的认知不全面，或者计划不现实，或者外部形势发生了重大的变化等意外情况，这时需要及时评估自己的处境，并主动调整行动计划。人生是一个漫长的过程，事实上，职业规划不可能一步到位，是一个不断评估与修正的动态过程。

## 2.2　环境分析

如果把我们的职业比作一艘船，那么我们无时无刻不处在社会的海洋中，社会潮流和宏观政策像风一样，会影响到我们的航向。这艘船要驶向何方，关键靠舵手把握方向，而职业之船的舵手，正是我们自己。

潮流、政策

社会环境

**图 2—3 社会如海，职业如船**

## 2.2.1 环境认知

个人的成长离不开职业环境，就像鱼儿离不开水。职业环境大致可以分成以下几个方面：

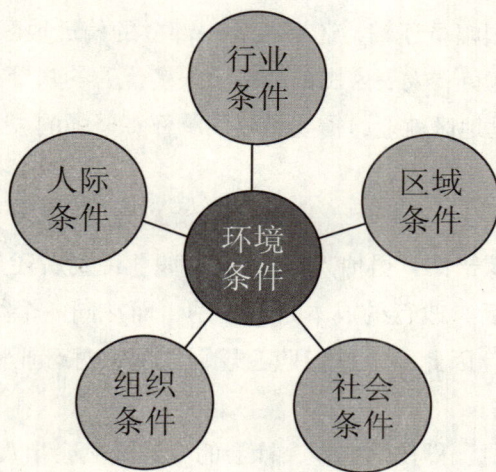

**图 2—4 职业环境分析**

（1）社会条件

社会条件包括当前社会的发展程度、经济水平、政治环境以及未来的发展趋势等。社会发展趋势对行业的影响是巨大的，能否清晰地认知当前的社会环境，把握政治经济的发展趋势，为个人寻找一个合适的平台，直接决定了个人的发展空间。社会大环境影响着每个人的命运，比如在改革开放之前，中国处于封闭的计划经济时代，个人贸易无法自由开展；而在改革开放之后，逐步放开市场经济，个人可以从事经营活动，从而引发了下海经商的浪潮，民营企业和个体经济得到迅猛发展。当中国成功加入WTO后，市场竞争的舞台扩展到了全世界，也带来了更多的机遇和挑战。

（2）区域条件

区域条件取决于所在地区的地理环境、经济水平、地方政策等。各个地方的经济发展程度不同，当地可利用的资源也不同，地方政策对经济发展方向、个人职业选择也有着很重要的影响。

在中国，不同地区的发展水平不均衡。在北京、上海这样的一线城市，由于政策倾斜、资源聚集，发展迅速，甚至接近发达国家的一些主要城市。大城市的就业机会多，发展空间大，也面临着人才集聚、竞争激烈的压力，同时高房价、高物价使得在大城市的生活成本剧增。而在一些二线、三线城市，也正面临着经济的高速增长期，对人才的需求缺口很大，机会相对增多，同时低廉的生活成本，舒适的环境、便利的交通，使得越来越多人选择逃离一线城市，回到家乡就业。中国幅员辽阔，还有很大一部分的偏远地区，发展相对落后，正是有志青年实现抱负、大展宏图的战场，很多优秀的领导人都是从偏远地区成长起来。投身偏远地区就业，需要足够的胸怀和坚强的毅力，越是艰苦的地方，越能够锻炼人、塑造人。

（3）行业条件

俗话说"女怕嫁错郎，男怕入错行"。选职业说到底还是选择行业，因为在进入一个行业之后，改行的成本是很高的，而在同一个行业内不同企业之间跳槽则相对容易。因此，在进行职业规划之前，对行业需要有一个清晰的认识。

随着经济的发展、科技的进步，社会的变迁必然会出现行业的兴衰交替。每个行业有自己的发展模式和成长周期，所谓"热门行业"和"冷门行业"也是相对的。在了解一个行业时，需要去分析行业发展的现状，目前的优势与问题所在，并能去预测行业未来的发展前景。

社会提供的人才培养相对于行业的发展具有一定的滞后性，比如有段时间计算机行业发展迅速，社会需要大量的计算机人才，计算机人才在市场上炙手可热，于是很多人在报考志愿时选择了计算机专业，大学里也增加了大量的计算机专业名额。而当若干年后这些人毕业的时候，计算机行业发展可能已经过了最好的时机，这时大量的毕业生涌入市场，造成人才饱和，竞争力下降。因此，在认知行业时，需要具备一定的战略眼光，能够预测行业的发展趋势。

需要注意的是，在选择行业时，同一个行业也有不同的分工，个人的兴趣和能力并不限制一个人进入该行业，但是需要找到适合自己的定位，能够在这个行业里发挥所长。

（4）组织条件

了解一个组织，需要主要看该组织在行业里的地位，组织的发展战略，组织文化、价值观、使命等等。还必须要认识组织当前的发展阶段，并评估个人在组织里的发展空间。

以企业为例，在中国，企业主要分为国企、民企、外企以及合资企业。外企往往是一些实力雄厚的跨国企业，进入中国拓展市场，一般待遇比较优厚，管理流程比较规范，企业文化也相对比较宽松。国企大都是涉及国家经济命脉的重要单位，掌握着国家大量的资源，随着国企体制的不断深化改革，国企逐渐摒除一些陋风旧习，通过引入科学的管理机制，竞争力不断提高，正焕发出新的生机。民企通过私人资本创建实业，具有管理灵活、反应敏锐、市场竞争激烈等特点，民企的发展通常与企业领导层有着非常密切的关系，领导者的个性、作风往往对民企的命运起到决定性的作用。随着中国经济体的崛起和市场经济的发展，中国的一些民营企业已经发展壮大、走出国门，成长为世界级的优秀企业，比如华为、联想等。

评估企业的条件，还需要考察企业的发展阶段，企业发展阶段一般包括初创期、上升期、成熟期、衰退期。初创期的企业规模比较小，风险也比较大，对个人能力要求很高，但是可以提供更多的锻炼机会和成长空间，一旦将来企业获得成功，回报也是巨大的，选择初创期的企业不仅需要有魄力和毅力，还需要有深厚的功底和能力作为支撑。上升期的企业处于快速发展的阶段，一方面对人才极为渴求，因此待遇相对较好，另一方面工作平台较大，由于企业正在壮大，工作量相对较大，对个人成长帮助也很大。成熟期的企业一般比较安稳，有着完善的管理体制，每个人都是公司的一个零件，各司其职，只需按部就班完成好本职工作即可，当然成熟期的企业也需要能力突出的人，帮助企业平稳向前发展，甚至推动变革、实现突破。

（5）人际条件

人际条件即通常意义上的交际圈，包括亲属、师长、同学、同事、朋友等，俗话说"一个好汉三个帮"，同事是工作上的伙伴，朋友则是生活中的伙伴。人际条件之所以成为职业环境之一，因为和不同的人在一起工作或生活，会直接影响到个人的工作性质、工作风格、乃至工作绩效；反过来，选择不同的职业，则会遇上不同类型的人，而这些人会影响到你未来的发展和职业再选择。

## 2.2.2　SWOT 分析

在社会大环境中，每个人都是社会的有机组成，不可避免地受到外界的影响。我们需要经常对自己所处的形势做一个理性的分析：我现在处于一个什么样的环境中，在这个环境中我有什么样的机会，这样的机会一旦降临我能不能把握住，我的优势在哪里，如果我去做了，会有什么样的风险，这些都是我们需要不断叩问自己的系列问题。美国旧金山大学管理学教授海因茨·韦里克（Heinz Weihrich）提出一个非常有效的工具，即 SWOT 分析法，已经成为组织分析环境、制定战略的重要分析工具。SWOT 分析法由四个方面构成，包括优势（Strengths）、劣势（Weaknesses）、机会（Opportunities）、威胁（Threats），如图 2—5 所示。

| 策略分析 / 自身条件 / 外部环境 | 优势 Strength | 劣势 Weakness |
|---|---|---|
| 机会 Opportunity | SO 战略 如何利用优势 抓住机会 | WO 战略 在机会到来前 如何弥补劣势 |
| 威胁 Threat | ST 战略 如何利用优势 避免威胁 | WT战略 如何面对现实，减少损失 |

**图 2—5　SWOT 分析法**

SWOT 分析法同样也可以用于分析个人所处的环境与制定决策。当我们处于某个环境中，需要对下一步发展做出决策时，我们不妨一一列出来：在这个机会面前，我有哪些优势，我现在拥有的哪些资源和能力可以帮我获得更好地发展；我有哪些劣势，哪些方面是我的短板，可能会限制我的发展；现在的环境可能会给我提供一些什么样的机会，我是否有能力把握住这些机会；同样，潜在的威胁有哪些，我如何去应对。当你能够把这四个方面一一分析清楚，就能更加全面地了解自己的处境，以便做出科学的决策。

SWOT 分析是检查和审视我们的能力、兴趣和职业机会的有效工具。当采用 SWOT 分析法进行职业规划和决策时，实际上包含下述三个步骤：

（1）知己：全面地了解自己的天赋特长、性格兴趣等方面的特征，并评估自己的长处和短处。正所谓"尺有所短，寸有所长"，我们每个人都有自己独特的技能、天赋和能力。在当今分工非常细的市场经济里，个人并不需要做到样样精通，只需擅长于某一个或几个领域，如果能够将个人的优势发挥到极致，则足以取得可观的成就。

（2）知彼：了解个人所处的职业环境。不同的行业，包括这些行业里不同的组织，都面临不同的外部机会和威胁，所以找出这些外界因素将有助于找到一份适合自己的工作。列出感兴趣的若干个行业，然后借助 SWOT 工具认真地评估这些行业所面临的机会和威胁。

（3）抉择：在知己知彼的基础上，对个人的发展方向做一个抉择和规划。根据 SWOT 表中列出的优势和劣势、机会和威胁，进行职业抉择，并制定中长期目标和执行路线。

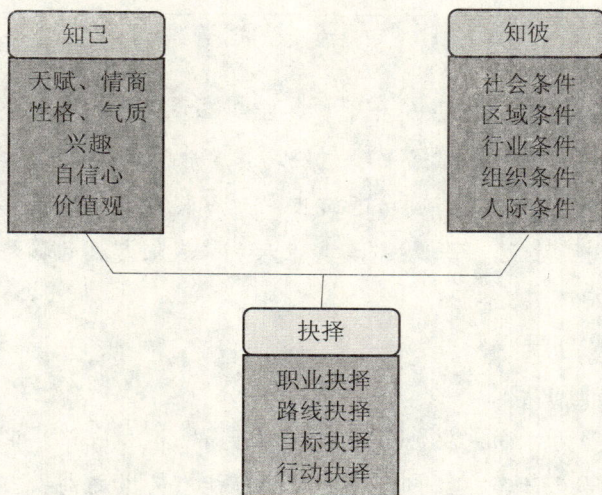

图2—6　理性分析自我与环境

# 2.3　设定目标

曾经有一个非常著名的关于目标对人生影响的调查，调查对象是一群智力、学历、生活环境等条件都差不多的年轻人。结果发现：27%的人几乎没有目标，60%的人目标模糊，10%的人有清晰但比较短期的目标，只有3%的人有清晰且长期的目标。

经过对这些人长达25年的跟踪研究表明：那些有清晰且长期目标的人，一直向着自己的目标不断努力，几乎都成为社会各界的顶尖成功人士；那些有短期目标的人，他们的短期目标不断实现，生活状态稳步上升，大都生活在社会的中上层；而那些一直都没有确定目标的人，几乎生活在社会的最底层，生活不如意，且常常抱怨他人、抱怨社会。

人的精力是有限的，如果能够尽早确定自己的发展方向，并集中精力付诸行动，才有可能在某个领域有所建树。如果经常更改航向，甚至连前进方向都不知道，那人生之船注定要在大海里随波逐流了。

既然目标这么重要，那么我们的目标在哪里？

## 成长寓言

### ●方向——取经之马

唐朝贞观年间，长安城内住着一匹马和一头驴。马在外面跑运输，驴在家拉磨。唐僧取经前选中了这匹马作为脚力，于是马随着唐僧西天取经。十六年后唐僧取经成功返回长安，马衣锦还乡见到了在家拉磨的驴子，驴子非常羡慕。马说："其实十六年来我们走过的路是一样的，只是方向不同而已。"

### 【成长智慧】

不同的努力方向，决定了能到达的不同高度和成就。生活中许多人也在不停地为生计奔波，可大家的成就可能有天壤之别。当你埋头苦干时，是否应该停下来想想，我的目标在哪里，我现在的方向对不对。

图 2—7　人生目标调查结果

### 2.3.1　平衡人生

在制定人生目标之前，首先要回答的问题是：什么样的人生才是成功的人生？这取决于个人对成功的理解，而成功与否需要个人、家庭、组织、社会全面判定。另外，职业目标与个人的价值观是密不可分的，你认为重要的并且值得付出一生去努力实现的目标，才是人生的奋斗目标。

美国职业管理学家布鲁克林·德尔（C. Brooklyn Derr）总结出五种不同的职业生涯成功取向，包括：

（1）进取型——不断地超越自我和他人，追求达到公司的最高地位和最大的经济收益；

（2）安全型——工作稳定，生活安逸，环境变动少，工作风险小，有一定的社会地位，被人认可、受人尊重；

（3）自由型——在工作过程中有较大的自主权决定工作内容和工作形式，不受他人的限制；

（4）攀登型——不满足安逸的生活，追求刺激性和有挑战的生活和工作，敢于冒险；

（5）平衡型——在工作、家庭关系和自我发展之间取得平衡，兼顾家庭和事业。

不同的成功取向决定了不同的发展方式，一个进取型的人会将职位晋升设为最直接的目标，为了这个目标不懈努力，甚至牺牲个人休闲和家庭生活；而一个平衡型的人往往会在加班赶工还是陪女儿过生日之间选择后者。

　　成功的人生是多方面平衡的结果，不仅包括工作事业的成功，还有家庭的和谐幸福，个人的身体健康、与朋友融洽相处、保持心灵愉悦等方面，如图2—8所示。平衡的人生就是本书所提倡的个人三重角色的和谐统一。

　　我们可以用图2—9所示的生活平衡轮（因为形状类似雷达发出的信号，因此也称为雷达图）来评估自己某一阶段的生活状态，譬如你的生活包括工作、家庭、健康、朋友和心灵五个方面，每个方面可以从1到5进行打分，5表示最满意，1表示最不满意。打分之后将每项得分连起来，得到一个形状，从而判断自己的生活是否平衡，哪些方面有所缺失，以帮助自己及时调整生活的重心。

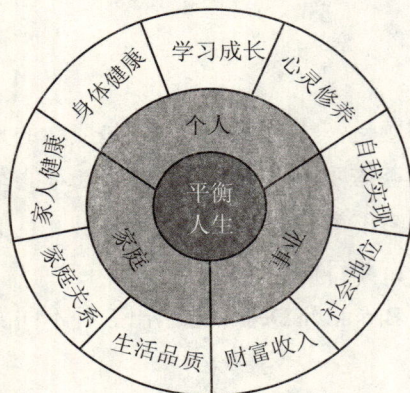

图2—8　平衡人生的多个方面

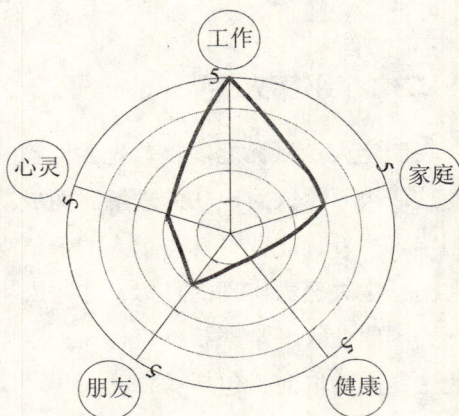

图2—9　生活平衡轮

## 2.3.2　职业目标

　　就具体的职业目标而言，个人职业目标还可以按性质分为外职业生涯目标和内职业生涯目标。外职业生涯主要侧重于职业过程的外在表现，包括：工作内容、工作环境、工作职务、经济收入等。内职业生涯侧重于在职业生涯过程中的知识经验的积累，观念能力的提高和在工作中的内心感受等。

　　外职业生涯和内职业生涯关系密切，内职业生涯是驱动力，而外职业生涯是成果。内职业生涯的发展带动外职业生涯发展，外职业生涯的顺利发展可以为个人提供更高的发展平台，从而为内职业生涯的提升提供有利条件；反过来，如果内职业生涯的修炼没有跟上外职业生涯的提升，则会让自己在新的工作岗位力不从心，影响进一步的发展。外职业生涯就像一棵树的树冠和叶子，繁茂肥硕，光鲜耀人，但是一旦离开了枝干，便枯黄零落。内职业生涯就是这棵树的主干和根须，根深养分足，才能枝繁叶茂。

因此，在进行职业选择时，我们不光要瞄准外职业生涯的目标，更要注重内职业生涯的发展。经济收入高的工作不一定是最佳选择，还需要评估这个职位能否提升工作能力，并未进一步发展奠定基础。有个笑话说如何毁掉一个人，答案是给他月薪一万让他坐传达室，这样两年后这个人什么都不会做了。同样，暂时的职务提升也未必是好事，如果自己不能胜任该职务，反而会让上司对自己的期待大打折扣。因此，职业生涯要想稳步顺利地提升，必须是内职业生涯和外职业生涯的平衡。

外职业生涯
工作内容
工作职务
经济收入

内职业生涯
工作能力
心理素质
态度观念

图 2—10 生涯树

● 目标分解

有目标固然可贵，但是将目标转化成现实，还需要付出艰辛的努力。一个看似遥不可及的目标，常常会让人望而生畏，并因此止步不前。在落实行动时，我们要善于将长远的目标分解成一步步可实现的具体目标。

山田本一是日本著名的马拉松运动员，曾在 1984 年和 1987 年国际马拉松比赛中夺得两次世界冠军。在刚刚从事马拉松运动时，山田本一和一般运动员一样，一起步便将目标锁定在终点线上，结果只跑到十几公里的时候就已经疲惫不堪了，因为一想到前面还有几十公里，心理上就先垮了。后来他总结出了诀窍，在每次比赛之前，他都要把比赛的路线先走一遍，并把沿途比较醒目的标志画下来，比如第一标志是银行，第二标志是一个古怪的大树，第三标志是一座高楼……这样一直画到赛程的结束。比赛开始后，他就以百米的速度奋力地向第一个目标冲去，到达第一个目标后，又以同样的速度向第二个目标冲去。40多公里的赛程，被分解成几个小目标，跑起来就轻松多了。

目标分短期目标、中期目标和长期目标，还有更长远的人生目标。目标从底端到高层，就像金字塔一样。长期目标是人生的大方向，是人生马拉松长跑的终点，但是远远望去，遥不可及。因此我们还需要制定相应的短期目标，将长远的目标分解成一步步的小目标，并且逐一实现。当宏伟的长期目标被分解成一个个具体可操作的短期目标时，你会发现，每一步并不是那么难。

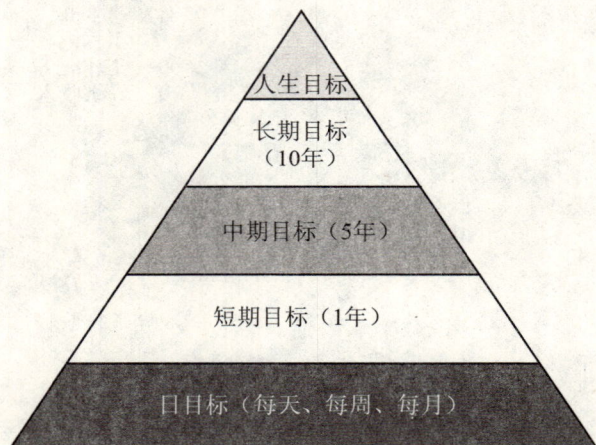

图2—11　目标金字塔

（1）长远的人生目标包括事业目标，家庭生活目标和个人追求的社会价值等等。

（2）长期目标，时间为五年以上的目标，它通常比较粗、不具体，可能随着内外部形势的变化而变化。

（3）中期目标，一般为三到五年，它相对长期目标要具体一些，如参加一些旨在提高技术水平的培训并获得等级证书等，需要和与长期目标保持一致，有比较明确的时间，且可做适当的调整。

（4）短期目标，通常是指时间在一至三年内的目标，是中期目标和长期目标的具体化、现实化和可操作化，是最清楚的目标。短期目标一定要切合实际，具备可操作性，并且明确规定具体的完成时间。

一般说来，短期目标服从于中期目标，中期目标服从于长期目标，长期目标又服从于人生目标。具体实施目标，通常是从具体的、短期的目标开始的。

另一种目标分解的方法如图 2—12 所示，近期目标在最外层，最容易实现，然后是短期目标、中期目标、长期目标，层层往里，直到人生的终极目标，就像剥洋葱皮一样，逐层实现人生目标。

我们常常会给自己设定一个目标，但是很快便抛却脑后。过于空洞的目标很难对人的行动起到指导作用，设定目标应符合"SMART 原则"，即：

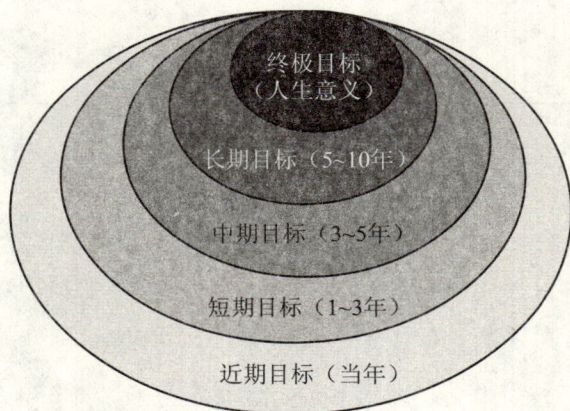

**图 2—12 剥洋葱法分解目标**

（1）明确的（Specific）：目标必须明确具体，而不是一个空洞的概念或飘渺的远景；

（2）可测量的（Measurable）：设定的目标必须可以评估考核，即可以准确评估已经完成了多少，完成质量如何；

（3）可实现的（Attainable）：目标不能过于远大，必须是与实际条件和自身能力相符的，通过努力可以达到的；

（4）相关的（Relevant）：每一个目标都必须围绕人生最高目标，不能三心二意，过于分散精力；

（5）时限性的（Time-based）：明确完成目标的具体期限，期限（Deadline）能给人以行动的压力和动力，在每一个规定期限内完成任务，是提高执行力的保障。

很多人制定了大量的目标，却让其中绝大部分沉睡在心中。制定目标固然重要，督促自己实现目标更重要。下面提供一些制定目标和督促行动的小建议：

建议1：列出为实现目标需要做的事情，制定一个目标清单，写在纸上而非记在心里。

建议2：优先实施其中最重要的或者次重要的行动。最重要的行动能够让你在实现目标时坚持最久；不要尝试列出所有的行动，注重优先次序，而非盲目追求全面。

建议3：时刻提醒自己目标所在。可以把目标制成卡片贴在经常可以看到的地方。

### 成长寓言

#### ● 目标——猎狗追逐

猎狗发现了一只松鼠，紧紧地追赶，就在快要追到时，松鼠钻进了一个树洞。树洞只有一个出口，于是猎狗就守在外面。不一会儿，兔子从树洞里窜出，飞快地向前跑，并跳上另一棵大树。兔子在树上，仓皇中没站稳，掉了下来，砸晕了正在仰头看的猎狗，最后，兔子竟然逃脱了。

故事很有趣，但是你发现什么不对劲的地方吗？没错，猎狗最初追的是松鼠，而不是兔子！

【成长智慧】

在现实工作和生活中，这样的情况并不鲜见。我们最初的目标是"松鼠"，在追赶的过程中却又忙于应付一只又一只中途跳出来的"兔子"，最终迷失了当初的目标。很多人每天都在不停地忙碌，疲于奔命。我们需要时刻提醒自己的是：我每天所忙碌的目标是否还是当初那只"松鼠"？

### 2.3.3  职业锚

"职业锚"是由美国麻省理工学院埃德加·沙因教授（Edgar H. Schein）根

据一项长达几十年的跟踪研究提出的，并在此基础上提出了职业锚理论。锚是船舶停泊时用来固定船只防止漂走的工具，而职业锚就是人们选择和发展职业时所围绕的中心。当一个人不得不做出选择的时候，无论如何都不会放弃的职业中的某些至关重要的东西或价值观，就是人生方向的"锚"。只有对自己的天赋和能力、动机和需要以及态度和价值观有了清楚的认识之后，才能意识到自己的职业锚到底是什么。

职业锚是个人同工作环境互动的产物，它是在实际工作中不断探索调整逐渐形成的动态结果。职业锚强调个人能力、动机和价值观三方面的相互作用与整合。沙因教授认为人类具有以下八种职业锚：

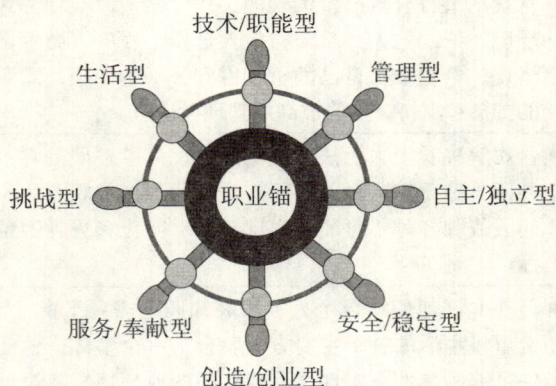

图 2—13　职业锚

表 2—1　职业锚与职业价值观

| 职业锚 | 职业价值观 |
| --- | --- |
| 技术 / 职能型 | ● 强调实际技术或某项职能业务工作，热爱专业技术或职能工作，注重个人专业技能的发展。一般不喜欢从事管理工作，因为这将意味着可能需要放弃在技术 / 职能领域的成就。 |
| 管理型 | ● 追求并致力于工作晋升，倾心于全面管理，并将公司的成功与否看成自己的工作，具有很强的晋升愿望，注重提升、等级、收入等。具体的技术 / 功能工作仅仅被看作是通向更高、更全面管理层的必经之路。 |
| 自主 / 独立型 | ● 希望随心所欲安排自己的工作方式、工作习惯和生活方式。追求能施展个人能力的工作环境，最大限度地摆脱组织的限制和约束。宁可放弃提升或工作扩展机会，也不愿意放弃自由与独立。 |

续表

| 职业锚 | 职业价值观 |
|---|---|
| 安全/稳定型 | ● 追求职业的稳定和安全。关注财务安全和情感的稳定感，并为可预见的成功感到放松。倾向于在大公司工作，不轻易离职，在行为上属于顺从型，循规蹈矩。尽管有时可以达到一个高的职位，但并不关心具体职位和具体工作内容。 |
| 创造/创业型 | ● 有强烈的创造需求和欲望，希望通过自己能力去创建属于自己的公司或创建属于自己的产品或服务，意志坚定，敢冒风险，并克服面临的障碍。即使在别人的公司工作，但这种人同时在学习并评估将来的机会，一旦感觉时机到了，便会走出去创建自己的事业。 |
| 服务/奉献型 | ● 喜欢从事符合自己价值观的工作，希望以某种方式改善自己周围的环境，帮助他人，希望与他人合作、服务人类等精神在工作中得到体现。希望根据自己的贡献得到公平的回报，需要来自上司和同事的赞扬和支持，价值被高层管理者认可。 |
| 挑战型 | ● 喜欢解决看上去无法解决的问题，战胜强硬的对手，克服无法克服的困难障碍等。对他们而言，参加工作或职业的原因是工作允许他们去战胜各种不可能。尝试新奇、变化和战胜困难是他们的终极目标。 |
| 生活型 | ● 喜欢允许他们结合个人、家庭和职业需要平衡生活和工作的环境，希望将生活的各个主要方面整合为一个整体。他们需要一个能够提供足够的弹性来实现这一目标的职业环境，甚至可以牺牲职业的一些方面。 |

有些人也许一直都不知道自己的职业锚是什么，直到他们不得不做出某种重大选择的时候，比如到底是接受公司将自己晋升到总部的决定，还是辞去现职转而创办自己的公司。正是在这样的转折点，一个人过去的所有工作经历、兴趣、资质、性格等才会集合成一个综合性的判断模式，告诉我们对个人来说到底什么东西是最重要的，这个模式就是职业锚。

## 小 测 试

### 沙因职业锚测试

确定最符合你自身情况的选项，并将该选项填写在每道题目左边的空格内。

1. 我希望做我擅长的工作，这样我的内行建议可以不断被采纳
    1. 从不    2. 偶尔    3. 有时    4. 经常    5. 频繁    6. 总是

2. 当我整合并管理其他人的工作时，使我非常有成就感
    1. 从不    2. 偶尔    3. 有时    4. 经常    5. 频繁    6. 总是

3. 我希望我的工作能让我用自己的方式，按自己的计划去开展
    1. 从不    2. 偶尔    3. 有时    4. 经常    5. 频繁    6. 总是

4. 对我而言，安定与稳定比自由和自主更重要
    1. 从不    2. 偶尔    3. 有时    4. 经常    5. 频繁    6. 总是

5. 我一直在寻找可以让我创立自己事业（公司）的创意（点子）
    1. 从不    2. 偶尔    3. 有时    4. 经常    5. 频繁    6. 总是

6. 我认为只有对社会做出真正贡献的职业才算成功的职业
    1. 从不    2. 偶尔    3. 有时    4. 经常    5. 频繁    6. 总是

7. 在工作中，我希望去解决那些挑战性的问题，并且胜出
    1. 从不    2. 偶尔    3. 有时    4. 经常    5. 频繁    6. 总是

8. 我宁愿离开公司，也不愿从事需要个人和家庭做出一定牺牲的工作
    1. 从不    2. 偶尔    3. 有时    4. 经常    5. 频繁    6. 总是

9. 将我的技术和专业水平发展到一个更具有竞争力的层次是成功职业的必要条件
    1. 从不    2. 偶尔    3. 有时    4. 经常    5. 频繁    6. 总是

10. 我希望能够管理一个大的公司，我的决策将会影响许多人
    1. 从不    2. 偶尔    3. 有时    4. 经常    5. 频繁    6. 总是

11. 如果职业允许自由的决定我自己的工作内容、计划、过程时，我会非常满意
    1. 从不    2. 偶尔    3. 有时    4. 经常    5. 频繁    6. 总是

12. 如果工作的结果使我丧失了自己在组织中的安全稳定感，我宁愿离开这个工作岗位
    1. 从不    2. 偶尔    3. 有时    4. 经常    5. 频繁    6. 总是

13. 对我而言，创办自己的公司比在其他的公司中争取一个高的管理位置更有意义
    1. 从不    2. 偶尔    3. 有时    4. 经常    5. 频繁    6. 总是

14. 我的职业满足来自于我可以用自己的才能去为他人提供服务
    1. 从不    2. 偶尔    3. 有时    4. 经常    5. 频繁    6. 总是

15. 我认为职业的成就感来自于克服自己面临的非常有挑战性的困难
    1. 从不    2. 偶尔    3. 有时    4. 经常    5. 频繁    6. 总是

16. 我希望我的职业能够兼顾个人、家庭和工作的需要
        1. 从不     2. 偶尔     3. 有时     4. 经常     5. 频繁     6. 总是

17. 对我而言，我喜欢的专业领域内做资深专家比总经理更有吸引力
        1. 从不     2. 偶尔     3. 有时     4. 经常     5. 频繁     6. 总是

18. 只有在我成为公司的总经理后，我才认为我的职业人生是成功的
        1. 从不     2. 偶尔     3. 有时     4. 经常     5. 频繁     6. 总是

19. 成功的职业应该允许我有完全的自主与自由
        1. 从不     2. 偶尔     3. 有时     4. 经常     5. 频繁     6. 总是

20. 我愿意在给我安全感、稳定感的公司中工作
        1. 从不     2. 偶尔     3. 有时     4. 经常     5. 频繁     6. 总是

21. 当我通过自己的努力或想法完成工作时，我的工作成就感最强
        1. 从不     2. 偶尔     3. 有时     4. 经常     5. 频繁     6. 总是

22. 对我而言，利用自己的才能使这个世界变得更加适合生活或居住，比争取一个高的管理职位更重要
        1. 从不     2. 偶尔     3. 有时     4. 经常     5. 频繁     6. 总是

23. 当我解决了看上去不可能解决的问题，或者在必输无疑的竞赛中胜出，我会非常有成就感
        1. 从不     2. 偶尔     3. 有时     4. 经常     5. 频繁     6. 总是

24. 我认为只有很好的平衡了个人、家庭、职业三者的关系，生活才能算是成功的
        1. 从不     2. 偶尔     3. 有时     4. 经常     5. 频繁     6. 总是

25. 我宁愿离开公司，也不愿频繁接受那些不属于我专业领域的工作
        1. 从不     2. 偶尔     3. 有时     4. 经常     5. 频繁     6. 总是

26. 对我而言，作一个全面的管理者比在我喜欢的领域内做资深专家更具有吸引力
        1. 从不     2. 偶尔     3. 有时     4. 经常     5. 频繁     6. 总是

27. 对我而言，用我自己的方式不受约束地完成工作，比安全、稳定更重要
        1. 从不     2. 偶尔     3. 有时     4. 经常     5. 频繁     6. 总是

28. 只有当我的收入和工作有保障时，我才会对工作感到满意
        1. 从不     2. 偶尔     3. 有时     4. 经常     5. 频繁     6. 总是

29. 在我的职业生涯中，如果我能成功地创造或实现完全属于自己的产品或点子，我会感到非常成功

  1. 从不　　　2. 偶尔　　　3. 有时　　　4. 经常　　　5. 频繁　　　6. 总是

30. 我希望从事对人类和社会真正有贡献的工作

  1. 从不　　　2. 偶尔　　　3. 有时　　　4. 经常　　　5. 频繁　　　6. 总是

31. 我希望工作中有很多的机会，可以不断挑战我解决问题的能力

  1. 从不　　　2. 偶尔　　　3. 有时　　　4. 经常　　　5. 频繁　　　6. 总是

32. 能很好地平衡个人生活和工作，比达到一个很高的管理职位更重要

  1. 从不　　　2. 偶尔　　　3. 有时　　　4. 经常　　　5. 频繁　　　6. 总是

33. 如果工作中经常用到我特别的技巧和才能，我会感到特别满意

  1. 从不　　　2. 偶尔　　　3. 有时　　　4. 经常　　　5. 频繁　　　6. 总是

34. 我宁愿离开公司，也不愿意接受让我离开全面管理的工作

  1. 从不　　　2. 偶尔　　　3. 有时　　　4. 经常　　　5. 频繁　　　6. 总是

35. 我宁愿离开公司，也不愿意接受约束我自由和自主控制权的工作

  1. 从不　　　2. 偶尔　　　3. 有时　　　4. 经常　　　5. 频繁　　　6. 总是

36. 我希望有一份让我有安全感和稳定感的工作

  1. 从不　　　2. 偶尔　　　3. 有时　　　4. 经常　　　5. 频繁　　　6. 总是

37. 我梦想着创建属于自己的事业

  1. 从不　　　2. 偶尔　　　3. 有时　　　4. 经常　　　5. 频繁　　　6. 总是

38. 如果工作限制了我为他人提供帮助或服务，我宁愿离开公司

  1. 从不　　　2. 偶尔　　　3. 有时　　　4. 经常　　　5. 频繁　　　6. 总是

39. 去解决那些几乎无法解决的问题，比获得一个高的管理职位更有
意义

  1. 从不　　　2. 偶尔　　　3. 有时　　　4. 经常　　　5. 频繁　　　6. 总是

40. 我一直在寻找一份最小化个人和家庭之间冲突的工作

  1. 从不　　　2. 偶尔　　　3. 有时　　　4. 经常　　　5. 频繁　　　6. 总是

　　请将上述问题的答案选项填入到相应的题号下，将每一栏得分累计，就是各方向职业锚得分，得分最高的就是您的职业锚。

| 类型 | 题号 | | | | | 总分 | 排序 |
|---|---|---|---|---|---|---|---|
| 技术职能型 | 1 | 9 | 17 | 25 | 33 | | |
| | | | | | | | |
| 管理能力型 | 2 | 10 | 18 | 26 | 34 | | |
| | | | | | | | |

| 类型 | 题号 | | | | | 总分 | 排序 |
|------|------|------|------|------|------|------|------|
| 自主独立型 | 3 | 11 | 19 | 27 | 35 | | |
| | | | | | | | |
| 安全稳定型 | 4 | 12 | 20 | 28 | 36 | | |
| | | | | | | | |
| 创造型 | 5 | 13 | 21 | 29 | 37 | | |
| | | | | | | | |
| 服务型 | 6 | 14 | 22 | 30 | 38 | | |
| | | | | | | | |
| 挑战型 | 7 | 15 | 23 | 31 | 39 | | |
| | | | | | | | |
| 生活型 | 8 | 16 | 24 | 32 | 40 | | |
| | | | | | | | |

# 2.4　生涯决策

　　我们在生活中无时无刻不在进行决策，比如决定早上几点起床，早餐吃什么，买一件什么样的衣服……有些决策对生活影响不大，而有的决策则可能对人的一生造成重大而深刻的影响。职业生涯的选择就是改变一生命运的重大决策。

　　职业决策是一个复杂的认知过程，不像解数学题那样有一个确定的答案。职业选择是基于多个方面的综合决策，不仅需要考虑个人的因素，还需要考虑到家庭的因素和社会的因素；不仅需要考虑过去的经历、现在的状态，还需要考虑到未来的趋势。正是因为太多的决策参考点，导致了职业决策的复杂性，让人在选择的过程中充满迷茫。虽然我们可以通过各种理论和工具认知自己和认知职业，但是不可否认的是，我们依然无法准确预知未来。

## 2.4.1　认知信息加工

　　在决策过程中，信息起到至关重要的作用。如果缺乏信息或者得到错误信息，对职业了解不全面甚至有误解，很可能导致决策失误；另一方面，如果信息过多，有时反而也会让人无所适从，影响正确的职业生涯决策。

如何才能正确地选择信息，并根据信息做出科学的职业生涯决策？美国职业生涯教育专家盖瑞·彼得森（Gary Peterson）、詹姆斯·桑普森（James Sampson）和罗伯特·里尔登（Robert Reardon）等人提出一种基于认知信息加工（Cognitive Information Processing，CIP）的生涯决策方法，用于指导生涯咨询师更好地帮助求职者进行生涯决策。CIP 理论认为，生涯选择源于认知过程和情感过程的交互作用，进行生涯选择是一个问题解决过程，生涯问题的解决程度取决于知识和认知操作的有效性，只有发现可能干扰信息认知的各种过失、错误和问题，继而对这些信息进行加工、修正，才能使之成为生涯决策的可靠参考信息。虽然 CIP 方法旨在帮助咨询者提高解决生涯问题和制定决策的能力，这种思维方法和工作流程可以帮助我们在进行个人职业规划时获取和甄别信息并进行决策。

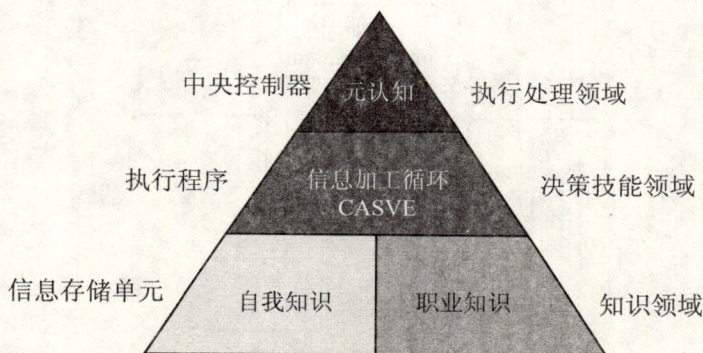

图 2—14　认知信息加工金字塔

认知信息加工理论可以概括为图 2—14 所示的生涯信息加工金字塔，包含了作出生涯决策所涉及的各种成分，包括知识领域、决策技能领域和执行处理领域三大部分。

金字塔底部是知识领域，包括自我知识（了解自我）和职业知识（了解职业），自我知识包括了解自己的价值观、兴趣和技能等信息，职业知识包括理解特定的职业、行业发展及其组织方式等信息。知识领域可以比作储存在计算机中的各种数据文件，这些文件记录着我们处理和加工生涯问题解决和决策制定过程中所需的信息。比如，在自我知识领域中，如果我们做过一份霍兰德职业兴趣量表，就会对自己的兴趣模式有更清晰的认识。同样，在职业知识领域中，我们对某个行业的知识学习的越多，对该行业的工作性质、所需技能等就了解得越多。

金字塔的中间是决策技能领域，告诉我们如何进行决策，帮助我们优化职业发展和决策技能方面的信息。决策技能领域可以比作是各种计算机程序，将存储在计算机文件中的事实和数据等信息进行加工处理。

认知信息加工理论将决策看作是生涯发展的关键一环，它告诉个体如何做出决策。决策技能领域可以分为五个阶段：沟通、分析、综合、评估、执行，简称 CASVE 循环，如图 2—15 所示。它能帮助我们理解解决生涯问题的系统过程是如何进行的。

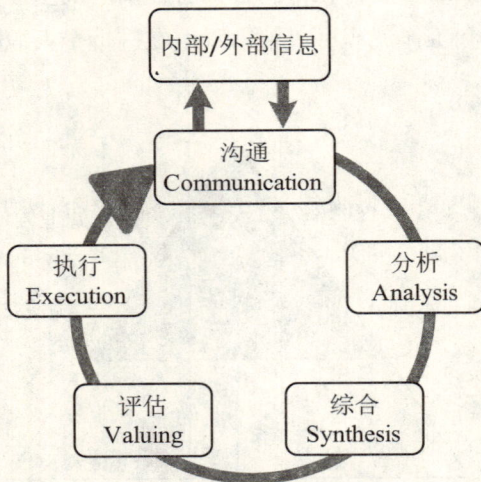

图 2—15　CASVE 循环

（1）沟通（Communication）：根据自我认知和职业认知的信息，找出外部和内部的问题，寻找理想和现实的差距。

（2）分析（Analysis）：花时间去思考、观察、研究，从而更充分地了解差距以及差距产生的原因，把各种因素和相关知识联系起来，把自我知识和职业选择联系起来，把家庭和个人的需要融入到职业选择中。

（3）综合（Synthesis）：综合和加工分析阶段提供的信息，确定"我可以做什么"来解决问题，制定消除差距的行动方案。先尽可能多地找到消除差距的方法，然后缩小有效方法的数量至 3—5 个选项，以便集中力量实施。

（4）评估（Valuing）：评估每一种选择对自己和他人的代价和益处两方面的影响，并综合物质和精神上的因素。对综合阶段得出的选项进行排序，从中选出一个最佳选项，并且承诺实施这一选择。

（5）执行（Execution）：这是实施选择的阶段，把此前的思考转换为行动，采取积极行动去解决问题。

CASVE 是一个不断循环重复的过程，在执行阶段之后，生涯决策者又回到沟通阶段，以确定已经选取的方案是不是最优的，如何有效地消除理想与现实间的差距。

### 2.4.2 生涯平衡单

职业生涯的决策包括若干个方面的内容，比如从事何种行业，选择该行业中的哪一类工作，从多家公司的同一职位中选择一个，工作地点、福利薪酬等等因素，都是反复纠结权衡的因素，从而增加决策的复杂度和不确定性。

美国心理学家欧文·詹尼斯（Irving L. Janis）和莱昂·曼（Leon Mann）设计了一种生涯平衡单（Balance Sheet），用于辅助决策分析。"Balance Sheet"在经济学里称为资产负债表，是衡量一个组织的资产与负债的情况。詹尼斯和曼将这个概念类比到职业生涯中，认为人们在进行决策时也是得与失的权衡，可以通过类似的方式进行量化比较。詹尼斯和曼将重大事件决策的思考方向分为四个方面，即：自我物质方面的得失、他人物质方面的得失、自我认同与否、社会认同与否。在实际应用时，由于后两项过于笼统容易导致决策者在填写平衡单时感到困惑，我国台湾生涯辅导专家金树人对其进行了改进，从"自我——他人"以及"物质——精神"所构成的四个范围内来考虑，集中到四个主题上：

（1）自我物质方面的得失

（2）他人物质方面的得失

（3）自我精神方面的得失

（4）他人精神方面的得失

生涯平衡单可以帮助决策者具体地分析每一个可能的选择方案在实施后的利弊得失，并通过数学加权的方式累积权重，最后排定优先顺序，从而得到一个综合最优的方案。通过生涯决策平衡单，可以帮助决策者理智地思考不同职业在各方面的利弊得失，从而在几种备选职业中找出最佳方案。决策平衡单综合考虑了价值观和对职业的全方位评价，能够帮助人们在面对众多选项难以抉择的情况下作出取舍。

需要注意的是，生涯平衡单是一种用数学方法辅助思考的工具，计算结果只能作为决策参考，并不能代替你做决策。

当你面临多个职业选项时，生涯平衡单可以给你提供决策参考。参照表2—2，生涯平衡单的使用步骤具体如下：

第一步：首先根据个人的长期求职倾向确定2—3个备选职业，填入表单中的职业选择1、职业选择2……

第二步：列出若干项你在选择职业时会考虑的因素，比如收入、地点、工作强度、未来发展等等，先不用考虑各个因素之间的顺序，将它们填入表单中的考虑因素列。表2—2已经给出了一些参考因素，其中有些因素可能是你非常关心的，而有些因素你并不在意。

第三步：考虑这些因素对你做出选择的影响大小，为每个因素赋予一定的权重（例：用1—5评分），对你影响越大的因素赋予越高的权重。比如收入对自己来说非常重要，就给收入因素赋予5分的权重，而工作地点对自己无所谓，只给1分的权重。

第四步：为每个备选职业填上各考虑因素所对应的得分。符合程度越高，得分越高（例：用1—5评分），如果该职业选择让你背离该考虑因素，则计分为负。比如A工作，收入值达到了5分，B工作收入不高，只达到3分，C工作是某项志愿者工作，不但没有收入，而且可能付出，则收入值为–1分。

第五步：计算各个备选职业在每个价值观选项上的加权分数，其方法是各因素的原始分×权重。例如上述A、B两份工作在收入方面的比较，A工作的加权得分为4×5=20，B工作的加权得分为4×3=12分。

第六步：计算总分及排名。得分最高的职业选项就是根据你的求职倾向获得的最佳选择。

生涯平衡单综合了自我探索和职业探索两大方面的考量。从生涯平衡单的操作过程可以看出，对自己看重哪些因素考虑得越成熟，对目标职业的综合状况了解得越全面，就越有利于做出最有效的决策。

表 2—2 生涯平衡单

| 考虑因素 | | 权重 | 职业选择 1 | | 职业选择 2 | | 职业选择 3 | |
|---|---|---|---|---|---|---|---|---|
| | | | 得分 | 加权 | 得分 | 加权 | 得分 | 加权 |
| 个人物质方面得失 | 1. 收入 | | | | | | | |
| | 2. 工作的难易程度 | | | | | | | |
| | 3. 升迁的机会 | | | | | | | |
| | 4. 工作环境的安全 | | | | | | | |
| | 5. 休闲的时间 | | | | | | | |
| | 6. 生活变化 | | | | | | | |
| | 7. 对健康的影响 | | | | | | | |
| | 8. 就业机会 | | | | | | | |
| | 9. 其他（　　　） | | | | | | | |
| 他人物质方面得失 | 1. 家庭经济 | | | | | | | |
| | 2. 家庭地位 | | | | | | | |
| | 3. 与家人相处的时间 | | | | | | | |
| | 4. 其他（　　　） | | | | | | | |
| | （　　　） | | | | | | | |
| 个人精神方面得失 | 1. 生活方式的改变 | | | | | | | |
| | 2. 成就感 | | | | | | | |
| | 3. 自我实现的程度 | | | | | | | |
| | 4. 兴趣的满足 | | | | | | | |
| | 5. 挑战性 | | | | | | | |
| | 6. 社会声望的提高 | | | | | | | |
| | 7. 其他（　　　） | | | | | | | |
| 他人精神方面得失 | 1. 父母 | | | | | | | |
| | 2. 师长 | | | | | | | |
| | 3. 配偶 | | | | | | | |
| | 4. 子女 | | | | | | | |
| | 5. 其他（　　　） | | | | | | | |
| 加权总得分 | | | | | | | | |
| 排名 | | | | | | | | |

# 2.5　行动计划

仅仅有目标是远远不够的，必须将目标付诸一个个具体而实在的行动，做到"行胜于言"，才能一步步地向目标靠近。

在确定生涯目标后，为了保证目标能够顺利实现，必须辅以具体的行动计划。有了计划，我们就对未来有了一定的预见性，从而减少未来的不确定性。同时，有了明确的计划，才能有效利用自己的时间，行动有条不紊，确保目标达成。

生涯管理的过程实质上是制定计划与行动实施的动态过程，符合计划（Plan）—行动（Do）—检查（Check）—改进（Act）的 PDCA 循环，如图 2—17 所示。行动计划必须围绕人生目标由近而远逐步落实，在实施计划的过程中由于外部形势的变化和自身认识的提升，可能需要对目标进行修正，对行动方案进行调整，从而不断改进，最终实现人生目标。

图 2—16　清华大学校风"行胜于言"　　　　图 2—17　生涯管理的 PDCA 循环

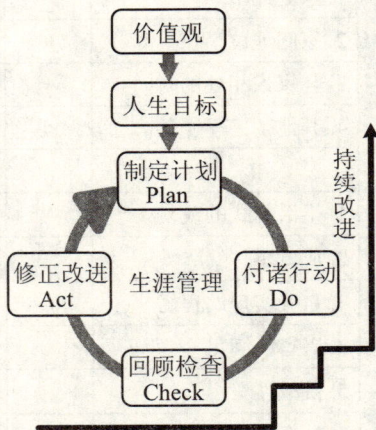

## 2.5.1　制订计划

常言道"计划赶不上变化"，那么我们是否还需要做计划呢？计划本来就应该考虑到变化，具有一定的弹性。当发现计划有失误的时候，或者计划不能帮你实现目标的时候，就应该立即作出调整。因此，计划并不能保证成功，但能为将来的各种可能做好准备。

制订计划必须围绕目标进行，根据阶段性的目标设定阶段性的计划，比如，一年计划、三年计划、五年计划，等等。

计划应该条理清晰、简洁明了，清楚地表述具体实施过程的每一个要素（包括5W1H），以及所能够调动借助的资源或条件。为了应对未来的不确定性，甚至要辅以其他备用计划。

### 2.5.2 实施计划

行动计划一旦确定，接下来就要开始实质性的行动了。没有行动的支持，一切计划都只是空想。实施计划是所有步骤中最艰难的，因为要行动就意味着要付出，付出时间、精力、财物和汗水，没有付出就没有回报。任何事都是做出来的，不是说出来的，更不是空想出来的。目标一旦确定，计划一旦执行，我们设定的时限就越来越近，时间也就越来越紧迫，因此，我们必须远离懒惰，切实管理好自己的时间，集中精力全力以赴。

#### ● 执行力

知易行难，在实现目标的过程中，最重要的便是个人的执行力。很多人常常感叹自己执行力不够，制定了很多好的计划都没有能执行。执行力不够往往是因为重视程度不够。学生时代，每逢考试之前都有人熬夜复习，这个时候的执行力是最高的，因为如果这个时候再不努力就要挂科了，因此非常重视。生重病的时候，我们会赶紧放下手上的工作，求医住院，这个时候执行力也是最高的，因为如果不及时治疗，身体会进一步恶化。

因此，要想提高执行力，首先需要评估这个目标任务究竟对你有多重要，毕竟人的总精力是有限的，有得必有失。适当地放弃一些无谓的目标，有利于集中精力重点攻坚某些重要目标。目标都有轻重缓急，将重要的目标放在优先的位置上，在精力有限的情况下舍卒保车，才能够把握重点。

第二，要善于将目标合并，有的时候单纯地做一件事，未免感到枯燥，不妨把一些相似或者相关的目标进行关联，一举多得。比如在休闲的时候听听英语新闻、看看英语小说，既放松了身心，又学习了英语；比如朋友间聚会，不妨摒弃传统的饭局，一起健个身或者做个按摩，在加深友谊的同时，又能锻炼身体。

第三，对于一些周期较长的目标，目标分解是一个行之有效的方法。

**成长寓言**

> ● **诱惑——三只兔子**
>
> 一位学贯中西、名满天下的大师，在谈论成功的心得时，他意味深长地告诫后生：人生有三只兔子不可追。
>
> 少儿时代，教室之外嬉戏玩耍是一只诱人的兔子，你若去追赶它，它就带给你荒废的一生；
>
> 青年时代，校园之外名利富贵是一只诱人的兔子，你若去追赶它，它就带给你虚荣的一生；
>
> 中年时代，社会之上灯红酒绿是一只诱人的兔子，你若去追赶它，它就带给你堕落的一生。
>
> 这位大师说，你们别羡慕我在人生之秋收获丰硕的成果，说难也难，说容易也容易，只要能抵挡住诱惑，不去追那三只兔子，成就往往水到渠成。
>
> 【成长智慧】
>
> 人生的路上有很多的诱惑，让人流连于眼下的欢乐，停止前进的脚步。当你在赶路时，不要被路边草丛中蹿来蹿去的兔子弄得眼花缭乱，从而偏离了前进的方向。

### 2.5.3 计划控制

控制就是将人生规划实施的实际结果与预定的人生目标进行比较，检查两者的偏差程度，并采取有效措施予以纠正偏差，以保证人生目标的实现。

如果原计划和实际情况发生较大的出入，则需要对计划进行调整。调整是对人生规划的完善，是为了使人生规划更好地切合人生目标。人生目标的确定是基于当时的内外条件，即个人的意愿、能力、期望和社会的环境、条件等因素，而这些因素都不是恒定不变的。因此，人生目标或具体的实施计划会随着实际情况的变化而作相应的调整。

经过上述两章内容的学习和体悟，我们通过多个工具对自我和环境进行了解和分析，初步明确自己的人生目标和职业选择。接下来，我们来完成一份属于自己的职业生涯规划表吧。

**职业生涯规划表**

<table>
<tr><td rowspan="2">基本情况</td><td>姓名</td><td colspan="2"></td><td>性别</td><td></td></tr>
<tr><td>出生地</td><td>民族</td><td></td><td>出生时间</td><td></td></tr>
<tr><td rowspan="3">教育状况</td><td>最高学历</td><td colspan="3">□博士 □硕士 □本科<br>□专科 □其他</td><td>专业</td></tr>
<tr><td>毕业院校</td><td colspan="3"></td><td>毕业年份</td></tr>
<tr><td>主要专业积累</td><td colspan="4"></td></tr>
<tr><td rowspan="14">个性特征</td><td>性格轮廓</td><td colspan="4">□活泼型 □力量型 □完美型 □和平型</td></tr>
<tr><td>工作风格</td><td colspan="4">□老虎型 □孔雀型 □考拉型 □猫头鹰型 □变色龙型</td></tr>
<tr><td>熟人画像</td><td colspan="4">□老虎型 □孔雀型 □考拉型 □猫头鹰型 □变色龙型</td></tr>
<tr><td rowspan="4">天赋特征</td><td colspan="2">□语言智能</td><td colspan="2">□数理逻辑智能</td></tr>
<tr><td colspan="2">□人际智能</td><td colspan="2">□肢体运动智能</td></tr>
<tr><td colspan="2">□音乐智能</td><td colspan="2">□视觉空间智能</td></tr>
<tr><td colspan="2">□内省智能</td><td colspan="2">□自然探索智能</td></tr>
<tr><td>性格特征</td><td colspan="4">□内向 □感觉 □思维 □判断<br>□外向 □直觉 □情感 □认知</td></tr>
<tr><td>兴趣特征</td><td colspan="4">□实际型 □研究型 □艺术型<br>□社会型 □企业型 □传统型</td></tr>
<tr><td>气质类型</td><td colspan="4">□胆汁质 □多血质 □粘液质 □抑郁质</td></tr>
<tr><td>情商特征</td><td colspan="4">□高 □较高 □中 □较低 □低</td></tr>
<tr><td>成功自信心</td><td colspan="4">□高 □较高 □中 □较低 □低</td></tr>
<tr><td>职业价值观</td><td colspan="2">1._____<br>3._____<br>5._____<br>7._____<br>9._____</td><td colspan="2">2._____<br>4._____<br>6._____<br>8._____<br>10._____</td></tr>
<tr><td>职业锚</td><td colspan="2">□技术/职能型<br>□自主/独立型<br>□创造/创业型<br>□服务/奉献型</td><td colspan="2">□管理型<br>□安全/稳定型<br>□生活型<br>□挑战型</td></tr>
<tr><td rowspan="4">工作经历</td><td>单位</td><td>职务</td><td colspan="2">对此工作满意的地方</td><td>对此工作不满意的地方</td></tr>
<tr><td></td><td></td><td colspan="2"></td><td></td></tr>
<tr><td></td><td></td><td colspan="2"></td><td></td></tr>
<tr><td></td><td></td><td colspan="2"></td><td></td></tr>
</table>

**职业生涯规划表（续）**

| 技能或能力类型 | 持续改进措施 |
|---|---|
| 1. 专业技能 | |
| 2. 分析决策 | |
| 3. 人际技能 | |
| 4. 健康习惯 | |
| 5. 生活技能 | |

**主要技能**

**SWOT分析**

| 优势<br>1.<br>2.<br>3.<br>4. | 劣势<br>1.<br>2.<br>3.<br>4. | 如何弥补劣势把握机会？ |
|---|---|---|
| 机会<br>1.<br>2.<br>3.<br>4. | 威胁<br>1.<br>2.<br>3.<br>4. | 如何利用优势应对威胁？ |

**职业生涯规划表（续）**

<table>
<tr><td rowspan="4">职业决策</td><td colspan="5">职业决策平衡单</td></tr>
<tr><td>序号</td><td>职业选择</td><td>综合得分</td><td>最终选择</td></tr>
<tr><td>1</td><td></td><td></td><td rowspan="3"></td></tr>
<tr><td>2</td><td></td><td></td></tr>
<tr><td>3</td><td></td><td></td></tr>
</table>

<table>
<tr><td rowspan="1">职业路径</td><td>
请详细介绍自己希望选择哪条晋升通道（或组合）<br>
　　□公共管理　□实业与经营　□研究与开发　□其他<br><br>
具体职业路径：<br><br>
阶段6<br>阶段5<br>阶段4<br>阶段3<br>阶段2<br>阶段1
</td></tr>
</table>

<table>
<tr><td>职业愿景</td><td>结合自己最大的优势，描绘人生总目标</td></tr>
</table>

<table>
<tr><td>生涯规划</td><td>
职位目标　　　经济目标<br>
家庭目标　　（人生总目标）　　健康目标<br>
学习目标　　　其他目标
</td></tr>
</table>

113

## 职业生涯规划表（续）

| 生涯规划 | 职位目标 ___ ___ 经济目标 ___ ___ <br><br>家庭目标 ___ ___ 毕业—30岁 健康目标 ___ ___ <br><br>学习目标 ___ ___ 其他目标 ___ ___ |
|---|---|
| | 职位目标 ___ ___ 经济目标 ___ ___ <br><br>家庭目标 ___ ___ 30—35岁 健康目标 ___ ___ <br><br>学习目标 ___ ___ 其他目标 ___ ___ |
| | 职位目标 ___ ___ 经济目标 ___ ___ <br><br>家庭目标 ___ ___ 35—40岁 健康目标 ___ ___ <br><br>学习目标 ___ ___ 其他目标 ___ ___ |
| | 职位目标 ___ ___ 经济目标 ___ ___ <br><br>家庭目标 ___ ___ 40—45岁 健康目标 ___ ___ <br><br>学习目标 ___ ___ 其他目标 ___ ___ |

**职业生涯规划表（续）**

| 生涯规划 | |
|---|---|
| | 职位目标　　　　经济目标<br>＿＿＿＿＿＿　＿＿＿＿＿＿<br>＿＿＿＿＿＿　＿＿＿＿＿＿<br>家庭目标　　　　健康目标<br>＿＿＿＿＿＿（45—50岁）＿＿＿＿＿＿<br>＿＿＿＿＿＿　＿＿＿＿＿＿<br>学习目标　　　　其他目标<br>＿＿＿＿＿＿　＿＿＿＿＿＿<br>＿＿＿＿＿＿　＿＿＿＿＿＿ |
| | 职位目标　　　　经济目标<br>＿＿＿＿＿＿　＿＿＿＿＿＿<br>家庭目标　　　　健康目标<br>＿＿＿＿＿＿（50—55岁）＿＿＿＿＿＿<br>学习目标　　　　其他目标 |
| | 职位目标　　　　经济目标<br>＿＿＿＿＿＿　＿＿＿＿＿＿<br>家庭目标　　　　健康目标<br>＿＿＿＿＿＿（55—退休）＿＿＿＿＿＿<br>学习目标　　　　其他目标 |
| | 职位目标　　　　经济目标<br>＿＿＿＿＿＿　＿＿＿＿＿＿<br>家庭目标　　　　健康目标<br>＿＿＿＿＿＿（退休后）＿＿＿＿＿＿<br>学习目标　　　　其他目标 |

**职业生涯规划表（续）**

| | |
|---|---|
| 三年规划 | 1. 理念追求：<br><br>2. 目标计划：<br><br>　　　职位目标　　　　　经济目标<br>　　　————　　　　　————<br>　　　————　　　　　————<br><br>家庭目标　　　　　　　健康目标<br>————　　　★三年内★　　　————<br>————　　　　　　　————<br><br>　　　学习目标　　　　　其他目标<br>　　　————　　　　　————<br>　　　————　　　　　————<br><br>3. 行动方案： |
| 年度规划 | 1. 理念追求：<br><br>2. 目标计划：<br><br>　　　职位目标　　　　　经济目标<br>　　　————　　　　　————<br>　　　————　　　　　————<br><br>家庭目标　　　　　　　健康目标<br>————　　　★本年度★　　　————<br>————　　　　　　　————<br><br>　　　学习目标　　　　　其他目标<br>　　　————　　　　　————<br>　　　————　　　　　————<br><br>3. 行动方案： |

# 第三章

# 独善其身——自我管理

成功属于那些善于自我管理的人。

——彼得·德鲁克

中国儒家文化提倡"修身、齐家、治国、平天下",修身是一切宏伟理想的前提。修身讲的就是自我管理。古人云"一屋不扫,何以扫天下",只有成功地管理好自我,才能够管理好团队、管理好项目、管理好组织,实现人生理想和社会价值。有人说,人生最高明的投资策略莫过于提升自我。只有通过日积月累的努力,不断拓展自我成长空间,才能使自己不断地增值。

古之欲明明德于天下者，先治其国；欲治其国者，先齐其家；欲齐其家者，先修其身；欲修其身者，先正其心；欲正其心者，先诚其意；欲诚其意者，先致其知。致知在格物，物格而后知至，知至而后意诚，意诚而后心正，心正而后身修，身修而后家齐，家齐而后国治，国治而后天下平。

——《大学》

中国儒家文化提倡"修身、齐家、治国、平天下"，修身是一切宏伟理想的前提。修身讲的就是自我管理。古人云"一屋不扫，何以扫天下"，只有成功地管理好自我，才能够管理好团队、管理好项目、管理好组织，实现人生理想和社会价值。有人说，人生最高明的投资策略莫过于提升自我。只有通过日积月累的努力，不断拓展自我成长空间，才能使自己不断地增值。

我们每个人或多或少都对自己有一定的了解，也清楚自己的缺点是什么，离目标理想的差距在哪里，但是能够自主地克服这些缺点，弥补现实与理想的差距，却不是一件容易的事情。彼得·德鲁克说：成功属于那些善于自我管理的人。只有成为生活的主人，才能真正主宰自己的命运。

个人对自我的管理，既有思想层面的管理，包括个人品格上的修养和思维方式的锻炼；也有身心层面的管理，包括身体方面的管理和心态方面的修行；还有资产层面的管理，包括时间等无形资产的利用和财产等有形资产的管理等。自我管理是成功的基础，只有管理好自己，才能管理好家庭，管理好事业，即修身、齐家、立业。

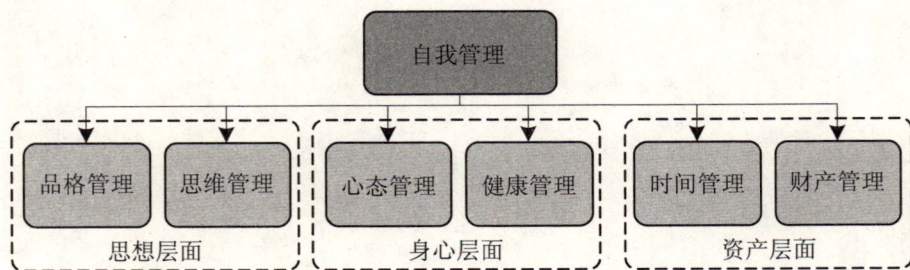

图 3—1 自我管理的多个层面

# 3.1　品格管理

《资治通鉴》里对"德"与"才"的关系有一段精辟的论述：

"是故才德全尽谓之圣人，才德兼亡谓之愚人，德胜才谓之君子，才胜德谓之小人。凡取人之术，苟不得圣人、君子而与之，与其得小人，不若得愚人。何则？君子挟才以为善，小人挟才以为恶。挟才以为善者，善无不至矣；挟才以为恶者，恶亦无不至矣。"

这一段话深刻地阐述了"德"和"才"的辩证关系。自古以来，品德都是衡量和选拔人才的第一标准。清朝晚期重臣曾国藩提出立场鲜明的用人观："故观人每好取有德者。二者既不可兼，与其无德而近于小人，毋宁无才而近于愚人。"在选拔人才时，宁可选用无才的"愚人"，也不能任用有才无德的"小人"。

中国传统社会对个人品格非常重视，修身是为人的第一要义，即要求树立良好的品行，而对个人修养的要求主要是儒家的修身思想，即所谓的"三纲五常"，其中"三纲"指"君为臣纲，父为子纲，夫为妻纲"，《三字经》中阐述为"君臣义、父子亲、夫妇顺"，体现了封建社会中人与人之间伦理关系；"五常"指"仁、义、礼、智、信"。"三纲"的说法有强烈的封建色彩，若将其稍作修改，形成新的"三纲无常"，新"三纲五常"如表3—1所示。仍不失为新时代对个人品格的基本要求。

表 3—1　新"三纲五常"

| 三纲 | |
|---|---|
| 爱国奉献 | 热爱国家、奉献社会 |
| 敬老爱幼 | 孝敬父母、关爱子女 |
| 夫妻和睦 | 夫妻和睦、相敬如宾 |
| 五常 | |
| 仁 | 仁慈善良、关爱他人 |
| 义 | 正直公正、尽职自律 |

续表

| 礼 | 崇尚礼仪、尊重友好 |
|---|---|
| 智 | 尊重知识、不断学习 |
| 信 | 诚实守信、信任他人 |

现代社会中人与人之间交往更加频繁，个人品格就是个人在社会中行走的名片。一位品格高尚的人，无论走到哪里都受人尊重、备受重用；而一位品行恶劣的人，即使能够依靠小聪明蒙骗一阵子，终究逃不过人们雪亮的眼睛。然而在市场经济的大潮下，人们对物质的追求往往盖过了对精神上的重视，由此出现了一些道德滑坡的现象，比如丧失诚信、互不信任等，产生的恶劣后果也令人痛心。

日本著名企业家稻盛和夫在其著作《活法》中深刻地反思现代社会中道德缺失的现象，认为人们不应该忘记珍贵的美德，以德为本的人格教育刻不容缓。他倡导以关怀和爱为基础的"利他"精神，即让对方过得更好，让他人更加幸福，自己才会更加幸福。他甚至提议日本应该将"富国有德"定为国策，以德立国。

社会经济越是发达，对个人品格越应该加以重视，才能使社会的精神水平与物质水平相适应。从现代社会来看，个人全面的品格管理主要包括真诚、善良、严谨、正直、意志力等各方面的内容，可概括如表3—2所示。

表3—2　全面品格管理

| | 朴实 | 朴实，不阿谀奉承 |
|---|---|---|
| 真诚 | 和谐 | 互相协作，融洽 |
| | 坦诚 | 坦白诚实，态度诚恳 |
| | 尊重 | 敬重，敬畏，敬爱，有礼 |
| | 友善 | 和谐，关爱 |
| 善良 | 宽容 | 厚德载物，退一步海阔天空 |
| | 信任 | 相信，信赖 |
| | 热心 | 热忱、不求回报地帮助他人 |

| 善良 | 随和 | 容易相处 |
| | 体贴 | 为他人着想，体谅，关切 |
| 严谨 | 谦卑 | 不自负，不高傲 |
| | 省时 | 最大化利用时间 |
| | 沉着 | 遇事沉着，冷静思考 |
| 严谨 | 检查 | 检查细节 |
| | 自律 | 自我约束，克制 |
| | 自省 | 自我警惕，反省 |
| 正直 | 公正 | 公平正直，不偏激 |
| | 底线 | 有高尚的道德底线 |
| | 正义 | 为人正直，正义 |
| | 光明 | 做事无愧于心，心地坦荡 |
| 意志 | 信念 | 内心有信念，坚定不移 |
| | 抗挫 | 能忍受磨难，克服障碍，忍受失败 |
| | 抗压 | 处在压力中，也可以冷静明智地处理事务 |
| | 恒心 | 贯彻始终，不中途放弃 |
| | 挑战 | 敢于挑战，乐于竞争 |
| | 专注 | 专注抵达目标，全力以赴 |

　　无论在生活中，还是工作中，个人品格都是一个人安身立命之本。只有注重全面品格的修炼，才有可能成为德才兼备的成功人士。

## 3.2　思维管理

　　人是具有高等思维能力的动物，个人的行为和决定都受思维的支配。人脑首先通过五官从外界感知信息，并对信息进行过滤、筛选，再加上自己的经验和习惯进行归纳、修正，最后以情绪、行为等方式反应给外界。人脑的思维模式如图3—2所示。具有不同思维的人可能会选择和采取不同的判断方法和行为方式。

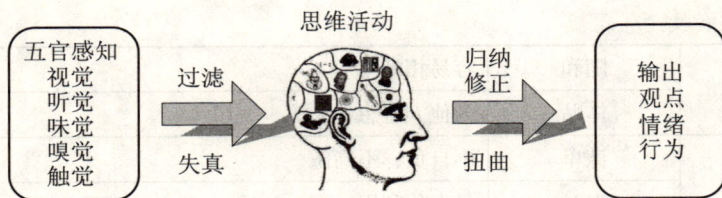

图 3—2　人脑思维模式

### 3.2.1　心智模式

"心智模式"的概念是苏格兰心理学家肯尼思·克雷克（Kenneth Craik）提出的，指的是个人思想方法、思维习惯、思维风格和心理素质等方面的综合反映。心智模式与成长环境密切相关，是个人在长期的生活中，受到外界各种因素的影响形成的思维习惯。心智模式的形成过程如图 3—3 所示，个人在与外界自然世界的接触认知以及与他人交流学习的过程中，逐渐形成一种固化的、惯性的思维模式。心智模式深植于人的心中，根深蒂固，它不仅左右人们的思想和对周围世界的认识，影响人们的行为方式和行为习惯，也影响人们对工作、学习和生活的态度，以及处理人际关系遵循的准则和决策方式等。

图 3—3　心智模式形成过程

心智模式具有以下特点：

（1）固化性。心智模式的形成是一个长期的、复杂的和潜移默化的过程。一旦形成很难改变。定势思维就是心智模式长期固化的一种表现。

（2）自我性。每个人在长期的生活中已经适应了自己的心智模式，因此一般不会觉得有什么不妥的地方。当别人与自己发生冲突的时候，人的第一反应往往是排斥他人的意见，因为他人意见与自我感觉相差甚远。

（3）缺陷性。人无完人，即使是成功人士乃至伟人，其心智模式都有不同方面不同程度的缺陷。所以每个人都应当通过持续地学习，积极改善自己的心智模式。

（4）时效性。一个时期认为是正确的心智模式，随着时间的推移到了另一个时期，就有可能被认为是错误的。心智模式的时效性源于两个因素：一是外在的客观世界是不断发展变化的，二是人的心智会随着阅历增长逐渐修正。

### 定势思维

在绝大多数情况下，人们依赖经验直接做出判断，可以省去许多摸索、试探的步骤，缩短思考时间，提高效率。这种按照经验和常规处理问题的思维方式称为定势思维。在日常生活中，定势思维可以帮助我们解决每天碰到的90%以上的问题。但是定势思维只适合处理一些驾轻就熟的事情，不利于创新和创造。

一天，发明家爱迪生把一只灯泡交给他的助手——普林斯顿大学数学系毕业生阿普顿，让他帮忙算出玻璃灯泡的容积。阿普顿拿着灯泡琢磨了好久，用皮尺在灯泡上左右、上下量了一阵，又在纸上画了好多的草图，写满了各种尺寸，列了许多道算式，算来算去还未有个结果。爱迪生等了很久不见结果，便来找阿普顿，只见他算得满头大汗，爱迪生静静地在灯泡里倒满了水，递给阿普顿说："把这些水倒进量杯里，看一看它的体积，就是灯泡的容积了。"

作为世界名校数学系的毕业生，阿普顿不假思索地运用起他最擅长的数学计算，这就是定势思维。定势思维来自于思维的惯性，这次通过这样的方法解决了一个问题，下次遇到类似的问题或表面看起来相同的问题，不由自主地还是沿着上次思考的方向或次序去解决。过去的思维影响当前的思维，久而久之，形成了僵化的思维模式。

制约创新的因素主要有两大方面，一是环境因素，包括传统的经济文化、政治以及教育等，另一方面就是个人因素，即定势思维。因此思维创新的第一步就是弱化定势思维，突破思维枷锁。表3—3中列举了常见的妨碍创新的定势思维，以及我们对这些定势思维应当建立的认识。

## 表 3—3  对定势思维应该建立的认识

| 定势思维 | 常见的表现 | 应当建立的认识 |
|---|---|---|
| 权威定势 | ● 在思维过程中盲目迷信权威，缺乏独立思考能力 | ● 权威也有局限性，并非都是金科玉律 |
| 从众定势 | ● 人云亦云，没有或不敢坚持自己的主见，时刻与群体保持一致 | ● 盲目从众是一种愚弱心态，树立主见，走自己的路 |
| 经验定势 | ● 过分依赖以往的经验，不敢越出经验，习惯以经验为标准来衡量是非 | ● 经验具有时空狭隘性，也具有主体狭隘性 |
| 书本定势 | ● 盲目崇拜书本知识，把书本知识当作框框，看不到书本知识与现实世界之间的差距 | ● 尽信书不如无书；纸上得来终觉浅，绝知此事要躬行 |
| 非理性定势 | ● 在思维过程中偏离理性的引导，处于感情、欲望、情绪、潜意识等因素的支配，无法清醒而准确地把握问题 | ● 智商使成功成为可能，情商使可能成为现实 |

**心智修炼**

正如前文所述，我们每个人的心智模式都存在不同程度的缺陷，因此需要不断修炼完善心智模式。通过科学的认知方式加以训练提高，可以改善心智模式。修炼心智模式可以尝试以下的方法：

（1）反思固有心智模式。

要改变固有的心智模式，重要的是反省自我，检点自己心智模式所带来的行为及其结果。改善心智模式是一个痛苦的过程，因为可能要颠覆自己多年建立起来的价值体系、学习风格和工作方法等，还可能存在一定的风险。正所谓"无破不立"，只有通过改善心智模式，破除旧的落后的思维习惯，才能建立新的高效思维体系。

"左手栏"是一项有效的心智反省技巧，可以用来观察自己的心智模式在某种状态下是如何运作的。在使用"左手栏"时，先选择一个特定的情境，在表3—4的右栏记录当时的实际表现，再在左栏写出每一个阶段心中所想但是未能表达出来的真实想法，左右对比以洞察我们内心的假设，从而发现心智与行为表现之间的差异。

表 3—4　"左手栏"示例

| "我"内心真实的想法 | "我"当时的表现 |
| --- | --- |
|  |  |
|  |  |
|  |  |

（2）突破定势思维枷锁。

在进行创造活动时，要有意识地抛开头脑中思考类似问题所形成的思维程序和模式，警惕和排除它对寻求新的设想所可能产生的束缚作用，敢于突破常规，开发新思路。总的来说，要避免闯入思维误区，就要做到以下几点：

第一，超越理论。实践出真知。理论固然非常重要，没有理论的实践就是盲目实践。但是任何理论都是一定时代的产物，再正确、再伟大的理论也需要在实践中丰富和发展。

第二，超越习惯。习惯成自然，习惯一旦形成便很难改变，特别是思维上的习惯，让你不知不觉地就按老一套去办事。思维上的旧习惯，对于创新是无形的阻力。我们实现思维创新的过程，实际上就是破除和超越习惯的过程。

第三，超越经验。经验是以往阅历与感性认识的积淀和凝结，无疑是很宝贵的。在总结经验的基础上实现创新，也是许多有成就的创新者的必由之路。所以，我们应当善于总结自己的经验，也应当善于学习他人的经验。超越经验，实际上就是解放思想，实事求是，就是打破常规，与时俱进。

第四，超越自满。自满是成功的大敌，也是创新的大敌。超越自满，才能知道天外有天，强中更有强中手，才能够不断学习、不断实践、不断创新。

第五，超越现实。创新思维，既要立足现实，又要超越现实。我们需要一种"超前思维方式"，不能满足于"应急式"的思维方式。

（3）建立个人学习系统。

学习是总结过去成功经验和失败教训的最有效途径，与未知原因的成功相比，知道失败如何产生更有价值，更能增加人的洞察力和理解力。通过学习比较，才知自己的长处和短处，以开放的态度对待批评和坏消息，虚心接受他人意见，从而不断塑造自己、完善自我。学习可以促进心智模式的改善。反过来，心智模式的改善又能促进我们加强学习。系统学习以原有知识为基础，以更新知识为中心，通过改善学习模式，不断学习、积累，建立新的知识体系。

### 3.2.2　思维方法

我们的大脑在遇到事物的时候，总习惯给事物立即下一个定性的判断，并以此来表明对它的基本态度，并进一步把这个判断推广到事物的各个方面，而事实上，任何事物都是具有多面性的。定势思维阻碍了对事物全面客观的认知，从而扼杀了创新的可能。因此需要走出定势思维，打开思维的广角，从更多的角度看待事物的各个方面。

**发散思维与聚合思维**

发散思维指从一个问题出发，突破原有的边界，充分发挥想象力，经不同的途径，以不同的视角去探索，重组眼前的和记忆中的信息，产生新信息，使问题得到圆满解决的思维方法。利用发散思维有助于全面周到地考虑问题，有利于在各种可能方案中选优，从而做出正确的决策，避免或减少失误。常见的发散思维方式如表3—5所示。

表3—5　常见的发散思维方法

| 思维方法 | 具体表现 |
| --- | --- |
| 横向思维 | ● 突破问题的自身范围，从其他相关领域的事物中得到启示而产生新设想 |
| 纵向思维 | ● 从事物的不同层面切入，向前溯源或向后拓展，按逻辑的纵向思考 |
| 逆向思维 | ● 背离通常的思考方法，从相反方向思考问题 |
| 立体思维 | ● 思考问题时跳出点、线、面的限制，立体式进行思维 |
| 组合思维 | ● 从某一事物出发，以此为发散点，尽可能多地与另一些事物联结成具有价值的新事物 |

头脑风暴（Brain storming）是一种常用的发散思维，通过无限制的自由联想和讨论，产生新观念，或激发创造性设想的产生。

在发散思维基础上，围绕一个目标将各种因素进行分析、重组，从而构成一个新事物或形成一种新模式、新方案的思维方法，叫聚合思维。它与发散思维不同，发散思维是为了解决某个问题，从这一问题出发，想的办法、途径越多越好，总是追求还有没有更多的办法；而聚合思维是为了解决某一问题，在众多的现象、线索、信息中向着问题一个方向思考，根据已有的经验、知识或发散思维中针对问题得出最好的结论和最好的解决办法。常见的聚合思维方法如表 3—6 所示。

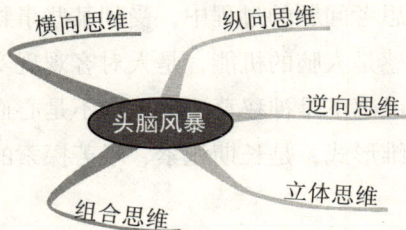

图 3—4　借助"脑图"表示的头脑风暴法

表 3—6　常见的聚合思维方法

| 思维方法 | 具体表现 |
| --- | --- |
| 目标确定法 | ● 先确定搜寻的目标，进行认真的观察并作出判断，找出其中关键的现象，围绕目标进行收敛思维。目标确定越具体越有效。 |
| 求同思维法 | ● 如果有一种现象在不同的场合反复发生，而在各场合中只有一个条件是相同的，那么这个条件就是这种现象的原因。 |
| 求异思维法 | ● 如果一种现象在第一场合出现，第二场合不出现，而这两个场合中只有一个条件不同，这一条件就是现象的原因。 |
| 聚焦思维法 | ● 围绕问题进行反复思考，使原有的思维浓缩、聚拢，形成思维的纵向深度，从量变到质变，最终解决问题。 |

**直觉思维与灵感思维**

直觉思维指直接觉察和领悟的思维模式，具体而言就是人脑对于突然出现在其面前的新事物、新现象、新问题及其关系进行迅速地识别，敏锐而深入地洞察，直接而本质地理解和综合整体判断。

直觉是一种非逻辑思维形式，对其所得出的结论，没有明确的思考步骤，主体对其思维过程没有清晰的意识。许多富有创造精神的人，都曾使用直觉思维帮助其进行判断。美国化学家普拉特和贝克曾对数百位化学家进行问卷调查，有 33% 的人表示在解决重大问题时有直觉出现，有 50% 的人说偶尔有直

127

觉出现，只有 17% 的人说没有这种现象。

直觉能力并不是凭空产生的，要有广博而坚实的基础知识。直觉判断不是凭主观意愿，而是凭知识、规律。产生直觉仅凭书本知识是不够的，需要有较多的人生阅历和生活经验，经历过重重困难，解决过各种复杂的问题，还要有敏锐的观察力和全面审查的能力。

灵感思维是在长期思考问题的过程中，受到某些事物的启发，忽然得到解决方案的心理过程。灵感是人脑的机能，是人对客观现实的反映。灵感与创新可以说是休戚相关的。灵感不是神秘莫测的，也不是心血来潮，而是人在思维过程中带有突发性的思维形式，是长期积累、艰苦探索的一种必然性和偶然性的统一。

灵感的捕获不是一蹴而就的，是人脑长期思考、进行创造活动的产物。需要积累丰富的知识，并细致观察生活，从中获得启示。在灵感突现时，要及时抓住灵感并记录下来，防止事过境迁后忘记。

**联想思维与想象思维**

联想和想象是创造性思维的两大支柱。联想是基于目前的事物进行关联，想象则是信马由缰地发挥。联想思维和想象思维可以说是一对孪生姐妹，在人的思维活动中都起着基础性的作用。

联想思维是指在人脑内记忆表象系统中由于某种诱因使不同表象发生联系的一种思维活动。常见的联想思维方法如表 3—7 所示。

类比法在人类历史进步的过程中起到了很大的作用，不少发明都是由类比法而来，根据不同的类比形式有多种类比法，如表 3—8 所示。

表 3—7　常见的联想思维方法

| 思维方法 | 表现 |
| --- | --- |
| 接近联想 | ●时间或空间上的接近都可以引起不同事物之间的联想。 |
| 相似联想 | ●从外形或性质上的、意义上的相似引起的联想，都是相似联想。 |
| 对比联想 | ●由事物间完全对立或存在某种差异而引起的联想，就是对比联想。 |
| 因果联想 | ●由于两个事物存在因果关系而引起的联想，就是因果联想。 |
| 类比联想 | ●通过对一种事物与另一种（类）事物对比，而进行创新的方法。 |

表3—8 不同的类比法

| 类比方法 | 发明 |
|---|---|
| 直接类比法 | 鱼刺——针，酒瓶——潜艇 |
| 间接类比法 | 负氧离子发生器 |
| 幻想类比法 | 第一台电子计算机 |
| 因果类比法 | 气泡混凝土 |
| 仿生类比法 | 抓斗、电子蛙眼、蜻蜓翅痣与机翼振动 |

想象思维是人脑通过形象化的概括作用对脑内已有的记忆表象进行加工、改造或重组的思维活动。它是形象思维的具体化，是人脑借助表象进行加工操作的最主要形式。爱因斯坦说："想象力比知识更重要，因为知识是有限的，而想象力概括着世界上的一切，推动着进步，并且是知识进化的源泉，严格地说想象力是科学研究中的实在因素"。

培养想象思维能力的途径通常包括：

（1）强化创新意识：意识强烈与否决定了人的思维积极性和活跃性。

（2）不断学习：包括从书本上学习，也包括从实践中学习，还包括向一切有知识、有经验的人学习。"读万卷书，行万里路，阅人无数。"

（3）经常静思：人有时需要交往，在和别人的热烈交流中产生思维碰撞，但有时也需要孤独，需要沉静地思考。"淡泊以明志，宁静以致远。"

**逻辑思维与辨证思维**

逻辑是研究思维形式、思维结构和思维基本规律的一门学科。逻辑思维就是依据逻辑通过概念、判断、推理等方式进行的思维活动。常见的逻辑思维方法如表3—9所示。

表3—9 常见的逻辑思维方法

| 思维方法 | 表现 |
|---|---|
| 分析与综合 | • 分析指把研究对象分解为各个部分或因素，分别加以考察的逻辑方法；<br>• 综合指把研究对象的各个部分或因素结合成统一体加以考察的逻辑方法。 |

续表

| 思维方法 | 表现 |
|---|---|
| 分类与比较 | • 分类指根据事物的共同性与差异性进行分类，具有相同属性的事物归入一类，具有不同属性的事物归入不同的类；<br>• 比较指将多个或多类事物的共同点和差异点进行比较，更好地认识事物的本质。 |
| 归纳与演绎 | • 归纳指从个别性的前提推出一般性的结论，前提与结论之间的联系是或然性的；<br>• 演绎指从一般性的前提推出个别性的结论，前提与结论之间的联系是必然性的。 |
| 抽象与概括 | • 抽象指运用思维的力量，从对象中抽取它本质的属性，抛开其他非本质的东西；<br>• 概括指在思维中从单独对象的属性推广到这一类事物的全体的思维方法。 |

　　辩证思维指按照唯物辩证法的规律进行的思维活动。辩证法告诉我们，事物都具有辩证的两面性。当面对一件事情时，需要同时认识到正反两面的可能性。《道德经》说"祸兮福所倚，福兮祸所伏"，正是一种辩证的观念。中国古代的太极八卦图充分体现了天地万物阴阳消长、对立统一的思想，如图3—5所示。

图3—5　太极八卦图与辩证思维

　　对立，可以是相互对立的两种事物，也可能是同一事物中矛盾的两面。在对立的两极中找到它们的统一性，并运用统一性去创造性地解决复杂的问题，是掌握辩证思维方法的难点。统一性往往是深藏在事物的背后，不易找到，也不易理解。只有深刻地观察、分析，深入地思考，才能发现统一性，把对立的双方在一定条件下统一起来。

**系统思考**

事物具有复杂性，往往不是单个方面的因素影响的，不能简单地头疼医头、脚痛医脚，要学会系统和关联地思考和解决问题。

西医通过解剖学将人体分成各自独立的部分分别治疗，比如阑尾炎发作切割阑尾，发烧则服用退烧药；而中医则将人体看成一个系统，通过"望、闻、切、问"观察身体的全面状态，讲究通过调理的方式恢复整体机能。

系统是由相互联系、相互作用的若干要素按照一定的秩序结合而成、具有特定功能的有机整体。系统内部各个要素相互联系、相互作用，形成特定的结构。系统作为一个整体，不断地与外界环境进行物质和能量的交换而维持一种稳定平衡的状态。环境影响系统，反之系统也作用于环境。

人们对事物的思考主要有以下三个层次，如图 3—6 所示。

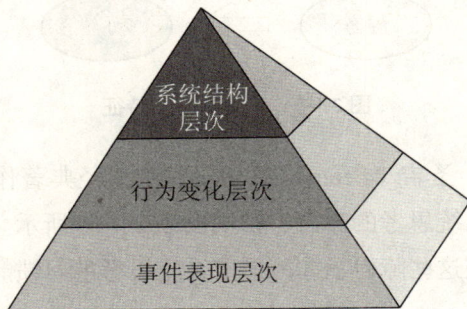

图 3—6　思考的层次

第一，事件表现层次上的思考。这一层次的思考往往局限于事件本身，专注于个别的条件，而采取反应式的行为。

第二，行为变化层次上的思考。这一层次能够透过事件表象看到背后的行为特征，能顺应变化中的趋势，但容易造成学习障碍，如：经验主义、浅尝辄止等。

第三，系统结构层次上的思考。这一层次超越了事件层次和行为层次的局限，试图从整体上解释是什么造成行为的变化，从根本上寻找问题、解决问题。

系统思考（System Thinking）主张纵观全局，把待研究的事物看成一个系统，看到其中组成部分以及彼此之间的相互作用，从宏观的角度把系统中的各个要素加以处理和协调。系统思考引导人们打破局部地、表面地、静态地看待问题的局限，鼓励整体地、实质地、动态地研究问题，具体表现为：

（1）从局部到整体：系统思考将一些看似独立的片断事件或数据整合起来，了解问题所处系统的全貌，以了解产生变化形态背后的整体关系；

（2）从表面到实质：系统思考从看事物的表面到洞察其变化背后的结构，全面考虑事件的前因后果及其影响，看清事件背后的结构及要素之间的关系；

（3）从静态到动态：系统思考从静态的分析到认识各种因素的相互影响，进而寻找一种动态的平衡，从变化中查找问题的原因。

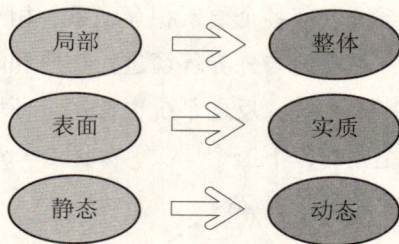

图 3—7　系统思考的特征

管理大师彼得·圣吉（Peter M. Senge）在其经典著作《第五项修炼》中指出一些严重影响系统思考的障碍，归纳成表 3—10 所示。只有通过有意识的思维训练，不断突破这些障碍，才能形成系统思考的习惯。

表 3—10　系统思考的障碍

| 障碍 | 表现 |
|---|---|
| 局限思考 | ●每个人只看到自己所负责的工作，没有看到全局的发展变化。管理要求每个人"各司其职"，并不代表个人的责任仅局限在本职范围内。 |
| 归罪于外 | ●出现了问题，习惯于从外部找原则，推卸责任。 |
| 专注个例 | ●片段地、专注于个别事件来处理问题，事实上，事件背后往往隐含着更复杂、更本质的问题。 |
| 忽视缓变 | ●人们习惯于专注剧烈的变化，而容易忽略缓慢的、渐变的过程，最终可能"温水煮青蛙"般被环境所淹没 |
| 迷信经验 | ●如果对经验不加以区分，不结合实际情况，而是照搬乱套，则会让"马谡失街亭"的悲剧重演。 |

### 3.2.3　思维工具

借助一些行之有效的思维工具，可以帮助我们改善思维模式，提升思维能力。下面介绍一些常用的思维工具。

● 六顶思考帽

六顶思考帽是由英国心理学家爱德华·德·波诺（Edward de Bono）创立的一种思考训练模式，其特点是从不同的角度思考同一个问题，每次只思考一个方面，有利于剔除思维的无助和混乱，避免将时间浪费在互相争执上。六顶思考帽是一个操作简单、经过反复验证的思维工具，能够帮助人们提出建设性的观点、聆听别人的观点，从不同角度思考同一个问题，最后统合综效，从而创造高效的解决方案。

表 3—11　六顶思考帽

| 分类 | 维度 | 特征 | 描述 |
|------|------|------|------|
| 白色思考帽 | 信息思维 | 中立而客观 | 只关注事实和数据，掌握哪些信息，还需要得到什么信息，怎样获得所需信息？ |
| 黄色思考帽 | 利益思维 | 价值与肯定 | 从正面考虑问题，表达乐观的、满怀希望的、建设性的观点。 |
| 黑色思考帽 | 风险思维 | 否定与质疑 | 运用否定、怀疑、质疑的方法，合乎逻辑地进行批判，找出逻辑上的错误。 |
| 红色思考帽 | 情感思维 | 情感与直觉 | 表达自己的情绪，可以表达直觉、感受、预感等方面的看法。 |
| 绿色思考帽 | 创造思维 | 创意与发挥 | 寓意创造力和想象力，具有创造性思考、头脑风暴、求异思维等功能。 |
| 蓝色思考帽 | 系统思维 | 控制和调节 | 负责控制各种思考帽的使用顺序，它规划和管理整个思考过程，并负责做出结论。 |

六顶思考帽并不是简单地分成六种思维方法，关键在于使用者用何种方式去排列帽子的顺序，也就是组织思考的流程。只有掌握了如何组织思考的流程，才是真正掌握了六顶思考帽的应用方法。一个典型的六顶思考帽团队在实际中的应用步骤如图 3—8 所示。

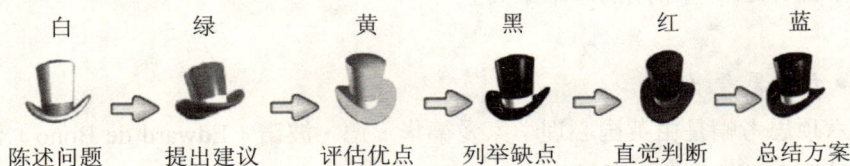

| 白 | 绿 | 黄 | 黑 | 红 | 蓝 |
|---|---|---|---|---|---|
| 陈述问题 | 提出建议 | 评估优点 | 列举缺点 | 直觉判断 | 总结方案 |

**图 3—8　应用"六顶思考帽法"解决问题步骤示例**

● 思维导图

思维导图是英国记忆大师托尼·博赞（Tony Buzan）提出的一种简单有效的图形思维工具，通过借助可视化的图形、线条，以图文并茂的方式把各级主题的关系用相互隶属与相关的层级图表现出来，并把主题关键词与图像、颜色等建立记忆链接，帮助人们更有效地记忆和思考。

科学研究表明：人类的思维特征呈发散状，进入大脑的每一条信息、每一种感觉、记忆或思想（包括词汇、数字、食物、香味、线条、色彩、节拍、音符等等），都可作为一个思维分支表现出来，因此呈现出发散的立体结构。人的两个大脑各有分工，左脑主要完成语言、逻辑、分析、代数思考等抽象思维功能，而右脑主要负责直观的、综合的、几何、绘图等形象思维功能。右脑的记忆能力要远远高于左脑，因此人们对于形象生动的图片记忆效果要远远快于枯燥的文字和数字。

思维导图正是模拟人脑形成的一种发散的、辐射状的思维表达方式。它的整个画面就像一个人大脑的结构图，因此也被称为"脑图"。思维导图充分运用左右脑的机能，利用记忆、阅读、思维的规律，使学习者的主要精力集中在关键的知识点上，增强使用者的思维层次性和联想性，易于在关键词之间产生清晰合适的联想，从而成倍地提高学习效率，增强理解和记忆能力。

博赞还提供了绘制思维导图的 7 个步骤，具体如下：

第一步：从一张白纸的中心开始绘制，周围留出空白，以便思维随意地发散。

第二步：用一幅图像来表示中心思想，让人迅速捕捉主题。

第三步：在绘制中使用颜色，亮丽的色彩容易刺激人脑的记忆层，不同类别的事物采用不同的颜色，使之便于区分。

第四步：将中心图像和主要分支连接起来，然后把主要分支和二级分支连接起来，以此类推，形成层次分明的逻辑结构。

第五步：让思维导图的分支自然弯曲而不是直线，使整个图形融合成一个连贯的整体，而不是生硬地连接。

第六步：在每条线上使用一个关键词，仅作提示之用，辅助记忆。

第七步：自始至终使用图形，因为图形比文字和数字更加易于记忆。

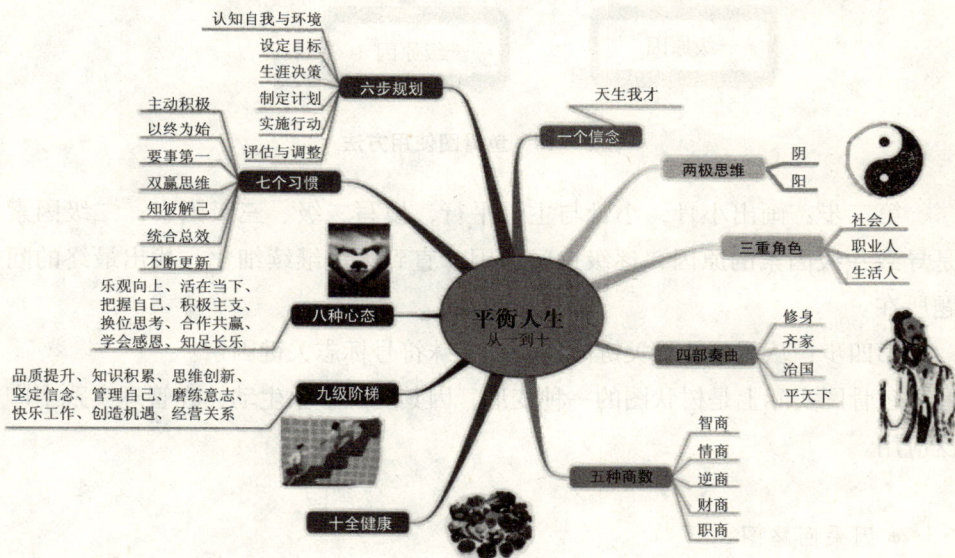

图 3—9 思维导图示例

● 鱼骨图

鱼骨图，也叫因果分析图，是一种逐级梳理、寻找问题根本原因的方法，因为绘制出的图形像鱼骨头，因此被称为"鱼骨图"。

参照图 3—10，制作鱼骨图可分为如下四个步骤：

第一步：画出鱼头和主骨，在鱼头处填写待分析的问题。

第二步：画出大骨，为了美观起见，大骨与主骨成 60 度夹角；进行头脑风暴，将导致最终结果的各种可能的原因都列出来，并分类梳理成一级因素，在大骨顶端填写一级因素。

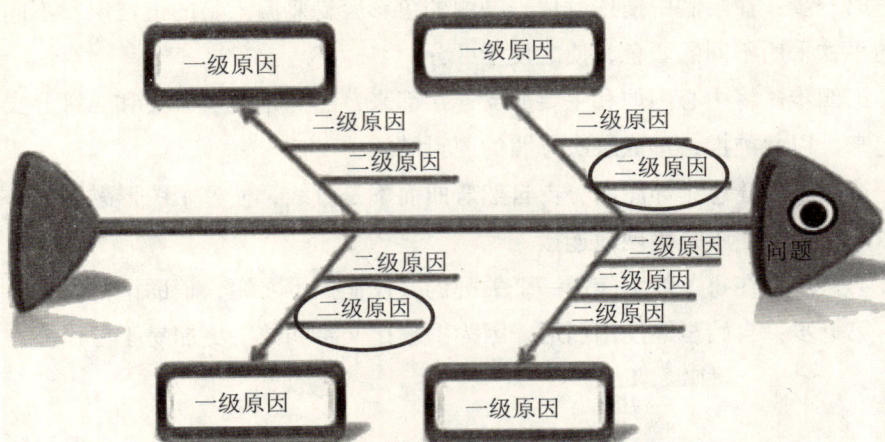

**图 3—10 鱼骨图使用方法**

第三步：画出小骨，小骨与主骨平行，填写二级、三级因素；二级因素是导致一级因素的原因，逐级追问原因，直到无法继续细化，找出最终的问题所在。

第四步：从图中选择关键因素，用特殊符号标志关键因素。

鱼骨图实际上是树状图的一种变形，因其更加形象生动，在管理实践中广泛应用。

● 因果回路图

因果回路图能够简洁地表达出复杂系统中各变量之间的相互影响和相互作用关系，从而方便分析人员寻找问题、进行决策，被广泛应用在系统动力学、逻辑学等领域。

在因果回路图中，通过因果链定性地表示系统中两变量之间的影响关系，可分为正向因果链和负向因果链，如图 3—11 所示。正向因果链指事物 A 的变化引起事物 B 在相同方向上变化，比如 A 增加导致 B 也增长，反向因果链指事物 A 的变化引起事物 B 在相反方向上变化。

在绘制因果回路图时，可分为如下步骤：

第一步：首先写出需要分析的主体对象。参照图 3—12，为了研究企业自主创新是否能够增加销售收入，首先写下"自主创新"和"销售收入"。

第二步：列举出与主体分析对象相关的所有因素及过程。参照图 3—12，销售收入来自企业的产品销售，产品好坏与企业的技术实力密切相关，技术实力可以通过引进国外先进技术加以吸收消化来实现，也可以通过自主创新、转化创新成果来实现。

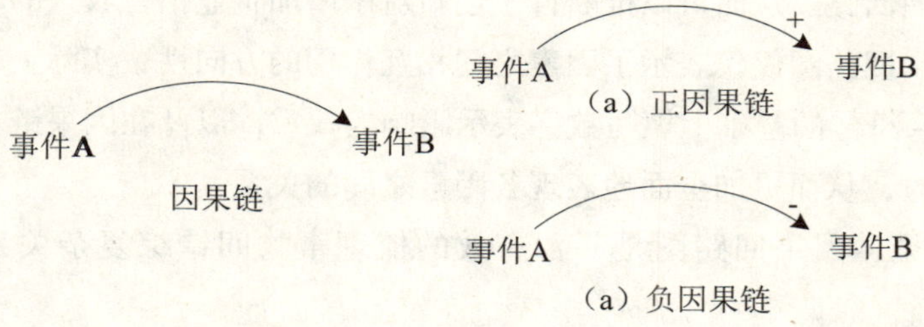

图 3—11 因果链

第三步：分析各因素之间的关系，使用正因果链和负因果链连接。

第四步：梳理因果链，寻找起源因素和因果回路。

在因果回路图中，如果某个因素不是任何其他因素的结果，同时还是多个因素的原因，则该因素很可能就是我们要找的问题根源。

由于各因素之间错综复杂、相互影响，在因果回路图中可能会出现一些封闭的回路。如果一条回路中没有负因果链或者有偶数条负因果链，则整个回路形成一条正向反馈回路，简称正向回路；如果一条回路中有奇数条负因果链，则整个回路形成一条负向反馈回路，简称负向回路。

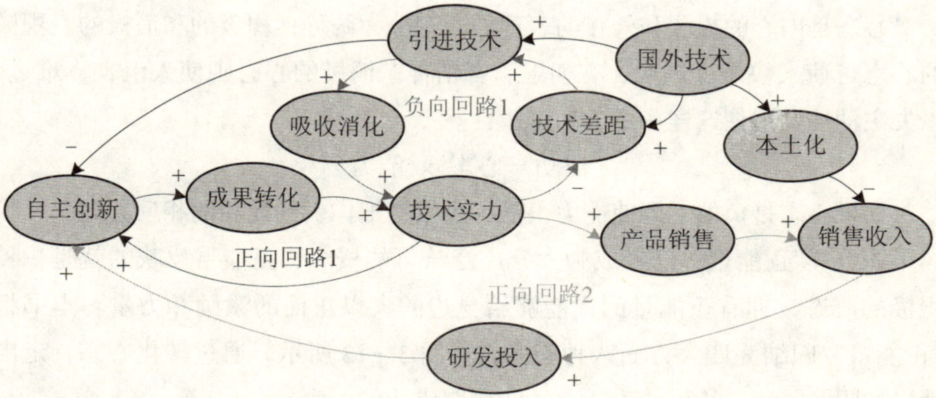

图 3—12 因果回路图示例

在图 3—12 中，当企业开展自主创新后，有助于提升技术水平，增强产品竞争力，从而增加销售收入；另一方面，企业技术水平提升，有利于进一步深入开展自主创新，同时销售收入增加，企业可以投入更多资金用于自主创新，这就是图3—12中看到的两条正向回路。反之，如果一味地引进国外先进技术，则会导致本企业与国外技术实力的差距越来越大，不得不依赖进口技术，形成一条负向回路。从而可以推断自主创新对于增加企业销售收入的重要性。

上述因果回路图仅仅表示了因素之间相互作用的方向性，实际上，还可以进一步在+/-符号的基础上填写数字表示影响的权重，以及在因果链上添加由因到果的延时，从而更加全面地表现各因素之间的关系。

由上可见，因果回路图是一种有效的梳理事物间错综复杂关系的思维工具。

# 3.3 心态管理

上苍对每个人是公平的，赋予了我们健全的身体和高超的智慧，但是每个人的成就却不尽相同。是什么导致了这其中的差异，为什么有的人总会比其他人更加顺利，走上了成功的捷径？这其中最重要的一个差别就在于心态。英国文豪狄更斯说："一个健全的心态，比一百种智慧都更有力量！"有一句哲理道："要么你去驾驭命运，要么是命运驾驭你。你的心态决定谁是坐骑，谁是骑师。"一个人有什么样的心态，就有什么样的眼界和思维，就有什么样的行动，就有什么样的人生和未来。

心态是内心的想法和外在的表现。心态分为两种：积极的和消极的。积极的心态可使人快乐、进取、有朝气、有精神；消极的心态则使人沮丧、难过、丧失主动性。记住这样一个成功定律：

$$成功 = 心态 \times 能力$$

如果心态是负的，即使能力很强，也只能把你引到成功的相反方向。

如今，"正能量"已经成为大家广泛认可的概念，正能量反映的就是一种积极的心态，拥有正能量的人能够给身边的人以正面的激励和力量。本书将"正能量"归纳为四大方面八种心态，如图3—13所示，通过转化心态，走出消极的阴影，迈向积极的生活，才能赢取成功的人生。

按照人的心理成熟程度可将人生分成三个阶段：

第一阶段：依赖期。当我们处于幼儿时期，生活依赖于父母和身边的其他人，个人主要是模仿他们的行为，没有独立意识，受外界影响熏陶大。这一阶段在法律上称为"无民事行为能力",也就是说,在这一段阶段个人依赖于他人存在,无法对自己行为负完全责任。

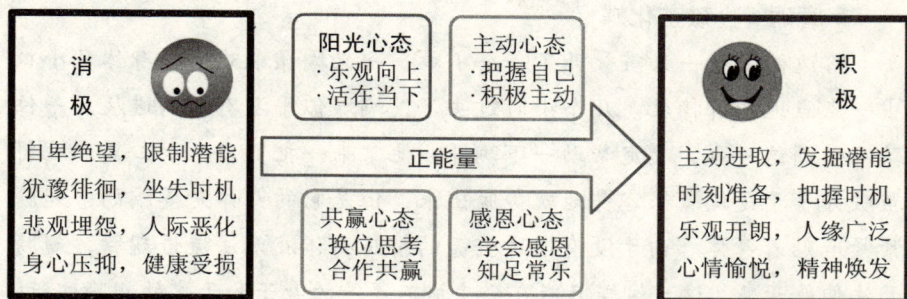

图 3—13　心态管理

第二阶段:独立期。这个阶段我们初步形成相对成熟的思维能力,有较强烈的主观行动意识,能够独立自主地处理事务。中国古语云"三十而立",就是说我们能够凭借自己的力量为人立业,摆脱对他人的依赖。独立期不仅仅是经济生活的独立,更是思维和心态的独立,具备分析和组织能力,能够管理自我行为和意识,拥有稳定的价值观念。

第三阶段:互赖期。社会是一个有机的整体,人不能脱离社会而独立存在。互赖是比独立更高级的生存模式。工作中互相依赖,进行有效的分工协作,可以有效提高工作效率;感情上互相依赖,可以互助友爱,与他人在精神上进行交流,将个人融入到团体之中,形成更强大的力量体。独立是互赖的前提,只有独立自主的人才能被依赖,而尚未摆脱依赖期的人在思想和行动上都有所欠缺,不足以信赖。

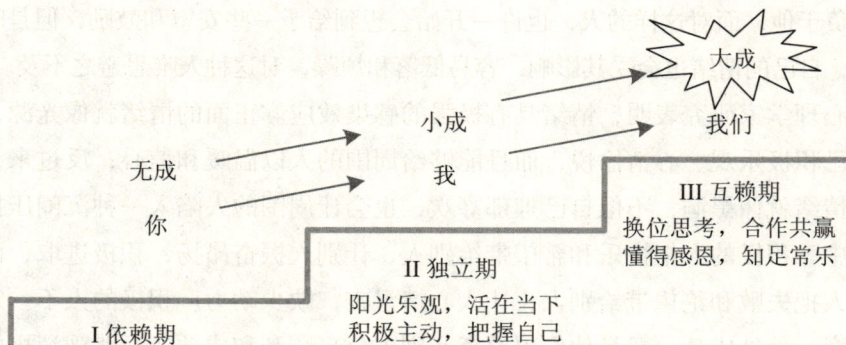

图 3—14　心理的三个成长阶段

● 磨砺——破茧化蝶

　　路边树上有一只茧裂开了一个小口，一只蝴蝶艰难地将身体从小口中一点点地向外挣扎。几个小时过去了，蝴蝶似乎没有任何进展。一位路人看到这一幕，决定帮助一下蝴蝶。他拿来一把剪刀，小心翼翼地将茧破开。于是蝴蝶很容易地就挣脱出来，但是它的身体是萎缩的，翅膀紧紧地贴着身体。由于没有经过茧壳的挤压，体液无法流进翅膀，翅膀无法伸展开来。这只蝴蝶只能在余生拖着萎缩的身子和干瘪的翅膀爬行，它永远也不能飞起来了。

【成长智慧】

　　不经历风雨，怎能见彩虹。在成长的道路上，只有依靠自己，经历过各种各样的压力和磨练，才能造就坚强的心灵和顽强的生存技能，成为生命的强者。那些依赖他人企图一蹴而就的人，只能适得其反。

### 3.3.1　阳光心态

　　生活中有这样一种人，永远面带笑容，对人热情大方，走到哪里人缘都特好，大家都乐于和他交往，并从他那里获得信心和力量；而另外一种人，始终一脸忧郁，不断地向人抱怨着生活的琐事、工作的压力、上司的不公，好像全世界都有负于他，面对这样的人，也许一开始会想到给予一些安慰和鼓励，但是时间长了，自己的情绪也会受其影响，容易低落和烦躁，对这种人唯恐避之不及。

　　心理学家研究表明，情绪具有极强的感染效应。正面的情绪就像光源，不但自己积极乐观、心情愉悦，而且能够给周围的人以温暖和信心；反过来，负面的情绪就像黑洞，不但自己抑郁寡欢，也会让周围的人陷入一种沉闷压抑的氛围中。积极的人把快乐和希望带给别人，让别人振奋昂扬，积极进取；而悲观的人把失败和绝望带给别人，让人心情沮丧，缺少动力。积极的人不一定事事如意、处处成功，只是他们更愿意和别人分享顺利和成功；而悲观消极的人也并非一无是处，始终不顺心，但是他们把失败和挫折放大了。

负面的情绪对人的身心健康也有严重的影响。正所谓"牢骚太盛防肠断，风物长宜放眼量"，一个对生活充满埋怨，对前途丧失信心的人，会生活在自怨自艾中，导致情绪压抑，无精打采，缺乏活力和生机。

有位老太婆有两个儿子，大儿子卖布鞋，二儿子卖伞。一到下雨天，老太婆就担心大儿子的鞋卖不出去；一到晴天，就担心二儿子的伞卖不出去。一位邻居实在看不过去老太婆整天愁眉苦脸、唉声叹气，就劝道："晴天大儿子生意好，下雨天二儿子生意好，您老人家真是有福啊。"

有的人只看生活悲观的一面，于是他们整天患得患失、郁郁寡欢。换一种心态，从另一个角度看待问题，生活就会充满阳光。

● 乐观向上

我们的心情来源于外界事情对我们的反射。任何事物都有积极和消极方面。如果我们把注意力集中在事物的消极面上，心情自然会受此影响变得消极。可是，假如我们总是能把眼光聚焦在事物积极的一方面，心情就会愉悦起来。

**正视人生，乐观向上**

生命是一个运动变化的过程，酸甜苦辣才是完整的人生。人生就像太极图，阴阳相生、盛衰交替、福祸相依、成败相连。痛苦是一方面，快乐是另外一面，痛苦和快乐在不断的转化过程中。当失败痛苦的时候，不要总想着痛苦，"塞翁失马，焉知非福"；反之当幸福快乐的时候，也不要忘乎所以，珍惜眼前的时光。

罗丹说："世上不是缺少美，而是缺少发现美的眼睛。"每一个人都应该学会控制自己注意力的方向，善于发现大自然、社会、工作、配偶、子女、同事、朋友的美好，保持一颗乐观的心态，积极面对生活。

**笑对挫折，坦然面对**

泰戈尔说："当你为失去太阳而哭泣的时候，你也会失去群星。"追悔过去，只能错失现在。挫折和磨难是人生宝贵的财富，当遇到一些不如意的事情或遭遇挫折的时候，应该正确地对待，不能消极抱怨，甚至陷入到无尽无止的痛苦之中。面对无能为力的困难，只能尽人事、顺天命；而对于自己能够把握的机会，则应该勇敢地争取。

● 活在当下

印度哲学家奥修说："我们的未来不是无端产生的，而是从现在产生的，只有抓住了现在才能抓住未来。"因此最重要的事情就是现在正在做的事情，最重要的人就是现在在一起的人，最重要的时间就是现在。

生命的质量取决于每天的心态，每天的心态取决于每一个片刻的心情，把握住当下的一分一秒，完成好手头的每一份工作，珍惜身边的每一个人，从现在开始积极采取行动，便会多一些快乐，向成功更进一步。

**活在当下，积极行动**

活在当下是一种务实的生活态度，只有认真把握当下的时光，一步一个脚印，才能踩出一条坚实的人生之路。

## 成长寓言

● 快乐——苏格拉底造船

一群年轻人到处寻找快乐，却遇到许多烦恼、忧愁和痛苦。他们向苏格拉底请教："快乐到底在哪里？"苏格拉底说："你们还是先帮我造一条船吧！"于是这群年轻人暂时把寻找快乐的事放到一边，找来造船的工具，锯倒了一棵又高又大的树，挖空树心，用了七七四十九天，造出了一条独木船。独木船下水了，苏格拉底请他们上船，一边合力划桨，一边齐声唱起歌来。苏格拉底问："孩子们，你们快乐吗？"他们齐声回答："快乐极了！"

**【成长智慧】**

我们常常困惑快乐在哪里，幸福在哪里，苏格拉底告诉我们，快乐和幸福就在我们把握当下、积极劳作的充实生活中。

**和谐平衡，多元成功**

很多人追求成功，却搞不清楚正确的成功观是什么。很多人往往把金钱、地位、名誉、权力等作为衡量成功的标准。其实成功是多元的，人生并不是仅仅靠金钱权力就能得到幸福的，还有其他多方面的要素。

不断地超越自己、获得知识，这是一种成功；有一技之长，有自己的兴趣爱好，有一个幸福的家庭，有健康的心灵，这也是成功。所以要摒弃世俗的成功观念，树立多元成功的概念，追求平衡的人生。

### 3.3.2　主动心态

美西战争爆发后，中尉罗文奉命和古巴起义军领袖加西亚取得联络。此时加西亚带领游击队隐藏在广阔的古巴山区，没人知道他到底身在何处，怎么才能联系他？罗文接到任务后，没有多问一句话，立即无条件地执行，他克服了种种困难，历尽艰险，终于在预定的时间内把信送到。凭着罗文送到的这封信，美国最终赢得了胜利。

《把信送给加西亚》一书自出版以来，广为流传，已经成为一种精神，激励着世界各地的人们。美国总统麦金莱称赞罗文是"敬业、主动、忠诚、勤奋的象征"，是美国的骄傲。

为什么罗文精神备受推崇，正如作者在书中所述：

罗文并没问："他在什么地方？他长什么样？有谁经常和他联系？我怎么才能到那儿去？"他只是接受了任务之后便立刻去执行。他把信交给了加西亚，把加西亚的回复也转达给了麦金莱总统。我们有没有人像罗文那样？谁能像他那样接受任务之后，一句多余的话也没问就去执行？谁能像他那样，在完成任务的过程中不用领导在一旁监督呢？

实际上罗文精神代表着一种主动精神和敬业态度。组织招聘员工，一定希望员工能将组织当成自己的事业，勤奋、努力、高效完成任务，为组织创造绩效。罗文就是这样一种"理想员工"，对上级布置的任务没有说不，遇到困难没有退缩，甚至没有向上级提出任何要求，通过自己的努力最终完成任务。

● 把握自己

在完成任务、实现目标的过程中，可能会遇到很多困难，最大的困难则是把握自己，而最有效的解决办法也是把握自己。

我们改变不了环境，但可以改变自己；改变不了事实，但可以改变态度；改变不了过去，但可以改变现在；不能控制别人，但能够掌握自己。

著名乒乓球运动员邓亚萍一直是位非常要强的人。表面看来一帆风顺的她，实际上付出了常人难以想象的艰辛。少年的邓亚萍个子很小，并不被教练看好，然而邓亚萍以顽强的毅力坚持训练，最终脱颖而出。她退役后进入清华大学外语系学习，从26个英文字母开始，每天坚持学习14个小时，顺利毕业后又在英国诺丁汉大学、剑桥大学相继获得硕士和博士学位。邓亚萍说："如果亚运会、世乒赛和奥运会的冠军是我乒乓球生涯的三大满贯，那么清华获得学士学位、诺丁汉大学硕士和取得剑桥博士，就是我完成的另一项大满贯。"邓亚萍的奋斗经历谱写了一曲自强不息、把握自我的命运赞歌。

## 成长寓言

### ● 挑战——龙虾脱壳

寄居蟹看见龙虾正把自己的硬壳脱掉，露出娇嫩的身躯。寄居蟹非常紧张地问："你怎么可以把唯一保护自己的硬壳脱掉呢？你不怕有大鱼一口把你吃掉吗？一旦急流把你冲到岩石去，不死才怪呢？"

龙虾回答道："谢谢关心，但是你不了解，我们龙虾每次成长，都必须先脱掉旧壳，才能生长出更大更坚固的外壳。虽然这样会带来一些危险，但那是为了将来可以更加强壮。"

寄居蟹非常惭愧，自己整天忙着找可以避居的地方，从来没有想过如何令自己长得更强壮，难怪只能永远活在别人的荫护之下。

### 【成长智慧】

处处依赖别人、害怕危险的人，永远无法独立生存。要想改善自己目前的境遇，就不要把自己限制住，勇于接受挑战，不断充实自我，才能赢得更广阔的发展空间。

● 积极主动

不同的工作心态决定了不同程度的行动力，当你觉得每天的工作只不过在替人打工，难免陷于"做一天和尚撞一天钟"的消极心态；而当你意识到工作是为了自己发展和提升时，则会主动积极，富有进取意识。在史蒂芬·柯维（Stephen R. Covey）的经典之作《高效能人士的七个习惯》中，将"主动积极"列为七个习惯之首，可见主动的心态对提升工作效能的重要意义。

小张最近工作不太顺心，向朋友埋怨了一番，最后愤愤地说："我恨这个公司，我要辞职！"。朋友听了之后，安慰道："嗯，这种公司确实不值得待下去，不过你就这样走了太可惜了，你应该尽可能地多了解一些公司的事情，再拼命拉些客户，把这些资源都带走，公司损失就大了。"小张觉得很有道理，于是忍气吞声，努力工作。

半年之后，小张再次遇到那位朋友，朋友关切地问："现在在哪工作？"小张乐呵呵地说："还在原来那家公司，不知为什么，最近一直很顺利，刚刚加薪，总经理还准备提升我做部门主管。"

如果我们总是怀着一颗替别人打工的心态，得过且过，只能一直碌碌无为。一旦我们树立起主人翁意识，将公司的发展看成个人的职责和事业，积极推进，付出总会有回报，在不断的进取中，工作能力和人际资源都会得到不断的提升和拓展，总有一天会得到上司的赏识。

两种不同的心态，决定了不同的职业命运。

表 3—12　主人心态和雇员心态的区别

| | 主人心态 | 雇员心态 |
|---|---|---|
| 定位 | ● 我与组织共命运 | ● 我只是个打工者 |
| 使命 | ● 在我们共同努力下，公司将成为一流 | ● 干好自己的事情就可以了 |
| 责任 | ● 我要对公司发展和团队业绩负责 | ● 公司是别人的，好坏与我无关 |
| 期望 | ● 公司的发展，团队的荣誉 | ● 不断地升职和加薪 |
| 效率 | ● 永远要比计划的快一些 | ● 做一天员工拿一天工资 |
| 危机 | ● 我不好好干，公司就会衰退甚至垮掉 | ● 业绩不好可能会被扣工资 |

## 成长寓言

● 机会——稍纵即逝

某公司的人力资源部负责人曾经说，他招聘人才的时间，包括应聘者走入他的办公室、入座、非正式简单对话、正式面谈等，总共不会超过 10 分钟。也就是说，该公司是否录用一个人，只有区区 10 分钟。所有的成功、失败都浓缩在这里。

他说："10 分钟虽短，但最公平，最负责任。"他举例说：70% 以上的应聘者走入办公室不会首先打招呼说声"你好"；50% 以上的应聘者衣冠不整洁；30% 的应聘者态度紧张；20% 的应聘者目光游移。还有什么好说的？让他们走吧！每个人只有 10 分钟，而有的人在正式面试之前就已经输了。

真正优秀的人才就像孔雀开屏一样，虽然只有 10 分钟，却能让整个世界记住他们的美。

【成长智慧】

俗话说："台上一分钟，台下十年功。"机会是留给有准备的人的。在快节奏的现代社会里，别人不会给你更多的时间表现自己。也许你很优秀，但你要知道，当机会到来时，你只有 10 分钟，甚至更少。

主动心态是个人真正步入独立期的心理标志，只有积极主动的人，才能懂得万事需要靠自己主动争取，机遇和成功都不会主动送上门来，唯有主动，才能得到命运之神的垂青。

### 3.3.3 共赢心态

一个看似可以共赢的局面，结果所有人都输了，这就是著名的博弈论。说明人与人之间的合作，看似简单，却由于各自利益关系，真正操作起来并不容易。

要实现共赢，首先需要学会换位思考，了解对方的需求，然后采用合作的态度和工作方式，促进双方甚至多方协作，获取最大的利益。

**成长寓言**

● 共赢——合作实验

在一个关于合作的研讨会上，主持人带领大家做了一个有趣的实验：现场一共 43 名观众，每人自愿掏出一些钱，放到一个密闭的纸盒里。如果最后总额超过 250 元，那么主持人将自掏腰包，每人退回 10 元，同时出钱最少的人可额外获得 100 元奖励；但是如果总额没有达到 250 元，那么主持人将没收所有金额。要求实验中大家不得互相讨论。

大家心里一算，只要每个人掏 6 元，轻易就达到了。于是每个人都信心满满地向纸盒里投下了自己的金额。最后主持人打开纸盒，统计总金额。结果令所有人大吃一惊，总额为 242 元，居然差了 8 元！主持人成了最终的赢家。

【成长智慧】

如果每个人只考虑自己的利益，那么最终可能大家都失去利益。这个社会是一个合作的社会，只有懂得与他人合作，才能实现共赢。

● 换位思考

在第一章中，通过各种自我认知模型，我们了解到每个人的思维方式、行为习惯是不同的。然而在实际社会中，人们往往忽视这种差异性，从而引起不必要的冲突。因此，在遇到冲突时，不妨站在对方的角度想一想，为什么他会有这样的行为和表现，换做是我，会做出什么样的反应。换位思考能够帮助理解对方，继而宽容对方、化解冲突。换位思考是人际关系的润滑剂，在一个团队中，换位思考更是团队凝聚力的润滑剂。

《论语》中孔子说"己所不欲，勿施于人"，《马太福音》中耶稣说"你们愿意别人怎样待你们，你们也要怎样待人"，都是劝导人们需要换位思考，以责人之心责已，以恕己之心恕人。如果每个人都能站在对方的角度看待问题，就能够避免误解、增加互信。

● 合作共赢

现代社会是一个开放的社会，除了那种你赢我输、你死我活的竞争局面，还可以有其他多种选择。比如进行合作，一起把蛋糕做大，然后再分蛋糕。譬如 Google 推出安卓（Android）手机操作系统，采用开放的模式，吸引了三星、摩托罗拉、HTC 等手机厂商参与，虽然这三家厂商本身就是竞争对手，但是在 Android 阵营里，他们选择了合作。Android 系统经过多方的共同改进，市场份额已经遥遥领先，超过了老牌手机操作系统 Symbian 和 iOS，三星、HTC 从中大获其利，摩托罗拉手机部门也因此起死回生。

还可以选择差异化竞争，双方各施所长、各有侧重，共同占领市场。Intel 和 AMD 这两家芯片生产厂家可谓是多年冤家，Intel 的芯片性能卓越，而 AMD 的芯片则价格优廉，两家公司分别在高端市场和低端市场占主导优势，同时由于 AMD 这家具有竞争性公司的存在，也使得 Intel 避免遭反垄断法的调查，重蹈当年 AT&T（美国电话电报公司）被强行拆分的覆辙。

公司的共赢战略可以提高公司业绩，同样，个人保持共赢的心态，也可以获得事业的成功。一个拥有共赢思维的人，并不仅仅关注自己的成功，同时还愿意帮助别人获得成功，反过来别人也更加愿意对你开放，加深彼此的互信，促进双方共同进步。

共赢心态在团队中尤为重要，因为一个团队成功与否取决与整个团队的绩效。在团队中，如果有人采取封闭的心态，将自己的成果和进展隐藏起来，作为自己独特的贡献，这样的人即使能力很强，对团队也是一个负面的因子。因为他的这种行为会逐渐引起其他同事的警惕和效仿，最终导致团队内部成员之间勾心斗角，各怀心事，无法有效沟通，阻碍团队的整体进步。

相反，如果每个人都采取开放的心态，愿意和团队的其他成员分享自己的成果，让大家的思维不断地碰撞，继而激发新的发现，从而取得更大的成就。即使自己或许得到相对不公平的对待，由于整个团队的成功，个人的成就也要比独立工作要大得多。

杨振宁、李政道两位科学家通过彼此密切的学术交流，不断分享研究进展，并在激烈的讨论中寻找新的思路，终于发现了"宇称不守恒定律"，因此获得 1957 年诺贝尔物理学奖，为华人争得了荣誉。这样一对科学上的"黄金搭档"后来却因为文章署名顺序问题停止了合作。虽然在以后数十年里两人在各自的领域均有所建树,但是他们的辉煌停留在了 1957 年。

这样一对科学史上的传奇因为缺乏共赢意识而过早地凋谢了,不免令人唏嘘。水涨船高,众人齐力开大船,团队或者合作伙伴的成功,可以为个人提供更高的平台和发展空间。那些只看到一己私利、看不到全局利益而破坏合作的人,最终只能导致两败俱伤的局面。

### 3.3.4 感恩心态

感恩是一种生活态度。懂得感恩的人,知道自己所拥有的一切都是拜大自然、拜他人所赐,这样的人会珍惜别人的付出,会发现身边的美好,会用积极的眼光看待周围的一切,并且用自己的行动去回馈社会,回报他人。而没有感恩观念的人,认为自己的一切都是理所当然的,不需要回报,表现自私和贪婪,久而久之,遭人反感和厌弃。感恩是爱的基础,只有懂得感恩,我们才能关爱身边的人、关爱社会,真正热爱生活。

● 学会感恩

**感恩亲人**

父母是我们生命的缔造者,并且含辛茹苦将我们哺育成人。因为他们,我们才能够来到这个世上,享受人间的生活。父母的爱犹如参天大树,为我们遮风挡雨,哪怕衰老枯萎了,还要将落叶化为养料滋养下一代。父母的爱不计付出、不求回报。因此,父母是我们最该感恩的对象。感恩父母是人类最朴素的感情。也许只是一杯简单的热水,或是一句淡淡地问候,便足以将儿女感恩的心意传递到父母心中,温暖着他们的幸福。

个人的成功,往往背后需要家庭的支持和付出。当我们忙于事业的同时,不要忘了默默关爱你,在你伏案写作时递上一杯咖啡的伴侣,不要忘了给你带来欢乐和希望的孩子,也不要忘了帮助过你的其他亲朋好友。

**感恩社会**

人是社会的一分子,我们不可能脱离社会而生存。在今天高度发达的人类社会体系中,我们与社会保持着错综复杂的关系,早上喝的一杯牛奶可能来自内蒙古的某个农场,上班开的汽车的某个零件可能来自万里之外的德国,打开电脑看到的头条新闻来自某位素不相识的记者……正是由于社会的分工协作，由于社会中每个人的默默努力，我们才得以享受如此舒适便捷的生活。反过来，我们现在的工作也在影响着其他人的生活。感恩社会，就是感恩自己。

**感恩职场**

据说 80% 的员工都曾经私下臭骂过自己的老板，但是只有不足 20% 的员工感激自己的老板。这并不是因为绝大部分的老板都刻薄寡恩、不谙人情，最重要的原因恐怕还是大家过于苛求、不懂感恩。

组织和员工之间，不仅仅是简单的雇佣与被雇佣之间的法律关系，更是一种情感维系和心理契约。就像人与人之间，如果没有爱，没有情感，而是单纯靠法律来维护人与人之间的关系，那么我们生活在情感的沙漠之中，每天的工作都在疲于应付。

用感恩的心去工作，就不会产生抱怨；用感恩的心去工作，就不会感到乏味；用感恩的心去工作，不会在困难面前退缩；用感恩的心去工作，就会觉得工作是为自己；用感恩的心去工作，在受到批评时就不会感到委屈；用感恩的心去工作，才能真正做到严以律己、宽以待人。

有人用诗一般的文字总结出如下需要感恩的内容，让我们共勉。

> 感恩养育你的人，因为他给予了你的生命
>
> 感恩教育你的人，因为他丰富了你的心灵
>
> 感恩关爱你的人，因为他教会了你的付出
>
> 感恩启迪你的人，因为他提升了你的智慧
>
> 感恩伤害你的人，因为他磨练了你的意志
>
> 感恩欺骗你的人，因为他唤醒了你的良知
>
> 感恩折磨你的人，因为他锻炼了你的毅力
>
> 感恩放弃你的人，因为他磨砺了你的独立
>
> 感恩打击你的人，因为他强化了你的能力
>
> 感恩批评你的人，因为他拓宽了你的心胸

● 知足常乐

知足常乐是一种感恩的生活心态。面对诱惑不贪婪，面对挫折不抱怨，有所收获懂得感恩，没有得到不会埋怨，始终用一颗平常心对待得失。

知足常乐不是安于现状、不思进取，而是一种享受幸福的心态。人的幸福

感并不与物质利益直接相关，知足的人既懂得积极进取，为社会、为个人创造财富，收获成功，也懂得珍惜来之不易的成就，因此能够持续地享受自己创造生活的幸福和乐趣。

# 3.4  健康管理

2004 年 4 月 8 日傍晚，著名通讯设备制造商爱立信（中国）有限公司总裁杨迈（Jan Malm）在跑步时因心脏骤停突然辞世。据悉，导致杨迈心脏衰竭的诱因是连日的高强度工作，超出了其心脏负荷极限。有朋友透露，杨迈一直有到健身房锻炼的习惯，然而在去世前的一段时间里，由于工作繁忙，数次推迟健身计划。

这样的不幸案例并不鲜见。据说某些行业流传着这样的话："四十岁之前拿命换钱，四十岁之后拿钱换命。"现在社会快节奏的生活方式和现实的生存压力，让许多年轻人疲于奔命。跑销售的长期出差，陪客户，年纪轻轻，肝硬化、胃出血；坐办公室的，从早到晚面对着电脑，造成腰肌劳损，颈椎病……事业固然重要，但是健康是事业的基石、幸福的源泉，是良好生活质量的重要基础。人一旦失去健康，所有追求都不复存在。

世界卫生组织（WHO）提出的健康新概念是：健康不仅仅是不患病，还应包括心理健康以及社会交往方面的健康。也就是说，健康是在精神上、身体上和社会交往上保持健全的状态。

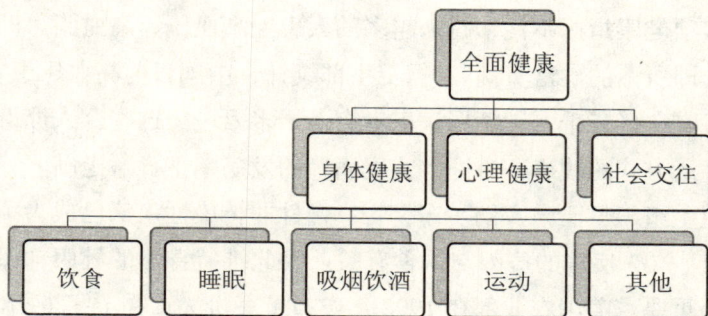

图 3—15  全面健康

为了全面衡量一个人是否健康，世界卫生组织规定了十大准则：

---

### 世界卫生组织的健康 10 条标准

1. 有充沛的精力，能从容不迫地担负日常生活和繁重的工作，而且不感到过分紧张疲劳；

2. 处事乐观，态度积极，乐于承担责任，事无大小，不挑剔；

3. 善于休息，睡眠好；

4. 应变能力强，能适应外界环境各种变化；

5. 能够抵抗一般性感冒和传染病；

6. 体重适当，身体匀称，站立时，头、肩、臂位置协调；

7. 眼睛明亮，反应敏捷，眼睑不易发炎；

8. 牙齿清洁，无龋齿，不疼痛，牙龈颜色正常，无出血现象；

9. 头发有光泽，无头屑；

10. 肌肉丰满，皮肤有弹性。

---

### 3.4.1 身体健康

俗话说：身体是革命的本钱。健康的身体与饮食、睡眠、烟酒习惯、工作方式、锻炼等多方面因素密切相关。

● 饮食

随着中国经济的发展，人们的生活水平显著提高，过去那种食物短缺的日子一去不返了，然而另一种烦恼随之而来——由于不注意科学饮食、缺少锻炼导致身体多项健康指标不良，越来越多的人患上高血压、高血脂、糖尿病、肥胖症等病，即所谓的"富贵病"。据卫生部统计，中国目前高血压患者达两亿，脂肪肝患者有一亿三千万，糖尿病患者有七千多万……这些令人惊讶的数据表明，随着生活方式的改变，中国"富贵病"的发病率正日益走高。

世界卫生组织早已向人们发布警告：慢性非传染性疾病已成为了人类的主要疾病，其中 1/3 疾病的病因与饮食有关。因此维持身体的健康，保证饮食结构的均衡很重要。美国农业部在 1992 年发布了一份《食物金字塔指南》，用以指导公民正确地选择饮食，以减少患慢性病的危险，保持健康的身体。该指南建议人们尽量减少脂肪和油的摄入量，适量吃些肉类和豆类食物，如精肉、家禽、鱼类、豆制品、鸡蛋等，多吃蔬菜、水果，多吃含有丰富碳水化合物的食物，如面包、谷类、大米、面食等，营养结构形成金子塔状，如图 3—16 所示。总而言之，均衡饮食的原则是：主副相辅、干稀平衡、荤素搭配、营养全面，即

均衡饮食 = 不同种类的食物 + 份量和比例配搭适宜 + 三餐定时定量

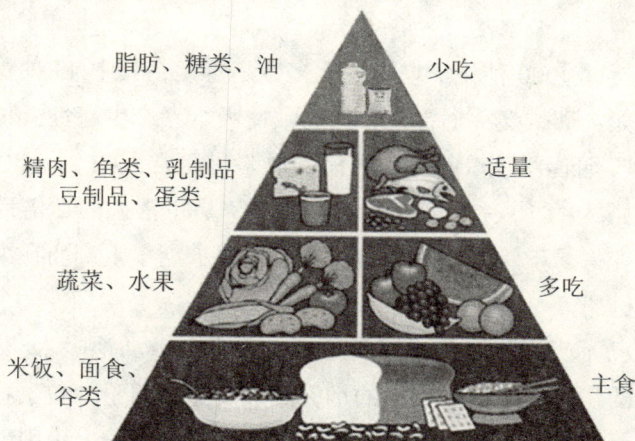

图 3—16　食物营养金字塔

● 睡眠

良好的睡眠有助于思路清晰、反应敏捷以及拥有良好的记忆力。那么如何拥有良好的睡眠？

表 3—13　拥有良好睡眠的注意事项

| 按时 | ● 全周坚持睡眠时间表 |
|---|---|
| 运动 | ● 避免在睡前 6 小时内运动 |
| 午休 | ● 午休要在 15 点之前，尽量控制在 1 小时内 |
| 放松 | ● 睡前可以听轻音乐、看书、泡脚或者洗热水澡，有助睡眠 |
| 光照 | ● 每天尽量享受自然光照半小时 |
| 避免刺激食品 | ● 睡前避免咖啡因和尼古丁以及酒精 |
| 避免干扰 | ● 避免噪音、强光、高温、电视等分散注意力的事物 |
| 饮食 | ● 避免睡前大吃大喝，否则引起消化不良等问题 |

● 烟酒

虽然烟酒对人体有害，但是在社会上抽烟和酗酒的现象却非常普遍，因此必须深刻认识其危害，严加控制。

**吸烟的危害**

烟草中有超过 4000 种化学物质，大多数是毒素，其中 43 种物质具有明确的致癌性。比如，烟碱又称尼古丁，它能致使吸烟者产生瘾性。长期的医学研究表明，长期吸烟者罹患口腔癌和喉癌的风险是正常人的 20—30 倍，罹患肺癌的风险是正常人的 10—20 倍，心脏病死亡率是正常人的 2 倍；吸烟还会导致骨质疏松，变得易于骨折。因此，卫生部门要求烟草生产商在烟盒上明确警示：吸烟有害健康。

有些人自己不吸烟，但是由于身边有人吸烟，被动地吸入"二手烟"。不可小看二手烟的伤害。抽烟时喷出的烟雾可散发超过四千种粒子物质，大部分都是很强烈的刺激物，其中至少有四十种在人类或动物身上可引致癌病。这些粒子在停止吸烟后仍能停留在空气中数小时，被其他非吸烟人士吸进体内。大量吸入二手烟后血液中高密度脂蛋白浓度下降，影响心血管正常功能。被动吸烟可以导致肺癌和心脏病等疾病，还会增加中风的机率。

二手烟最大的受害者是儿童。据世界卫生组织评估，由于儿童本身免疫系统就比较脆弱，二手烟能够引发儿童哮喘、幼儿猝死综合症、气管炎、肺炎和耳部炎症等。据 2007 年 5 月卫生部发布的《2007 年中国控制吸烟报告》，我国有 5.4 亿人遭受被动吸烟之害，其中 15 岁以下儿童有 1.8 亿，每年死于被动吸烟的人数超过 10 万。

因此为了您和家人的健康，请尽量不吸烟；若必须吸烟的话，请勿在公共场合吸烟，请走到专门的吸烟区。

**如何戒烟**

要想有效地戒烟，还需要从根本上了解吸烟者的动机。一些不抽烟的人往往难以理解，既然大家都知道烟的危害很大，连烟盒上都清清楚楚地写着：吸烟有害健康。为什么还有人会抽烟？仔细分析，抽烟的人无非分成这样几种：

（1）觉得抽烟是一种风度。这些人受到社会上不良人士和一些影视作品的影响，认为抽烟是一种身份象征，吞云吐雾的动作很酷，从吸烟中获得满足感。

（2）受到不良朋友引诱，尝试吸烟后染上烟瘾。一些青少年吸烟，往往是受到身边不良朋友的影响，最初只是偷偷尝试，不知不觉中染上了烟瘾，难以自拔。

（3）工作压力大，把抽烟当成一种缓压方式。这种情况在生活中也占了不少，烟里的尼古丁能够起到暂时麻痹大脑神经的作用，使人得到一时的轻松和快感。但是这种方法却有如饮鸩止渴，虽得到一时缓解，但是带来更大的负面效应。

因此要想戒烟，还需从根本上进行对症治疗。

对于第一种类型和第二种类型吸烟者，社会教育和家庭教育起到很重要的作用，大众媒体作品（包括影视、书籍、广告等）应该严于自律，避免出现过多的吸烟镜头，避免故意刻画吸烟者的身份。家长应该以身作则，带头不吸烟，给孩子营造一个无烟的环境。事实上，现在社会的管理阶层和高级知识分子，都非常注重自身健康和行为修养，很少有人吸烟。

对于第三类吸烟者，可以尝试一些其他的压力缓解方法，比如转移注意力。当感到压力时，不妨暂时停下手上的工作，给家人做顿晚餐，或者和同事打一局台球，身心立即得到很大的放松。

**酒的危害**

大量研究表明，少量适度饮酒，特别是红葡萄酒，可以减少心血管疾病的危险。可是如果长期饮酒过多，一方面会使人增加对酒精依赖，另一方面也会对身体的各个系统造成不同程度的负面影响。过度饮酒会影响脑和神经系统，使人出现记忆力丧失、恐慌、幻觉、手足失去知觉等症状；影响呼吸系统，使人容易发生呼吸道的感染以及肺炎；影响心血管系，可能发生肝炎、肝硬化、以及肝癌；影响皮肤，使人脸涨红，皮肤容易出现青肿，同时还有出汗增多的情况；过度饮酒还会影响生殖系统，比如造成男人阳痿，睾丸萎缩，精子减少，酒精还会损伤孕妇子宫里的胎儿。

另外，酗酒过度还会对人的精神生活产生严重的负面影响。人在酗酒之后，情绪易激动、乱发脾气、判断力控制不佳、对外界刺激敏感、易与人发生冲突，可能在没有意识的情况下发生犯罪行为。饮酒过度还会造成精神恍惚，影响工作效率。酒后配偶与子女往往成为暴力行为发泄和攻击的对象，严重影响家庭和谐，长久以往亲友疏离，使酗酒者心理承担更大的挫折与压力，更加自暴自弃，形成恶性循环。

### 酒驾的危害

近年来，随着经济水平的提高，汽车逐渐进入千家万户，成为人们出行的常用交通工具，但是交通事故也随之大幅提升，最主要的罪魁祸首就是酒驾。人在饮酒过度之后，神经受到酒精的麻痹而意识不清，反应迟钝。在驾车时，车速往往很快，如果不能保持清醒的大脑，很可能会出现超速行为、误入其他车道，发现行人时不及避让等等危险行为。车祸的后果往往是家破人亡，贻害终生。酒驾的社会影响尤为恶劣，相关执法部门也加大了对酒驾的查巡。为了自己和他人的安全和幸福，请不要酒后驾车。

### 职场酒文化

中国的酒文化历史悠久，从曹操的"何以解忧，唯有杜康"，到李白的"人生得意需尽欢，莫使金樽空对月"，到现在社会的"无酒不成宴"，酒已经成了中国人宴席中不可或缺的必需品。但是"小酌怡情，暴饮伤身"，酒精对神经的刺激容易令人神智不清，在无意识状态下犯下错误。

职场中饮酒似乎已经成了一种必须的社交手段，陪领导需要喝酒、见客户需要喝酒。在某些行业的一些岗位，比如销售人员、公关人员，酒量甚至已经成为评估个人能力的重要因素。那些深谙酒桌文化，能够"撑得住场面"的员工，往往更容易得到上司的青睐，而真正有能力的人，也许只能默居二线。不得不说，这是中国职场文化的怪圈。

在商务或社交宴会中，难免会出现需要饮酒的场合，在确认不需要自己开车的情况下，可以适当地喝一点，作为礼节。如果出现对方劝酒，需要根据自己的酒量评估是否可以饮用，如果实在不胜酒力，可以婉言谢绝。如果遇到不断劝酒的行为，需要通过合理的方式拒绝对方的过分要求。

### ● 电脑

随着信息化时代个人电脑的普及，电脑已经成为日常办公不可或缺的工具。长期使用电脑，使我们的工作方式和生活方式都发生了重大的改变。电脑在带给人们便利的同时，也产生了一系列不良的影响。电脑对人体健康的主要影响如图 3—17 所示。

（1）电脑辐射

关于电脑的辐射，现在还没有一个确定的评估指标，但是影响肯定是有的。一般说来，显示器背面的辐射最大，尽量避免正对着显示器的背面。长时间对着电脑屏幕，会有一些带电的灰尘粒子漂浮沾附在皮肤上，因此经常洗脸是一个很好的习惯。另外，在电脑旁放置一些绿色植物，比如仙人掌，也可以减少一些辐射的影响。

图 3—17　长期使用电脑的危害

（2）颈椎病

由于长时间盯着电脑，头部缺少运动，颈椎长时间处于屈曲位或某个特定体位，使得颈椎间盘内的压力增高，颈部肌肉也处于非协调受力状态，并压迫颈部神经，长此以往将会引发颈椎病。

为了预防颈椎病，首先要保持正确的坐姿，使颈、肩部处于放松状态，保持最自然的姿势。其次是要注意活动颈部和肩部，工作时间超过一个小时，就要有意识地站起来，转一转脖子，耸一耸肩，使得颈、肩部的肌肉得到调整和松弛。

（3）鼠标手

长期使用电脑键盘和鼠标，会出现中指、食指疼痛发麻及拇指无力感。发展下去神经受损，进而引起手部肌肉群萎缩，这就是腕关节综合症。由于每天都在键盘上打字或移动鼠标，手腕关节长期、密集、反复和过度活动导致周围神经损伤或受压迫，使神经传导被阻断，从而使手掌的运动和感觉发生障碍。另外肘部经常低于手腕，而手部高高抬起，神经和肌腱经常被压迫，手开始发麻，手指失去灵活性，经常出现关节痛。

市场上有一些手腕支座，一定程度上可以缓解对手腕的压迫。最重要的还是自己有意识地间歇停下手指，做些简单的手腕运动。

（4）腰肌劳损

在日常生活工作中，由于长时间坐着，腰部一直支撑着整个上身，处于疲劳状态，在突然站起身时，如果用力不均衡、动作不协调、腰肌无准备地骤然收缩等，超过腰部软组织的生理负荷量或由于各种原因使腰肌等软组织功能控制失调时，就会造成不同程度的肌肉、筋膜、韧带、关节囊等软组织损伤。

对于腰肌劳损，预防是关键。平时要注意锻炼身体，避免长时间坐着，减少可能损伤腰肌的动作。如果必须做某些涉及腰肌的动作时，应先做好充分的准备工作，逐渐增大腰弯曲的幅度，可大大减少发生腰肌损伤的可能性。

（5）视力衰退

电脑显示器的画面实际上是在不停地闪烁着的，如果长时间盯着电脑屏幕很少眨眼，很容易引起眼肌疲劳，眼粘膜发干，眼睛发红、疼痛，导致视力衰退，甚至引发眼睛炎症。

同时，由于屏幕离眼睛比较近，眼睛的瞳距会聚焦在很近的位置的，如果长时间保持眼肌的压缩，会使人在日常的生活中也会不自然地保持这种神态，看上去显得两眼无光。这就是为什么一些研究人员看上去双目无神、无精打采的样子，而一些跑市场的人却两眼炯炯有神，这和研究人员需要长期对着电脑进行作业，而市场人员的社会活动相对较多而盯着电脑时间相对较少，有着密切的关系。

**锻炼**

综上所述，现代人的职业习惯容易诱发各种躯体性伤害，虽然有各种各样的小诀窍可以帮助缓解一些伤害，但是最行之有效的还是平时坚持锻炼身体，保持身体各个部位的协调。

很多人经常会埋怨，工作太忙，没有时间锻炼，实际上并不一定是专门挤出一段时间进健身房才叫锻炼。在日常的生活中，有很多简单而有效的锻炼，如表3—14所示。只要我们有意识将身体进行放松，坚持多运动，即可达到锻炼的目的。

**单位的隐形福利——广播体操**

随着人们亚健康状况的加剧，现在国内很多单位开始推行广播体操，很多人把这个当成儿戏，认为广播操是学生才要做的。其实不然，广播体操是体育研究人员根据人体特征专门设计的一套能够锻炼全身各个部位的全套动作。在紧张的工作之余，短暂地放下手上的工作，随着音乐做一套广播体操，既活动了整个身体，也让绷紧的神经稍作放松，何乐而不为！

表3—14　适合上班族的锻炼方式

| 走路 | ●尽量每周散步四到五次，每次30到40分钟，这对身体非常有益，无需花费巨资参加健身俱乐部，只要买一双舒适的鞋穿就行了。 |
|---|---|
| 跑步 | ●跑步对心脏和血液循环系统都很有益，每天保持30分钟以上的跑步锻炼，有利于促进血液循环、减少体内脂肪。 |
| 骑自行车 | ●中速骑车，对心肺功能的提高很有帮助，对减肥也有特效。 |
| 爬楼梯 | ●少乘电梯，多走楼梯。爬楼梯是一种非常好的锻炼形式，对心血管有益，还可以改善腿部肌肉，腹部肌肉也会得到锻炼。 |
| 健身操 | ●运动量适中，简单易学，对场地要求不高，可以在家里跟着VCD练习。 |
| 跳绳 | ●跳绳能增强人体心血管、呼吸和神经系统的功能。从有氧运动量来说，持续跳绳10分钟，与慢跑30分钟或跳健身舞20分钟相当，耗时少，耗能高。 |
| 太极拳 | ●太极拳是一套和谐高效的身心整体运动，集拳法、功法、养生法于一身，具有科学、全面的保健功能。 |
| 瑜伽 | ●瑜伽不仅可以帮助雕塑体形、治疗疾病，还可以在练习中放松神经、缓解压力，达到外表和心灵的和谐美，深受女性白领欢迎。男士也可练习。 |

### 3.4.2　心理健康

心理健康指一种良好的心理和精神状态，不仅是没有心理疾病，还要保持一种积极向上的心理状况，消除一切不健康的心理倾向，从而处于一种最佳的心理状态。

具体而言，一般认为衡量心理健康有七大指标：

（1）正常的智力水平；

（2）健全的人格；

（3）和谐的人际关系；

（4）较强的社会协调性；

（5）稳定适中的情绪和情感；

（6）健全的意志、协调的行为；

（7）心理特点符合心理年龄。

---

**世界卫生组织的心理健康标准**

第一，心理健康的人，人格完整，自我感觉良好，情绪稳定，积极情绪多于消极情绪，有良好的自我控制能力，能保持心理平衡，能自尊、自爱、自信，而且有自知之明；

第二，心理健康的人，在自己所处的环境中有充分的安全感，而且能保持正常的人际关系，受到别人的欢迎和信任。

第三，心理健康的人，对未来有明确的生活目标，切合实际，不断进取，有理想和事业上的追求。

---

● 心理问题的解决方法

一般情况下，有如下几种心理问题的解决渠道：

（1）自己解决

一般人出现心理问题，或者遇到情绪不好的时候，往往倾向于自己调整解决，常见的改善心理状态的方法包括：

表 3—15　改善心理状态的方法

| 方法 | 具体做法 |
|---|---|
| 回避法 | ●淡化或转移不良情绪。把对那些令人不愉快的人和事的关注转移到令自己愉悦的事物上去，比如看一部电影等。 |
| 转视法 | ●并不是任何客观现实都可以逃避或回避，但是通过调整看问题的角度，从积极的方面出发，多看光明和主流。 |
| 宣泄法 | ●悲痛如果不及时地宣泄出来会危害心身健康。在适当的场合，用适当方法，释放和排解心理压力，比如写日记倾诉、击打沙袋发泄等。 |
| 激励法 | ●寻求"合理化"的理由，达到维护心理平衡，实现心理自助的功效，比如用精神胜利法宽慰自己、承认现实。 |
| 暗示法 | ●比如在发怒的时候，反复告诫自己"冲动是魔鬼"，从而调整和放松心理上的紧张状态，使不良情绪得以缓解。 |
| 欢笑法 | ●欢笑能瞬间击溃所有的烦恼，调解精神，促进身体健康。或者到景色怡人的大自然中走一走，能有效调节人的心理状态。 |
| 升华法 | ●自我心理调整，把压抑和焦虑等不利情绪升华为一种力量，引向对自己、对他人、对社会都有利的方向，寻找具有延续性的崇高目标。 |

（2）求助他人：

倾诉：把烦恼吐露出来，寻求亲人和朋友的理解、关心、指点和支持，将得到心理上的安慰。

心理咨询：心理咨询能够指导我们管理自己的情绪，矫治各种情绪障碍和神经症，如抑郁症、躁狂症等；引导我们正确认知自我和周围世界，建立完善的认知体系；拥有健全的人格，摆脱自卑、自恋、自闭等不良心态；帮助恢复爱的能力，学会幸福地生活、幸福地去爱；以及应付生活中的挫折，帮助度过人生各个发展阶段的种种危机。

有些人对心理咨询存在一些偏见，心理咨询不同于心理治疗，心理咨询的对象一般是正常人或者有轻度心理问题的人，而心理治疗的对象是有心理或精神疾病的人，因此需要正确看待心理咨询。

### 3.4.3　压力管理

《财富》杂志曾对近 2000 名高级管理人员进行了一项有关压力的调查：接近 70% 的高管认为自己正在承受较大的压力，其中 21% 的被访者认为自己的压力极大。另外一项针对北京市中关村园区企业的员工调查结果显示：近 60% 的员工正在经受着不同程度的心理疲劳，近 90% 的员工对自己的健康不自信。

其实，压力是人们对刺激产生的一种生理和心理上的综合感受，压力并不是绝对好或者绝对坏的，但是压力却很大程度上影响着我们的身心健康。压力可以通过科学的方法进行管理。合理利用压力，缓解过度压力，才能使个人的生理和心理和外界达到和谐的状态。

● 压力来源

压力产生的原因是多样的，只有找到了压力的来源，才能对症下药。压力源指具有威胁性或伤害性，给人造成压力感受的事件或环境。生活中的压力源可能存在于人们自身，也可能存在于环境中。心理学家在研究中把造成压力的各种生活事件进行分析，总结出四种类型的压力源，如图 3—18 所示。

（1）躯体性压力源：对人的身体造成直接的刺激和伤害，使人身体疲劳，比如长时间的重体力劳动，或者不科学的工作习惯等。现代人长期电脑办公造成的颈椎病、"鼠标手"、腰肌劳损，就属于这种类型。

（2）心理性压力源：心理上的压力实际上来源于恐惧，通常认为人基本的恐惧有六种，包括：对贫穷的恐惧、对批评的恐惧、对生病的恐惧、对失去爱的恐惧、对衰老的恐惧、对死亡的恐惧等。恐惧在人们头脑中产生紧张性信息，例如心理冲突与挫折、不切实际的期望、不祥预感以及与工作责任有关的压力和紧张等。工作节奏快、竞争激烈，使得当今社会压力剧增，对人的心理负担增加尤为严重。心理性压力往往是对人伤害最大的，不像躯体性损伤容易治疗和恢复。

（3）社会性压力源：来自社会环境的影响，造成个人生活方式上的变化，带来不适应，并要求做出调整。社会性压力源包括个人生活中的变化，也包括社会生活中的重要事件。

（4）文化性压力源：当人从一种文化背景进入到另一种文化背景中，面临全新的生活环境、陌生的风俗习惯和不同的生活方式，从而产生压力。比如到异国留学、移民，或者在本国不同区域之间迁移，都可能发生文化的碰撞和冲突。

躯体性压力源　　心理性压力源

社会性压力源　　文化性压力源

图3—18　常见压力来源

● 压力影响

人们面临压力时会产生一系列生理和心理上的反应。事实上，压力并不总是坏事，这些反应在一定程度上是有好处的。

在生理上，压力可以调动机体的潜在能量，提高机体对外界刺激的感受和适应能力，从而使机体更有效地应付变化，增强自身抵御能力和抗病能力。人类的进化，就是在生存的种种压力下被迫发生的，比如面临寒冷和饥饿的压力，人类需要觅食和取暖，从而学会了直立行走、使用工具和生火。

在心理上，压力可以引起警觉、注意力集中、思维敏捷、精神振奋等适应性心理反应，有助于个体应付环境。例如，学生考试、运动员参赛，在适度压力下竞争更容易取得成绩。如果完全生活在没有压力的环境下，很可能像"温水煮青蛙"一样，在舒适和安逸中走向死亡。

但是，一旦压力过大，超出了人的可承受范围，则会带来一系列负面影响，表现出身体衰弱、精神焦虑等症状，对人体造成伤害。

经过长期的研究发现，人承受的压力与其行动力之间存在着一定的规律性联系，如图3—19所示，被称为"压力管理曲线"。随着压力的增大，人的表现逐步变化：当存在适度的压力时，可刺激人处于兴奋高亢状态，积极进取，创造绩效；但是当压力超过一定水平，会引起身体和心理上疲劳感，如果这种疲劳持久得到不到改善，则会导致衰竭，甚至崩溃。

## 成长寓言

### ● 危机——鲶鱼效应

挪威人喜欢吃沙丁鱼，而活鱼的味道尤其鲜美，因此市场上活鱼的价格要比死鱼高许多。但是沙丁鱼生性安静，在运输途中途绝大部分沙丁鱼会因缺氧而窒息死亡。渔民千方百计地让沙丁鱼活着，却始终效果不佳。后来人们发现，只要在沙丁鱼的鱼槽里放进一条以沙丁鱼为食的鲶鱼，鲶鱼进入鱼槽后会四处游动追捕沙丁鱼。沙丁鱼只能四处躲避，不断游动，这样缺氧的问题就解决了。虽然在运输过程中一小部分沙丁鱼被鲶鱼吃掉，但是绝大部分沙丁鱼都能活蹦乱跳地回到渔港。

【成长智慧】

一直处于顺境、生活舒适，未必是件好事，也许就像温水煮青蛙一样，不知不觉间就在温柔乡里断送了一生。让自己适度地处于竞争的压力之中，时刻保持着危机意识，才能激励自己不断进取，成就更加辉煌的人生。

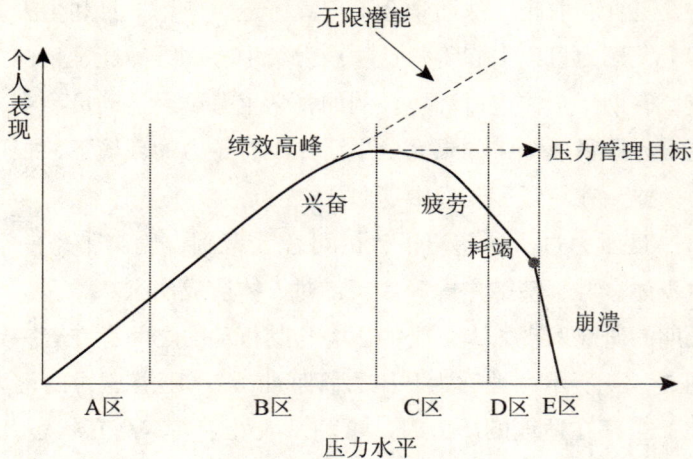

图3—19  压力管理曲线

图3—19将人的压力水平分成5个区域，分别是A、B、C、D、E区，在不同的压力水平下，人会表现出不同的行动力，如表3—16所示。

表3—16  不同区间的压力表现

| A区 | ●缺乏动力源泉，没有热情和进取心，行动力差，呈现出惰性，心理状态空虚、迷茫、无所事事。 |
|---|---|
| B区 | ●由于存在适度压力，人们付出更多的努力去满足生理、心理、生活、工作的需要，行动力得到快速提升。有效的激励可以让人的行动力大大加强。 |
| C区 | ●当压力继续增大且略微超过了人们正常的适应范围时，一部分人的潜能被激发出来，能力到了一个新的高度；另一部分人感觉无力支撑，行动会受到破坏，会产生消极思绪，比如认为自己做不到、应对不了等等。 |
| D区 | ●这时压力将会给人带来非常多的负面影响，心里被大量的负面信息充斥，心理、生理也作出了相应的反应，如：易怒、忧虑、极度焦虑、心悸、胸部疼痛、眩晕、出汗、失眠或睡得太久，缺乏思维能力、犹豫不决，无法发挥自己的全部能力，不合群、抽烟、酗酒、暴饮暴食等等。 |
| E区 | ●此时人接近崩溃，对生活绝望，有自我毁灭倾向。一些表现优秀、事业有成的人选择轻生，大多是因为压力导致他们进入了这个区间。 |

压力管理曲线告诉我们：每个人的压力都遵循压力管理曲线，其工作表现取决于承受压力的大小；每个人的曲线不相同，因此"压力管理目标点"不同；为了生活和工作的需要，每个人都应该经受适度的压力。

当压力增大的时候，不应该恐惧和害怕，而应该好好利用这个机会，利用合理的激励方法唤起潜能、发挥潜力，在工作和生活上实现突破，能力提升到一个新的层次。反之，若恐惧、焦虑，行动力就会减弱而且身心健康受到损伤。

当压力过大时，人的身体和意识会发出告警信号，按照严重程度可分为警戒信号和紧急信号。警戒信号可以看成是一种征兆，预示着自己已经达到甚至超出了能力极限；而紧急信号则表明人必须要认真对待这些现象，并注意调节自己的生活状态，因为这时身体即将出问题了。

心理学家汤姆斯·霍曼（Thomas Holmes）和理查德·瑞希（Richard Rache）研究指出，生活中的改变，无论是丧偶、生病之类的坏事，还是结婚、升职这样的喜事，都能给人带来压力感，与身体疾病和精神疾病也有或多或少的联系。他们经过调查，列出 43 种大部分人都可能经历的、可能产生压力的生活事件，称为"生活改变与压力感量表"，用来评价人面临的压力大小。

表 3—17  压力警戒信号和紧急信号

| | 警戒信号 | 紧急信号 |
|---|---|---|
| 情感方面 | • 不满，急躁，没有安全感，有敌对情绪，无精打采，缺少动力，激动，易怒，忧虑，神经过敏，产生空虚的感觉，觉得自己很失败，对未来感到焦虑 | • 情绪不稳定，沮丧，冷漠，焦虑，偏执，筋疲力尽，经常感到绝望，迷失自我，没有自信，空虚 |
| 生理方面 | • 心悸，胸部疼痛，眩晕，出汗，体重下降/增加，气短，尿频，头痛，腹泻，消化不良，出虚汗，胃肠道疼痛，失眠或睡得太久，烦乱，紧张，头痛，背痛，四肢僵硬，发抖，抽搐，肌肉疼痛，颈肩僵硬，疲劳 | • 长期高血压，心脏病，胃溃疡，长期感到疲劳，体重迅速下降或者增加 |
| 智力方面 | • 易走神，注意力不集中，健忘，缺乏灵感，白日梦，缺乏抽象思维能力，缺乏综合思维能力，不停地担忧，犹豫不决 | • 迷乱，判断错误，患上强迫观念症，丧失做决定的能力 |
| 行为方面 | • 无法发挥自己的全部能力，易冲动，拘谨，不合群，抽烟，喝酒，暴饮暴食，使用镇静剂，服用安眠药 | • 酗酒，旷工，经常出事故，有危险的行为，服用兴奋剂，长期愤世嫉俗，偷窃 |

## 霍曼—瑞希生活改变与压力感量表

评价下表中所列的生活事件对你造成的压力感，如果压力极大则为 10 分，没有压力则为 0 分。

| 序号 | 生活事件 | 压力感 | 序号 | 生活事件 | 压力感 |
|---|---|---|---|---|---|
| 1 | 丧偶 | | 23 | 儿女长大离家 | |
| 2 | 离婚 | | 24 | 触犯刑法 | |
| 3 | 夫妻分居 | | 25 | 取得杰出成就 | |
| 4 | 坐牢 | | 26 | 配偶开始或停止工作 | |
| 5 | 直系亲属死亡 | | 27 | 开始或结束学校教育 | |
| 6 | 受伤或生病 | | 28 | 生活条件的改变 | |
| 7 | 结婚 | | 29 | 改变个人的习惯 | |
| 8 | 失业 | | 30 | 与上司闹矛盾 | |
| 9 | 复婚 | | 31 | 工作时间或条件改变 | |
| 10 | 退休 | | 32 | 迁居 | |
| 11 | 家庭成员生病 | | 33 | 转学 | |
| 12 | 怀孕 | | 34 | 娱乐方式的改变 | |
| 13 | 性生活不协调 | | 35 | 宗教活动的改变 | |
| 14 | 新家庭成员诞生 | | 36 | 社会活动的改变 | |
| 15 | 调整工作 | | 37 | 少量抵押和贷款 | |
| 16 | 经济地位变化 | | 38 | 改变睡眠习惯 | |
| 17 | 其他亲友去世 | | 39 | 家庭成员居住条件改变 | |
| 18 | 改变工作行业 | | 40 | 饮食习惯改变 | |
| 19 | 一般家庭纠纷 | | 41 | 休假 | |
| 20 | 借贷大笔款项 | | 42 | 过重大节日 | |
| 21 | 取消抵押或贷款 | | 43 | 轻度违法 | |
| 22 | 工作责任改变 | | 总分 | | |

评分：将各个项目的分值相加，不同阶段对应的分值和患病概率请见下表：

| 分值 | 患病概率 |
|---|---|
| 大于等于 300 分 | 80% |
| 150—299 | 50% |
| 低于或等于 150 | 30% |

20 世纪 50 年代，美国两位心脏科医生费立德曼（M. Friedman）与罗森曼（R. H. Rosenman）在临床研究中发现发现容易罹患心血管疾病的人通常具有一些共同的特质：雄心勃勃，争强好胜；工作狂热、全力以赴；做事追求完美，害怕失败；好竞争且怀有敌意，嫉妒心强。费立德曼和罗森曼将这种行为特征和情感表现方式称为"A 型性格"，他们将与之相对的性格特征称为"B 型性格"。

表 3—18　A 型性格与 B 型性格比较

| A 型人格 | B 型人格 |
|---|---|
| ●有强烈的成就动机，渴望成功；<br>●竞争意识强烈，有敌意；<br>●处处追求完美，有时会苛求自己；<br>●连续卷入多项事务，不断给自己施加压力；<br>●有紧迫感，要求在较短时间完成大量工作；<br>●往往较难相处，容易与同事发生冲突；<br>●较为急躁，常常因为不耐烦而打断别人；<br>●急于求成，在长期项目中容易受到挫折；<br>●经常使自己处于警戒状态，精神紧张。 | ●倾向于温和、宽容、放松；<br>●倾向于采取慢节奏、较为轻松随意的工作方式；<br>●适合于随意性较大，压力较小的工作 |

心理学家进一步研究发现，"A 型性格"的人容易感受到压力，他们渴望成功，为实现目标过分投入工作，如果他们感觉事情不在自己掌控之中，便会不断给自己施加压力并时刻保持警戒，情绪长期处于紧张状态，因此血压也居高不下，心脏也受到压迫。"A 型性格"使人们认识到情绪对身心健康的重要影响。长期以来医学界普遍认为诱发心脏病的原因是高血压、血清胆固醇、吸烟等因素，但实际上这些因素诱发的心脏病不到半数。有统计表明，85% 的心血管疾病都与 A 型行为有关。相似的研究表明，A 型性格与冠心病密切相关。为此，美国心脏医学会在 1981 年将 A 型性格列为是罹患心脏病的危险因素之一。

"A 型性格"的人比"B 型性格"的人在工作方面付出更多努力，因而取得的成就也更大，但是他们并不如"B 型性格"的人快乐，甚至更容易英年早逝。"A 型性格"是人们在长期生活中形成的个性特征，难以轻易地改变。通常而言，A 型性格由于不断取得成就，因而在社会上较易得到人们的赞赏，使得许多人难以在健康期下决心去主动改造，久而久之，可能引发类似前文杨迈先生的惨剧。因此，对于"A 型性格"的人，要及时回顾自己的生活状态，并有意识地调整自己的心态和工作节奏，可以尝试从如下方面努力：

（1）调整行为习惯：放慢工作的节奏，保持平和的心态，在与人沟通时适当降低音调，注意聆听别人的意见，保持微笑，遇事多从他人的角度思考，多宽容别人，当觉得自己要发火时进行自我暗示，使自己放松。

（2）有为有不为：经常反思总结哪些事情应该重点突破，哪些事情应该适可而止，成功不代表完美，能够解决关键问题才是最重要的，优秀的管理者懂得"有所为，有所不为"。

（3）营造轻松环境：将工作环境尽量布置得轻松一些，比如选择暖色调，在案头放一些家人的温馨照片；工作一段时间后放松一下，哪怕只是闭目养神少刻。

（4）丰富业余生活：培养艺术修养，绘画、垂钓、跳舞、宠物等，多看喜剧、听听音乐，使紧张的思想和肌肉得到休息；交几个知心朋友，交流感受与心得等。

（5）强制自己在适当的时候休假。

## 小 测 试

### 你是 A 型性格吗？

下表是用以诊断 A 型性格的一份问卷，共包含 25 个问题，请读者按各题所问事项填答是或否。

| 问题 | 是 | 否 |
|---|---|---|
| 1.你说话时会刻意加重关键字的语气吗？ | | |
| 2.你吃饭和走路时都很急促吗？ | | |
| 3.你认为孩子自幼就该养成与人竞争的习惯吗？ | | |
| 4.当别人慢条斯理做事时你会感到不耐烦吗？ | | |
| 5.当别人向你解说事情时你会催他赶快说完吗？ | | |

续表

| 问题 | 是 | 否 |
|---|---|---|
| 6. 在路上挤车或餐馆排队时你会感到激怒吗？ | | |
| 7. 聆听别人谈话时你会一直想你自己的问题吗？ | | |
| 8. 你会一边吃饭一边记笔记或一边开车一边刮胡子吗？ | | |
| 9. 你会在休假之前先赶完预定的一切工作吗？ | | |
| 10. 与别人闲谈时你总是提到自己关心的事吗？ | | |
| 11. 让你停下工作休息一会时你会觉得浪费了时间吗？ | | |
| 12. 你是否觉得全心投入工作而无暇欣赏周围的美景？ | | |
| 13. 你是否觉得宁可务实而不愿从事创新或改革的事？ | | |
| 14. 你是否尝试在时间限制内做出更多的事？ | | |
| 15. 与别人有约时你是否绝对遵守时间？ | | |
| 16. 表达意见时你是否握紧拳头以加强语气？ | | |
| 17. 你是否有信心再提升你的工作绩效？ | | |
| 18. 你是否觉得有些事等着你立刻去完成？ | | |
| 19. 你是否觉得对自己的工作效率一直不满意？ | | |
| 20. 你是否觉得与人竞争时非赢不可？ | | |
| 21. 你是否经常打断别人的话？ | | |
| 22. 看见别人迟到时你是否会生气？ | | |
| 23 用餐时你是否一吃完就立刻离席？ | | |
| 24. 你是否经常有匆匆忙忙的感觉？ | | |
| 25. 你是否对自己近来的表现不满意？ | | |

　　如果有半数以上题目答"是"，希望你改变现在的习惯，放慢一些生活的节奏。


　　● 应对策略

　　每个人应对压力的方法都是不同的，没有经受过压力管理训练的人通常会用以下方法应对压力：逃避（如酗酒、吸烟），对抗（如服药），转移（如迁怒于他人），宣泄（如花钱、享乐）。但以上方法不仅效果不好，而且还会对身心造成伤害。最有效的方法是：提前计划、阅读、运动、艺术、交流、深思等。

　　美国企业家、空调的发明人威利斯·凯利（Willis H. Carrier）提出了一套克服压力事件负面影响的流程，被称为"凯利魔术方程式"，鼓励人们用理性克服消极情绪，该方法实施起来并不难，具体分为三步：

第一步，问自己可能发生的最坏状况是什么。

第二步，准备接受最坏的状况。

第三步，设法改善最坏的状况。

当你已经准备好迎接最坏的情况时，心理上有了足够的准备，压力自然会减轻很多。

| 日常生活中缓解压力的方法 | |
| --- | --- |
| 减轻身体压力 | 食疗：<br>（1）缓解大脑疲劳、恢复体力的食品：坚果，即花生、腰果、杏仁、瓜子、核桃、松子等，对健脑，增强记忆力，恢复体能有很好的效果。<br>（2）缓解压力：维生素 C 具有平衡心理压力的作用。尽可能地多摄取富含维生素 C 的食物，如清炒菜花、甘蓝、波菜、芝麻、水果等。<br>（3）舒缓情绪的食品：钙具有安定情绪的效果，牛奶、乳酸、奶酪等乳制品以及小鱼干等，都含有极其丰富的钙质；萝卜，适于顺气健胃，对气郁上火生痰者有清热消痰的作用；啤酒能顺气开胃，改变恼怒情绪，适量喝点会有益处。 |
| | 深呼吸：深呼吸能帮助你尽快将运动心率恢复到正常心率。当人紧张的时候做几次深呼吸，也能起到放松心情、舒缓情绪的作用。选一种舒适的姿势，或站或坐，将双手放在胸前，上身保持放松，吸气的同时扩展胸部，稍停，紧闭双唇，慢慢呼气，重复几次，就会感到紧张的情绪缓和了许多，心情也会随之舒畅。 |
| | 净化呼吸：立姿，两脚分开与肩同宽。用鼻做深吸气，同时两臂缓缓经体侧平上举。待吸足气后（两臂恰成上举），两臂急速下放似"挥砍"，张口吐气的同时高喊一声"哈"。这一练习有助于消除精神紧张，并能使长期郁积在肺部的浊气排出。 |
| | 睡眠：生活有规律，坚持早睡早起，有时间放松休息，睡眠质量高。 |
| | 娱乐：大笑，旅游，和朋友聚会。 |
| 减轻心理压力 | 修炼法：多阅读一些佛学禅语并加以揣摩，会增加自己的修养，也会打开心境，让心恢复到有活力和灵性的状态。 |
| | 管理社交：花时间和朋友在一起；更多付出，不奢求回报；有同理心，理解他人的感受；和他人做到共赢。 |
| | 管理情感：学会感恩；爱自己、善于发现自己长处；控制情绪，尽量不生气；胸怀宽广。 |
| | 管理智力：设立目标并制定相应计划；坚持按日程表做事；留有时间培养爱好和特长；从失败中学习经验教训。 |
| | 管理心灵：诵读经典；冥想，沉思默想。 |
| | 管理角色：和亲人、朋友保持联系，花时间和重要的人在一起；做志愿者；加入兴趣社团。 |

● 逆商提升

常言道："人生不如意常十之八九。"在顺境中，人人都可以轻松地解决一些日常中简单的问题，大家的表现都差不多；而一旦遇到挫折，人与人的差别就体现出来了。有的人面临挫折就手足无措，被压力所击垮；而有的人则可以迎难而上，捕捉时机，摆脱困境。

心理学家认为一个人能否成功，除了智商和情商外，还存在一种极为重要的素质，即逆境商数（Adversity Quotient，AQ），简称逆商。逆商的概念最初由美国学者保罗·史托兹（Paul G. Stoltz）教授提出，指人们面对逆境时的反应方式，用来测量面对逆境时的应变能力和适应能力的大小，包括面对挫折、摆脱困境和超越困难等方面的能力。

史托兹教授将逆商分为四个关键因素——控制（Control）、起源和拥有（Origin & Ownership）、延伸（Reach）和持久（Endurance），简称为 $CO_2RE$，具体含义和表现如表3—19所示。

表3—19　逆商的四个关键因素

| 逆商因素 | 含义 | 较高逆商表现 | 较低逆商表现 |
|---|---|---|---|
| 控制<br>Control | ● 对逆境的控制能力 | ● 表现出更多的控制力和影响力，即使当情况超出他们的控制范围时，他们总是能够找到一些所能控制的方面。 | ● 倾向于作出很少或根本无法控制的反应，然后放弃。 |
| 起源和拥有<br>Origin&<br>Ownership | ● 愿意承担责任、改善后果的情况 | ● 会主动负责处理事务，而不管这件事是否和他们有关 | ● 会避开承担责任，并常常感到无奈和受伤害。 |
| 延伸<br>Reach | ● 对问题影响工作生活其它方面的评估 | ● 能够将挫折和挑战控制在一定范围之内，不让它们干扰到自己工作、生活的其他领域。 | ● 倾向于将逆境认定为灾难性的失败，并将这种挫折迁移至其他无关领域，构成破坏。 |
| 持久<br>Endurance | ● 认识到问题的持久性以及它对个人的影响会持续多久 | ● 拥有不可思议的能力，既能够留心过去的接踵而至的困难，又能够拥有希望、保持乐观。 | ● 认为逆境会无休止的延续下去，即便事实并非如此。 |

## 成长寓言

### ● 坚持——林肯总统

有一个人，他在二十一岁时，做生意失败。

二十二岁时，角逐州议员落选。

二十四岁时，做生意再度失败。

二十六岁时，爱侣去世。

二十七岁时，一度精神崩溃。

三十四岁时，角逐联邦众议员落选。

三十六岁时，角逐联邦众议员再度落选。

四十五岁时，角逐联邦参议员落选。

四十七岁时，提名副总统落选。

四十九岁时，角逐联邦参议员再度落选。

五十二岁时，当选美国第十六任总统。

这个人就是林肯，因为他坚信上帝的延迟，并不是上帝的拒绝，因此能屡仆屡起，最终成就不凡。

### 【成长智慧】

坚持就有希望，放弃永成绝望。成功属于那些一直努力永不放弃的人。一些人也许因为屡战屡败，过早地放弃了努力，余生都生活在失败的阴影之中；而那些屡败屡战、永不言弃的人，却能抓住一线生机，创造奇迹。

中国古人早就重视挫折和压力对人才培养的意义。孟子提出"天将降大任于斯人也，必先苦其心志，劳其筋骨，饿其体肤，空乏其身，行拂乱其所为，所以动心忍性，曾益其所不能。"孟子认为只有经历各种挫折和逆境之后，才能磨炼心智、提升能力，才能担当重任。"不经历风雨，怎么见彩虹？"挫折是人生宝贵的财富，能够帮助人在逆境中磨练意志、锻炼才干、超越成长。

**成长寓言**

### ● 逆境——枯井之炉

有一天农夫的驴子不小心掉进一口枯井里，农夫绞尽脑汁想救出驴子，但几个小时过去了，始终一筹莫展。最后，这位农夫决定放弃，便请来左邻右舍帮忙一起把井给埋了，以免除驴子的痛苦。

农夫和邻居们开始将泥土铲进枯井中。当驴子了解到自己的处境时，嚎哭得很凄惨。但出人意料的是，一会儿之后这头驴子就安静下来了。农夫好奇地探头往井底一看，出现在眼前的景象令他大吃一惊：

当铲进井里的泥土落在驴子的背上时，驴子将泥土抖落在一旁，然后站到铲进的泥土堆上面！就这样，驴子将大家铲倒在它身上的泥土全部抖落在井底，然后再站上去。很快这只驴子便上升到井口，顺利逃生了！

**【成长智慧】**

在生命的旅程中，有时候难免会陷入"枯井"里，被各式各样的"泥沙"倾倒在身上。面对逆境时，我们所采取的态度不同，就会有不同的结局。如果选择了消极逃避，那么迟早会被困难的泥沙掩埋；但是如果选择了积极去面对，把"泥沙"转化成上升的垫脚石，将困难踩在脚下，就会重新获得人生的机遇。

**小 测 试**

## 逆商测试

（资料来源：［美］保罗·史托兹 .AQ 逆境商数［M］.天津人民出版社，第87—96 页.）

请按照要求完成每件事所设的问题：

（1）即使假设的事情没有发生，也要想象该事，就像它实实在在发生一样。

（2）对每件事所设的两个问题，将代表你反应的数字画上圈。

| 1. 我的同事不接受我的观点 | | | | |
|---|---|---|---|---|
| 原因是我对此事 | 没有控制 | 1 2 3 4 5 | 完全控制 | C |
| 此事完全有关于 | 我 | 1 2 3 4 5 | 其他人或因素 | $O_r$ |
| **2. 在一次会议上，人们对我的发言没有反应** | | | | |
| 原因是此事 | 与我的所有方面有关 | 1 2 3 4 5 | 仅与此事有关 | R |
| 这个原因将 | 永远存在 | 1 2 3 4 5 | 不再存在 | E |
| **3. 我和我爱的人似乎离得越来越远** | | | | |
| 原因是此事 | 与我的所有方面有关 | 1 2 3 4 5 | 仅与此事有关 | R |
| 这个原因将 | 永远存在 | 1 2 3 4 5 | 不再存在 | E |
| **4. 我和我爱人（或其他有重要关系的人）发生了激烈的争吵** | | | | |
| 原因是我对此事 | 没有控制 | 1 2 3 4 5 | 完全控制 | C |
| 我对此事的结果感到 | 没有责任 | 1 2 3 4 5 | 完全有责任 | $O_w$ |
| **5. 您如果想保有工作就得调动一下** | | | | |
| 原因是此事 | 与我的所有方面有关 | 1 2 3 4 5 | 仅与此事有关 | R |
| 这个原因将 | 永远存在 | 1 2 3 4 5 | 不再存在 | E |
| **6. 一个重要的朋友在你生日那天没有给你打电话** | | | | |
| 原因是我对此事 | 没有控制 | 1 2 3 4 5 | 完全控制 | C |
| 此事完全有关于 | 我 | 1 2 3 4 5 | 其他人或因素 | $O_r$ |
| **7. 一个亲密的朋友患了重病** | | | | |
| 原因是我对此事 | 没有控制 | 1 2 3 4 5 | 完全控制 | C |
| 我对此事的结果感到 | 没有责任 | 1 2 3 4 5 | 完全有责任 | $O_w$ |
| **8. 在一次重要的任务中我被拒绝了** | | | | |
| 原因是此事 | 与我的所有方面有关 | 1 2 3 4 5 | 仅与此事有关 | R |
| 这个原因将 | 永远存在 | 1 2 3 4 5 | 不再存在 | E |
| **9. 我从一个重要同事那里得到一个不好的消息** | | | | |
| 原因是此事 | 与我的所有方面有关 | 1 2 3 4 5 | 仅与此事有关 | R |
| 这个原因将 | 永远存在 | 1 2 3 4 5 | 不再存在 | E |

| 10.一个跟我有密切关系的人患了癌症 | | | | |
|---|---|---|---|---|
| 原因是此事 | 与我的所有方面有关 | 1 2 3 4 5 | 仅与此事有关 | R |
| 这个原因将 | 永远存在 | 1 2 3 4 5 | 不再存在 | E |
| 11.我最近的一次投资策略失败了 | | | | |
| 原因是此事 | 与我的所有方面有关 | 1 2 3 4 5 | 仅与此事有关 | R |
| 这个原因将 | 永远存在 | 1 2 3 4 5 | 不再存在 | E |
| 12.我错过了航班 | | | | |
| 原因是我对此事 | 没有控制 | 1 2 3 4 5 | 完全控制 | C |
| 此事完全有关于 | 我 | 1 2 3 4 5 | 其他人或因素 | O_r |
| 13.我负责的项目失败了 | | | | |
| 原因是我对此事 | 没有控制 | 1 2 3 4 5 | 完全控制 | C |
| 我对此事的结果感到 | 没有责任 | 1 2 3 4 5 | 完全有责任 | O_w |
| 14.我的老板提出要削减我 30% 的工资 | | | | |
| 原因是我对此事 | 没有控制 | 1 2 3 4 5 | 完全控制 | C |
| 此事完全有关于 | 我 | 1 2 3 4 5 | 其他人或因素 | O_r |
| 15.我在赴约会的路上车子抛锚了 | | | | |
| 原因是此事 | 与我的所有方面有关 | 1 2 3 4 5 | 仅与此事有关 | R |
| 这个原因将 | 永远存在 | 1 2 3 4 5 | 不再存在 | E |
| 16.我的医生打电话告诉我的血液胆固醇含量太高 | | | | |
| 原因是此事 | 与我的所有方面有关 | 1 2 3 4 5 | 仅与此事有关 | R |
| 这个原因将 | 永远存在 | 1 2 3 4 5 | 不再存在 | E |
| 17.我呼叫了朋友好几次，但他一次电话都没回 | | | | |
| 原因是此事 | 与我的所有方面有关 | 1 2 3 4 5 | 仅与此事有关 | R |
| 这个原因将 | 永远存在 | 1 2 3 4 5 | 不再存在 | E |
| 18.在一次体检中，医生警告我要注意健康 | | | | |
| 原因是我对此事 | 没有控制 | 1 2 3 4 5 | 完全控制 | C |
| 我对此事的结果感到 | 没有责任 | 1 2 3 4 5 | 完全有责任 | O_w |
| 19.我收到一个表现不好的评价 | | | | |
| 原因是我对这事 | 没有控制 | 1 2 3 4 5 | 完全控制 | C |
| 我对此事的结果感到 | 没有责任 | 1 2 3 4 5 | 完全有责任 | O_w |
| 20.我没有得到渴望已久的提升 | | | | |
| 原因是我对这事 | 没有控制 | 1 2 3 4 5 | 完全控制 | C_ |
| 此事完全有关于 | 我 | 1 2 3 4 5 | 其他人或因素 | O_r- |

结果统计：

请按提示将所得分填入积分表，然后计算总分，即为你的逆商得分。

| C | Or | Ow | R | E | AQ 总分 |
|---|----|----|---|---|---------|
|   |    |    |   |   |         |

测评解释：

| 得分 | 逆商水平 | 解释 |
|------|----------|------|
| 166—200 | 高 | 有忍受较大逆境的能力，在逆境中继续攀登，奋勇向前。 |
| 135—165 | 较高 | 你会做一份很好的工作，能接受挑战，开发自己相当一部分潜能。 |
| 95—134 | 中 | 当一切顺利时，你可以胜任一份像样的工作；然而，你可能会因为一些大的障碍而遭受不必要的痛苦，或因不堪生活中积累起来的挫折与挑战而灰心丧气。 |
| 60—94 | 较低 | 你可能不会很好地开发你的潜能。逆境会在很大程度上困扰你，在你前进的路上重重设阻，你会感到无助与失望。 |
| 60 分以下 | 低 | 你可能会在许多方面遭受不必要的痛苦。 |

# 3.5　时间管理

　　假设我们有 80 年寿命，18 岁成年之前我们自己基本不能自主，60 岁之后，由于身体衰老行动已经不能完全自主，因此人完全自主的黄金时间只有 42 年，共计 367920 小时。其中每天睡眠 8 个小时，去掉 122640 小时；一日三餐需要 2 个小时，去掉 30660 小时；平均每天花一个小时在交通上（在大城市可能还不止这个数），去掉 15330 小时；平均每天用来洗漱、上卫生间大约一个小时，又去掉 15330 小时，这样只剩下 183960 小时 =21 年，也就是说 42 年黄金时间只有一半有效时间。再去掉平时休闲娱乐，比如说上网聊天、陪家人、旅游等，又要用去好几年……据统计，普通人能用在工作的时间只占他全部生命的 17%！

　　倘若我们可以更好地管理自己的时间，提高单位时间里的工作效率，那么我们将会在短暂的一生中完成更多的理想和目标，使生命的质量大大提高，将会体会到生活中更多的幸福感和充实感。最重要的，我们相对于其他浪费时间的人，生命相当于得到了延长。

　　时间管理就是树立时间观念，用技巧、技术和工具帮助人们提高完成工作、实现目标的效率。时间管理并不是要把所有事情做完，而是更有效地运用时间。时间管理除了要决定该做什么事情之外，还要决定什么事情不应该做。时间管理不是完全地掌控，而是降低变动性。时间管理的基础是制定明确的目标，衍生出实现目标相应的计划。计划可以带来秩序，帮助我们有条不紊地实现目标，在人生中找到方向。

### 3.5.1　时间梳理

你是否一天都在忙碌，但却感觉什么事情都没有做成？你是否总是被未完成的任务压得喘不过气，无法集中心力来做目前该做的事？你是否无暇放松，没有时间运动或休闲，或者眼巴巴看着朋友们聚会？

别忘了我们一天有 24 个小时。忙碌不是成功的充分条件，成功的人每天很忙碌，可是失败的人也同样在忙碌！同样的时间，为什么人的状态有那么大的差别呢？

德鲁克认为，只有检查自己的时间用到哪里去了，才能清楚地认识自己在时间安排与分配上的不足。很多时间并不如自己想象的那样，都用到正事上了。通过记录自己的时间耗用状况，清楚地了解时间运用的状况，寻找出时间的漏斗，予以改进。

来看一个案例：

| 时间 | 计划<br>（Plan） | 实施<br>（Do） | 检查<br>（Check） | 改进<br>（Act） |
|---|---|---|---|---|
| 8:00—9:00 | 检查邮箱，处理邮件 | 处理完未读邮件 | 是 | |
| 10:00—11:30 | 完成报告 | 网上聊天 | 否 | |
| 12:30—13:30 | 完成报告 | 网上购物 | 否 | |
| 13:40—14:30 | 起草项目策划 | 与同事交流 | 否 | |
| 14:30—15:30 | 起草项目策划 | 被上级安排帮忙 | 否 | |
| 15:30—16:30 | 起草项目策划 | 完成了一小部分 | 否 | |
| 16:30—17:30 | 递交一个申报材料 | 成功提交 | 是 | |
| 17:30—18:30 | 分析客户投诉并找对策 | 检查，回复邮件 | 否 | |
| 19:00—21:00 | 陪家人休闲 | 吃饭聊天、散步 | 是 | |
| 21:00—22:30 | 看《平衡人生》第一章 | 阅读一半 | 否 | |
| 23:00 | 总结一下今天的收获，反省一下自己的不足吧！ | | | |

从上述表格能看出一些问题：

（1）此人一天要完成的事情共有7件，分别是检查邮箱、完成报告、起草项目策划、递交一个申请材料、分析客户投诉并找对策、陪家人休闲、看《平衡人生》第一章。

（2）他完成了3项任务，其他4个任务没有完成；他完成的是相对较轻松的任务，未完成的是需要投入较多精力、较复杂的任务。

（3）上网聊天和上网购物占用了大量时间，使得很重要的任务没有完成。不能小瞧3分钟的聊天，一旦思路被打断，需要10分钟甚至更久来恢复状态！

浪费时间就像一个漩涡，一旦养成了懒散的生活习惯就难以高效工作。实际上，大多数人都在时间漩涡中挣扎着，他们很忙碌、很累，因为任务繁多而压力大，没法抽时间去休闲释放自己的压力，从而越陷越深。

你在这个漩涡中吗？自我检测一下吧！

## 小 测 试

### 时间管理能力测试

下面是40个题目，回答"是"得1分，回答"否"得0分。

（1）每天都留出一点时间，以供做计划和思考工作如何开展。

（2）制订书面的、明确的远期、中期、近期计划，并经常检查计划执行情况。

（3）热爱所做的工作，并保持积极的心态。

（4）把每天要办的事按重要程度排序，并尽量先完成重要的事情。

（5）在一天工作开始前，已经编好当天的工作次序，拟定了每日计划。

（6）用工作成绩和效果来评价自己，而不单纯以工作量来评价自己。

（7）把工作注意力集中在目标上，而不是集中在过程上。

（8）每天都在向人生的远期、中期目标迈进。

（9）习惯于以小时工资来计算你的时间，浪费时间会后悔。

（10）合理利用上下班途中的时间。

（11）对下级授权时，根据权责一致原则进行授权。

（12）留出足够的时间，以便处理危机和意外事件。

（13）在获得关键性资料后马上进行决策。

（14）将挑战性工作和例外性工作都授权他人处理。

（15）注意午饭的食量，避免下午打瞌睡。

（16）阻止你的下级对他们认为棘手的工作倒授权。

（17）你是否尽量把工作授权给其他人处理。

（18）采取某些措施以减少无用资料和刊物占用你的时间。

（19）有效利用下级协助，使自己获得充裕的时间，同时避免浪费他人时间。

（20）只有在不可避免的情况下才利用书面形式处理事情，而一般则选用电话沟通。

（21）采取某些措施以减少无用资料和刊物占有你的办公桌。

（22）强迫自己迅速做出决策。

（23）经常给自己和别人规定工作期限。

（24）你认为时间很宝贵，所以从来不在失败懊悔和气馁上浪费时间。

（25）你的行动取决于自己，而不是取决于环境或他人的影响。

（26）尽可能早地中止那些毫无收益的活动。

（27）随身携带一些书籍和空白卡片，以便在排队等待时间里随时阅读或记录心得。

（28）经常运用"80/20法则"和"ABC法则"。

（29）养成了凡事马上行动，立即处理的习惯。

（30）尽量对每一种工作只做一次处理。

（31）善于应用节约时间的各种工具。

（32）腾出一部分时间为下级提供训练。

（33）积极设法避免访客、会议、电话等干扰。

（34）当天工作结束时，总要检查一下哪些工作没有按原计划进行，并分析原因，寻找补救。

（35）在召开会议前，总要考虑是否存在取代该次会议的各种途径。

（36）将重要的工作安排在你工作效能最佳的时间做。

（37）将时间分段，找出自己每一天中的最佳时段。

（38）定期检查自己的时间支配方式，以确定有无各种时间浪费的情形。

（39）经常或定期进行时间统计。

（40）开会时，总要设法提高会议效率与效果。

测验结果评价：

| 得分 | 时间管理能力 | 评价 |
|---|---|---|
| 32—40 | 强 | • 能够把精力集中在主要工作上，有计划地开展工作，工作效率较高。 |
| 24—31 | 一般 | • 时间管理能力尚可，存在浪费时间的现象，需进一步集中注意力、提升工作效率。 |
| 24 分以下 | 弱 | • 生活杂乱无序，注意力分散，工作效率低下，有待大力提升。 |

### 3.5.2 管理工具

人们在长期实践中，总结出一些有效的时间管理工具，可以帮助我们改进工作方法、提升工作效率。

● 工具 1：四象限法

将生活中的事情按重要性和紧急程度进行分类，不同的类别需要采取不同的应对措施。

| | 紧急 | 不紧急 |
|---|---|---|
| 重要 | • 影响全局的紧急状况<br>• 迫在眉睫的大问题<br>• 合同期限快到<br>• 客户的投诉<br>• 现金流短缺　　奔命 | • 制定工作计划<br>• 建立人际关系<br>• 思考人生目标<br>• 学习英语、锻炼<br>• 陪家人聚会　　充实 |
| 不重要 | • 同事闹矛盾<br>• 临时会议<br>• 日常报告<br>• 一些应酬<br>接听不重要的电话　　穷忙 | • 琐碎的小事<br>• 一些扯家常的电话<br>• 无聊的娱乐活动<br>• 无目的的上网<br>• 逛超市、百货公司　　颓废 |

图 3—20　时间管理四象限

参照图 3—20，可以将工作分成四大类：

（1）重要而且紧急的事情

"重要"是对工作、生活有重大影响的事情，"紧急"是马上就要做的事情。比如：即将期满的合同，客户的投诉，完成一份马上要截止的工作报告，到期的贷款等等。这些事情都是当务之急，必须马上尽快处理妥当，否则将会给工作、生活造成严重的负面影响。只有把这些重要又紧急的事情合理有效地处理好，才会有精力开展其他工作。

（2）重要但不紧急的事情

不是眼前必须要做的，没有时间截止的压力，可是却关乎到个人的长远发展。比如：制定方案计划，建立人脉网，增强自身能力等等。

这些事情非常重要，如果可以有规划、有条理地按照进度完成，那么我们就会离理想和目标越来越近；如果因为你的安排不当，而将重要的事情推延、搁置，那么这些事就会变成"重要而且紧急的事情"了。

（3）不重要但紧急的事情

必须立刻采取行动，可是对生活、工作不重要的事情。如：同事间的私人矛盾，临时会议、日常报告等等。很多人在这个象限里面浪费了大量宝贵的时间，他们被假象迷惑，以为紧急的就是重要的，于是忙碌了一天才发现其实什么成果都没有。

大多时候，越是重要的事情看上去并不紧急，比如说自我提升、目标规划等等。可是如果让大量紧急的事情挤走了做重要事情的时间，那么就得不偿失，也就无法缩短与成功人士之间的距离了。

（4）不重要而且不紧急的事情

一些可做可不做的事情，比如打麻将、看电视、听音乐、朋友聚会等等。这些事情一定程度上是休闲娱乐、打发时间，适当地放松可以调整身心状态，但是如果沉迷于这个象限，那么时间价值将会大大降低，离目标也会越来越远。一个人走向颓废和沉迷很容易，在此基础上重新建立高效和充实的生活就比较困难了。

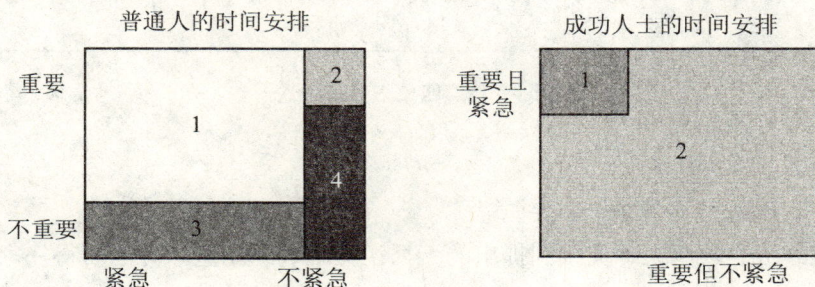

图 3—21　普通人与成功人士的时间分配

因此，要想成为成功人士，必须需要摆脱这个象限，明确自己的理想和价值，让时间变得有意义。

现在，请开始罗列你的任务清单。

表 3—20　个人任务清单

| 待处理任务 | 重要 | 紧急 | 备注说明 |
|---|---|---|---|
| 1. | | | |
| 2. | | | |
| 3. | | | |
| 4. | | | |
| 5. | | | |
| 6. | | | |

理清事务的轻重缓急之后，就要开始付诸行动了。针对不同象限的事情，应当采取不同的应对措施，如图 3—22 所示。

| | 紧急 | 不紧急 |
|---|---|---|
| **重要** | 行动（Do）<br>不要犹豫，立刻行动。这个象限是生活中压力的主要来源，应尽量避免进入这个区域。 | 计划（Defer）<br>制定合理计划，步步为营。对任务进行分解，制定时间—任务表，循序渐进完成。如果拖延，则会成为重要且急迫的事情。 |
| **不重要** | 委托（Delegate）<br>这是我们忙碌却没有成果的源头。可行的处理方法是委托给别人，比如将任务分解，指定下属完成；或者推荐更合适的人选。 | 抛弃（Delete）<br>尽量少做。如果身体需要一个休憩和缓冲，可以适当运动、休闲，调整自己的心态和生活，为下个阶段积蓄能量。 |

图 3—22　四象限处理方法

● 工具 2："六件事"工作法

该方法是效率大师艾维利提出的。据说艾维利利用这个方法使得一家濒临破产的公司在 5 年之内一跃成为当时全美最大的私营钢铁企业，因此获得了 2.5 万美元咨询费，故管理界将该方法誉为"价值 2.5 万美元的时间管理方法"。

艾维利认为，一般情况下，如果一个人每天都能全力以赴地完成 6 件最重要的大事，那么他一定是一位高效率人士。

该方法简单易行，即列出一天要做的事情，按照重要性分别从"1"到"6"排序，标出 6 件最重要的事情。然后，全力攻克重要性为"1"的事情，直到它被完成，然后再全力以赴地做标号为"2"的事，依此类推……

列出今天你最重要的 6 件大事吧！

表 3—21　一天的 6 件大事

| 事件 | 重要程度 | 完成情况 |
| --- | --- | --- |
| 1. | | |
| 2. | | |
| 3. | | |
| 4. | | |
| 5. | | |
| 6. | | |

● 工具 3：80/20 原则

80/20 原则是由 19 世纪意大利经济学家帕雷托（Vilfredo Pareto）提出的，他认为：在任何特定群体中，只要能控制具有重要性的少数因子，即可控制全局。在生活中，80% 的结果只源于 20% 的活动。比如，20% 的重要客户带来 80% 的业绩，世界上 80% 的财富被 20% 的富人掌握。

80/20 原则在时间管理上给我们的启示是：在工作中，通常有 80% 的收获来源于我们 20% 的努力，另外 80% 的努力仅仅换来 20% 的结果。因此，要把注意力集中放在 20% 的关键事情上。

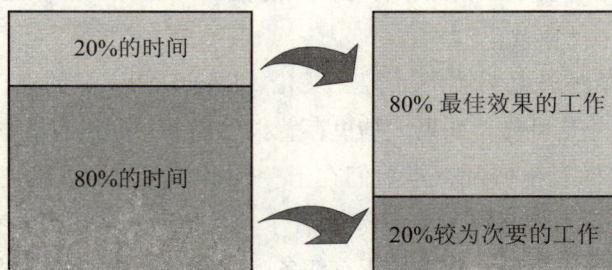

图 3—23　80/20 原则

根据 80/20 原则，我们应该投入主要精力去做在整体中 20% 的关键工作，从而带来 80% 的效益，比如选择性地阅读所有书籍杂志中 20% 的精华文章，可获得 80% 的知识量；拜访那些占总销售量 80% 的 20% 的重要客户等等，这样可以事半功倍地达成目标。

现在，开始运用这个法则：列出自己所有的待办事项，开始自己的 80/20 任务分类，例如：

表 3—22　80/20 任务分类

| 价值 | 任务列表 | 时间、精力分配 |
|---|---|---|
| 价值 80% 的工作 | 事件 1： | |
| | 事件 2： | |
| 价值 20% 的工作 | 事件 3： | 处理 / 延后 / 委托 / 抛弃 |
| | 事件 4： | 处理 / 延后 / 委托 / 抛弃 |
| | 事件 5 | 处理 / 延后 / 委托 / 抛弃 |
| | 事件 6： | 处理 / 延后 / 委托 / 抛弃 |
| | 事件 7： | 处理 / 延后 / 委托 / 抛弃 |
| | 事件 8： | 处理 / 延后 / 委托 / 抛弃 |
| | 事件 9： | 处理 / 延后 / 委托 / 抛弃 |
| | 事件 10： | 处理 / 延后 / 委托 / 抛弃 |

● 工具 4：GTD（Getting Things Done）

我们可能都有过这样的经历：当大脑里积累的任务太多了，在做一件事时，总在惦记着其他事，担心这些事情不能很好地解决；而其中一些小的任务可能被遗漏了，当截止日期来临时，只能惊呼"哎呀，怎么把这件事给忘了！"

GTD 时间管理法由美国的大卫·艾伦（David Allen）创立，艾伦认为，我们的记忆并非总是可靠，如果大脑里存着很多任务，而没有清晰地分类，可能会导致任务之间发生错乱，当我们在干一件事的同时，大脑还想着另外的事，容易分散注意力，最终所有事都做不好。因此，一个最简单有效的方法，就是通过记录的方式，将大脑里的所有任务列成清单，根据任务的性质将其进行分类，并逐一清理。根据清单上的顺序依次完成任务，可以使精力集中在手头的任务上，而不担心其他任务的执行情况。

艾伦将 GTD 时间管理法分为如下五个步骤：

第一步：收集。将能够想到的所有任务罗列出来，记下所有的工作，让可靠的纸质记录取代容易模糊的大脑记忆，从而把大脑的空间清理出来。

第二步：整理。将任务记录之后，需要进行定期或不定期地整理，逐一清空任务列表。将这些任务按是否可以付诸行动进行区分整理，对可行动的任务再考虑是否可在两分钟内完成，如果可以则立即行动完成它，如果不行则在下一步行动进行组织；对于不能行动的内容，可以将任务进一步分类成参考资料、日后可能需要处理以及垃圾几类。参考资料是已经整理的文档或者获取的信息等，日后可能需要处理的任务是那些目前没有列入计划，但是将来可能需要执行的工作，而垃圾则是一些已经取消的工作、或者没有必要投入精力的琐事。

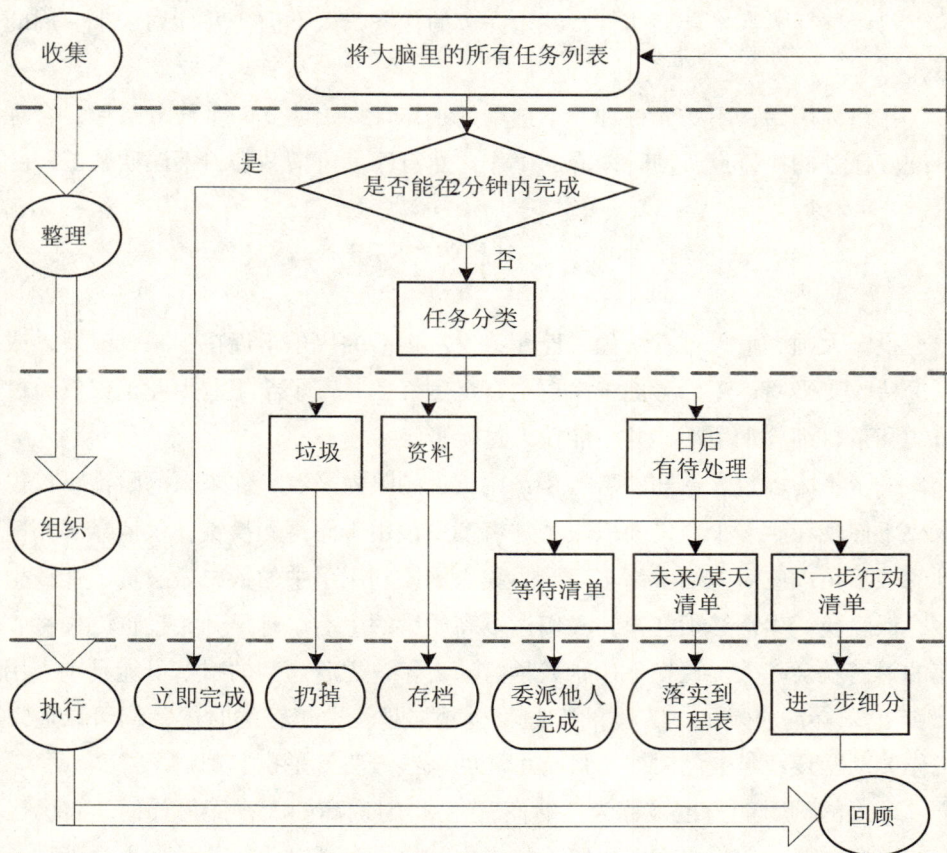

**图 3—24 GTD 时间管理法**

第三步：组织。这一步是 GTD 最核心的步骤，对参考资料的组织主要就是建立一个文档管理系统，而对下一步行动的组织还可以细分为：等待清单、未来/某天清单和下一步行动清单。

等待清单主要是记录那些委派他人去做的工作，所需要做的就是等待对方的进度反馈，无需自己执行任务；未来/某天清单则用来记录那些推迟处理而且没有具体的完成日期的未来计划等等；下一步清单则是具体下一步的工作，需要根据项目复杂程度细化成多个步骤。

第四步：执行。将任务梳理，并记录到清单之后，行动计划就一目了然了。严格按照行动清单执行，并根据可能出现的变化及时调整行动方案，并更新清单。

第五步：回顾。以周为单位进行回顾，检查所有任务清单是否已经完成，确保每一项任务都按计划执行，将未完成的任务归入下周，并计划未来一周的工作。

在每周伊始，不妨先梳理一下这周的工作计划，建立一个任务清单，合理分配好任务的执行点，使得一周的工作井然有序，可谓"磨刀不误砍柴工"。

# 3.6　财产管理

投资大师、世界首富沃伦·巴菲特说：生活的快乐不仅在于减少浪费，或者保持收支平衡，还要考虑未来要更富足美好，并寄予希望。因此，仅仅通过节约和精打细算来生活，并不能使人过得富足。

一个不为多数人熟知的事实是：用长远的眼光来看，你未来的财富不仅仅取决于你现在赚多少钱，而取决于你将多少钱用于储蓄和投资。仅依靠工作攒到的钱不足以应对生活中诸多需要。我们应该利用手中的钱去做投资，让钱生钱，保障我们生活必须甚至让我们过上高质量的生活。越早开始投资，你将收获的财富就会越大。现在你比别人早行动 5 年，之后达到的财富可能是别人用15 年也未必能企及的。人类的寿命将会越来越长，年轻的时候我们可以通过工作劳动赚钱；年老的时候，最有可能的赚钱方法就是投资理财了。

个人的理财能力也被称为"财商"，一个财商高的人，懂得如何让自己已有的资产增值，获得更多的财富。如果你坚持投资理财，用科学的方法管理自己的财产，那么，你的财富将会以有效的方式为你工作 50 年。从现在开始，坚持科学地管理自己的财富，投资复利的收益将令人惊叹！

**成长寓言**

● 投资——购买曼哈顿

1626 年，荷兰人花了 60 荷兰盾（折合成美元合 24 美元），从印第安人手里买下了曼哈顿岛，这在当时被看成一笔非常划算的交易。我们做个假设，如果当时这 24 美元不用来买曼哈顿岛，而是拿这笔钱去做投资，以每年 8% 的收益率（复利）来计算，到 385 年后的今天，这笔钱值多少？非常惊人，大约值 177 万亿美元！用这笔钱今天同样可以把曼哈顿岛买下来。

【成长智慧】

把钱储存起来，那么钱和废纸没有什么区别；而如果把钱用于理性投资，那么钱将成为繁衍钱的工具。

巴菲特曾说："1/3 的人有钱靠天生，1/3 的人有钱靠工作积累财富，1/3 的人有钱靠理财致富。"大部分人不能像巴菲特一样单纯靠理财就成为世界顶级富翁，大部分人的致富道路应该如下：

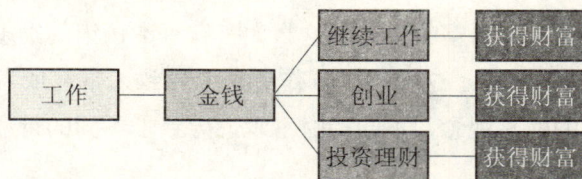

图 3—25　通常的致富路径

财富是工作和理财的结合体，多数人只关注工作而忽视了理财，所以做不到财务自由。理财规划应该始于对自己财富观念的认知，树立财富梦想，分析财务现状，并制定结婚、教育、购房、购车等的资金目标，之后进行投资理财。

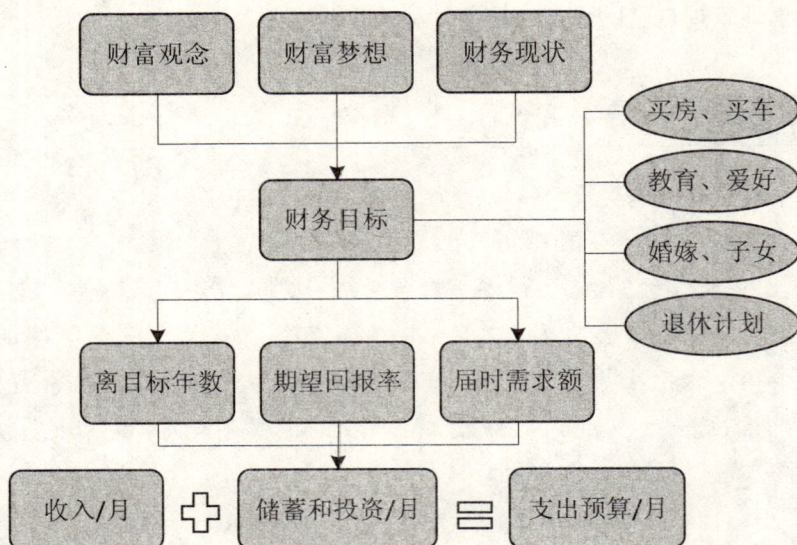

图3—26 理财规划框架

### 3.6.1 理财观念

有一句话说："你不理财，财不理你。"理财是每个人管理自己财产并获得收益的必要手段。

现实生活中很多人一样地聪明、勤奋，努力地工作，积攒的财富却大不相同。有的人中了大奖却很快又陷于贫穷，有的人虽然一时落魄却很快能够东山再起。为什么不同人的财富收入差别这么大？有一本畅销的励志书籍叫《富爸爸，穷爸爸》，其中回答了这个问题，作者认为导致人富有或者贫穷的关键原因在于他们各自的财富观念，不同的财富观念导致了不同的行动方式，从而产生了不同的财富命运。

中国传统的正统文化里对金钱是排斥的，至少认为是不上台面的。圣人孔子教导说："君子喻于义，小人喻于利。"但是《论语》中还有一段对话，子贡曰："贫而无谄，富而无骄，何如？"子曰："可也，未若贫而乐，富而好礼者也。"可见孔子并不排斥富有，但是希望"富而无骄"、"富而好礼"。中国还有一句俗语："君子爱财，取之有道"，即只要财富的来源是正当的，君子也可以坦荡荡地挣钱生财。财富是把双刃剑，既可能成为人们贪欲的诱惑，也可以成为人们行善的缘资。巴菲特多次问鼎世界首富的宝座，拥有巨额财富，却将自己绝大数财产无偿捐献给了盖茨基金会用于公益事业，他本人居住在老房子里，开着旧车，过着朴素的生活。对巴菲特而言，他在物质上和精神上都是富有的。因此，我们需要摒弃一些中国传统文化里一些固有的旧观念，树立积极健康的理财观念，让创造财富成为提升自我、造福社会的过程。

表 3—23　两种人不同的理财观念

| "穷爸爸" | "富爸爸" |
| --- | --- |
| 工作是为了挣钱 | 让钱为自己工作 |
| 努力学习就能进好公司工作 | 努力学习就能自己开个好公司 |
| 不断地存钱 | 不断地投资 |
| 我买不起，因为我没有钱 | 我怎样才能买的起呢 |
| 我对金钱不感兴趣 | 金钱就是力量 |
| 在初期支付账单 | 在末期支付账单 |
| 我有多个孩子，所以我不富有 | 我有多个孩子，所以要变得富有 |
| 投资有风险，要谨慎 | 没有风险就没有收益 |

《富爸爸，穷爸爸》的作者针对如何转变财富观念提出了一些建议，主要包括：

（1）克服恐惧心理：人们经常担心一旦失去财富的痛苦，于是变得畏首畏尾，不敢承担风险，继而选择非常保守的理财方式，比如储蓄，主动放弃了致富的可能。

（2）切忌愤世嫉俗：一些人总是埋怨自己生不逢时，或者运气太差，尤其没有财运，却不愿意去反思自己失败的原因，一旦陷入了愤世嫉俗的心态中，便难以挑战逆境、超越自己。

（3）戒掉懒惰习性：懒惰是成功的大敌，"幸福不会从天降"，只有勤于思考、勤于劳作的人，才有可能走上致富的道路。

（4）改正不良习惯：一些不良的消费习惯是导致财务状况混乱的根源，比如随意使用信用卡、工资放在工资卡当活期等等。

（5）避免自负心态：自负的人容易自命清高，觉得钱对他来说不重要，而实际上这种自负只是掩饰自己的无能为力。

只有改变上述负面的财富观念，才能迈向积极的致富之路。

### 3.6.2　财务现状

善于理财的人往往对自己的财务状况有清晰的认识，并经常检查和更新；而不善理财的人对自己的财务状况不甚明了，他们不知道自己究竟挣了多少钱，也不知道自己把钱花到哪里去了。因此理财的前提是梳理清楚自己的财务状况。

**收支记录**

盲目花钱，就是让无谓的人恣意分享你的辛勤工作的收入。理财的第一步是留住赚到的钱，请拿出一张纸，开始整理自己的财务现状。

**收入科目及明细**

| 科目 | 明细科目 |
|---|---|
| 薪资收入① | 收入／奖金／红利 |
| 租金收入② | 房屋／租金 |
| 利息收入③ | 存款／债券 |
| 已实现资本利得④ | 出售股票／基金购回结存收益 |
| 转移收入⑤ | 政府补助／遗产／赠与／理赔金／赡养费 |
| 其他收入⑥ | 稿费／演讲费／中奖收入等 |
| 收入合计 W | W＝①＋②＋③＋④＋⑤＋⑥ |

**支出科目及明细**

| 所得税支出① | 当月扣缴额／结算补交额 |
|---|---|
| 其它税付支出② | 契税／增值税 |
| 生活支出—衣③ | 衣服／饰物／洗衣／美容 |
| 生活支出—食④ | 柴／米／油／盐 |
| 生活支出—住⑤ | 房租／水费／电费／日用品 |
| 生活支出—行⑥ | 油费／车费／停车费 |
| 生活支出—育⑦ | 学费／教材费／保姆费 |
| 生活支出—乐⑧ | 旅游／报纸杂志费／健身费 |
| 生活支出—医药⑨ | 门诊费／住院费／药品费／医疗器材 |
| 生活支出—交际费⑩ | 送礼费／丧葬喜庆礼金 |
| 生活支出—其他 |  |
| 生活支出小计 T | T＝①＋②＋③＋④＋⑤＋⑥＋⑦＋⑧＋⑨＋⑩ |

| 利息支出① | 车贷 / 房贷 / 民间借款 / 信用卡利息 |
|---|---|
| 产险保费② | 火险 / 车险 / 财产险 |
| 寿险保费③ | 寿险 / 失能险 / 意外险 / 医疗险 |
| 支出合计 N | N = T + ① + ② + ③ |
| 当期储蓄 S | S = W − N |

**注意：**

已实现资本利得或损失是收入科目，未实现资本利得是使期末资产与净资产同时增加的调整科目。

购房预付款是资产而不是支出科目，每月房贷还款额应区分本金和利息，分别为负债和支出科目。

财产保险费为费用科目，寿险中的定期寿险、意外险、医疗险为费用科目，终身寿险、养老险保单增值部分为资产科目。

**小 测 试**

## 财商测试

测一测自己的财商有多高？看看下面 A、B、C、D、E 哪一项最符合你。

月末时：

A：我可以清楚地知道自己还有多少钱

B：我丝毫不担心因为我有存款

C：我不记录花的每一笔钱，我的钱够花

D：我不确定每个月钱是否够花

E：我是月光族

以下几种对信用卡的感觉，你认为和你最贴切的是？

A：我很少用，也无需每个月都偿还

B：从来没用过

C：用过很多次，可是从来没有陷入过麻烦

D：用还是不用呢，我担心银行找我麻烦

E：每个月接到账单我都会非常惊奇，原来我该往里面投入那么多钱！

191

我在情绪低落的时候，我怎么花钱呢？

A：我不会过度花钱，保证有足够的储蓄能让我有安全感

B：花钱让我情绪更糟糕，相反存钱感觉好一些

C：花钱，并带来更多的钱，才能让我开心起来

D：花钱不是我让自己快乐起来的理由

E：花钱总能让我感觉好一点

我的投资理念比较符合（即使从未投资过，想象你会怎么做）：

A：我分析每种投资利弊，倾向保守投资

B：投资风险大，我倾向银行储蓄

C：我会仔细进行投资分析，期望在保守投资和风险投资之间寻求一个
平衡点

D：提到投资，我就迷惑和紧张

E：我希望赌一把，倾向风险性投资

下面哪种描述符合你对自身收入的看法？

A：还行，我在收入范围内可以把一切安排妥当

B：赚的够多，储蓄不够

C：我愿意借款去购买自己想要的东西

D：信用卡账单如果超出了我的预期，如果手头有点钱就好了

E：人都倾向花的比赚的多，我不知道自己会花多少钱

关于度假

A：我会提前做预算，规划每笔细节的花费

B：我会尽可能少花钱，甚至取消旅行

C：我计划一定范围内的支出

D：我只想自己有足够的钱去旅行

E：我从来就不做计划，反正旅游就是为了放松

我的金钱目标是：

A：有足够的钱保证生活必须，其他的用于储蓄

B：尽可能储蓄

C：有足够的钱买我想要的东西

D：没有目标

E：可以不时地款待自己，买漂亮衣服，到高档餐馆就餐


如果你有 10 万元，你会作何反应：

A：我会把它投资或者存入银行

B：我会款待自己和家人，之后拿去储蓄

C：我会寻求一种方法：让我的钱可以边花边增长

D：我不知道

E：我非常开心，因为我可以买我想要的东西了！


关于存钱：

A：我有详实的计划，每个月都存钱而且很少取出

B：这是我的首要目标

C：我每个月都存，有时多存，有时少存

D：从来没想过

E：很困难，因为每次要存钱的时候，才发现不得不支付信用卡账单


我的预算：

A：乐趣多多，我喜欢每个月制定理财计划并保证每一笔花销在计划内

B：总体上比较精确，我希望看到自己的花销有计划

C：我喜欢做预算，并希望把钱花到点子上能带来更多钱

D：想到制定和实行预算，我就紧张

E：预算对我没有约束力，每个月钱还是不够花

续表

当我买车时：

A：我仔细研究每个细节，确保在预算之内得到我想要的那辆

B：我花的钱超出了预算

C：我折中了自己的意愿和能力

D：我不做研究，我担心他们是不是接受分期付款

E：我买自己喜欢的，事后为自己付出的钱心疼万分

提到退休：

A：我有足够的储蓄和完整的计划，保证我退休之后过上不错的生活

B：我会持续存钱，保证退休后生活不会出现什么问题

C：我没有太多存款，可是我不担心

D：我很焦虑，我没有存款

E：我有点担心，因为存钱很困难

### 计分标准

统计你选 A，B，C，D，E 的次数：

A=（ ）次　　B=（ ）次　　C=（ ）次　　D=（ ）次　　E=（ ）次

如果 A 被选中的次数非常高，那么你就是 A 的典型金钱性格；如果两项或多项得分接近，那么你就属于混合型的金钱性格。

### 测试分析

| A 小型管理者 | 你喜欢做预算，你精确地知道自己的而每一笔日常花销和储蓄存款，只要在预算之内，任何花销都不是问题。你对投资抱有不确定的态度，总是犹豫再三，错失良机。就算投资，也是保守型投资。 |
|---|---|
| B 储蓄狂 | 你害怕没钱花，所以总是储蓄，并且会减少诸如旅行等不必要的花销。就算投资，你也会选择最保守的。可是你的朋友会抱怨你小气。 |
| C 平衡者 | 你坚信会找到一条不影响自己花钱也可以让财富增长的道路。你喜欢赚钱和理财，把预算和投资看成游戏。如果买了超过预期的奢侈品之类的，你也不会过分难过。你会在保守投资和风险投资之间寻求平衡，甚至聘用财务顾问。 |

| | |
|---|---|
| D 病态恐惧 | 你总是担心和回避有关钱的问题，缺乏理财知识和技能。理财让你很不舒服。 |
| E 挥金如土 | 你也会制定计划，可总是在计划之外花钱。情绪不好的时候你会通过花钱发泄。你的信用卡上会有大量欠款，可你不知道钱花到哪里了，甚至会为花去的钱后悔不已。 |

### 3.6.3　财务目标

理财目标应该是因人而异的，每个人都会有不同的需要、不同的生活环境和不同的价值观。因此，根据每个人的年龄以及不同的人生阶段，来制定个性化的财务目标才是正确的做法。

生涯规划与理财目标

| 年龄 | 家庭规划 | 居住规划 | 事业规划 | 退休规划 |
|---|---|---|---|---|
| 25 岁 | 未婚 | 与家人同住 | 刚就业 | |
| 28 岁 | 与恋人结婚 | 自行租屋 | 有一定起色 | |
| 30 岁 | 生第一个小孩 | | | |
| 33 岁 | 生第二个小孩 | 购屋 | 中高层经理人 | |
| 35 岁 | 子女教育 | | 自行创业 | |
| 40 岁 | 子女教育 | 购屋、换屋 | 成功企业家 | |
| 55 岁 | 子女独立 | | | 转让事业退休 |

各目标所需储蓄的规划

| 规划项目 | 几年以后 | 届时需求额 | 每月应储蓄额 | 运用资源 |
|---|---|---|---|---|
| 结婚资金 | 3 年 | 5 万元 | 1236 元 | 自己储蓄 |
| 创业资金 | 4—10 年 | 20 万元 | 1652 元 | 夫妻储蓄 |
| 购物资金 | 4—15 年 | 50 万元 | 1727 元 | 夫妻 + 创业储蓄 |
| 子女教育 | 11—15 年 | 20 万元 | 2625 元 | 创业储蓄 |
| 退休养老金 | 16—30 年 | 300 万元 | 6706 元 | 创业储蓄 |

目标收入与支出预算规划

| 年龄 | 目标月收入 | 应有月储蓄 | 可支出预算 | 期初储蓄率 |
|---|---|---|---|---|
| 25—27 岁 | 3000—7000 元 | 1200 元 | 1800—5800 元 | 40% |
| 28—35 岁 | 7000—12000 元 | 3400 元 | 3600—8600 元 | 48% |
| 36—40 岁 | 12000—15000 元 | 4400 元 | 7600—10600 元 | 37% |
| 40—55 岁 | 15000—20000 元 | 6700 元 | 8300—13300 元 | 45% |

我的投资理财目标：

| | 理财目标额 | 目前的可投资额 | 复利终值系数 | 未来年储蓄能力 | 年金终值系数 |
|---|---|---|---|---|---|
| 1 年 | | | | | |
| 3—5 年 | | | | | |
| 5—10 年 | | | | | |
| 10 年以上 | | | | | |

### 3.6.4　理财渠道

可供个人投资的渠道有：

图 3—27　常见的理财渠道

● 储蓄

指机构和个人将资金存放于金融机构，金融机构承诺到期支付约定利息和本金的债权债务凭证。目前，国内存款利率是由人行规定的，金融机构无权根据市场情况进行调整。储蓄的主要特征为：流动性好，风险较低，回报率较低，不能抵御通货膨胀，再投资风险高。

● 债券

债券指政府、金融机构、工商企业等社会各类经济主体为筹措资金而向投资者发行的，并且承诺按一定利率、约定期限支付利息并按约定条件偿还本金的债权债务凭证。债权的主要特征有：安全性好，收益比银行存款高，流动性强。

影响债券收益的因素主要有三个方面，包括：

（1）债券的利率：债券利率越高，债券收益也越高。反之，收益下降。

（2）债券价格与面值的差额：当债券价格高于其面值时，债券收益率低于票面利息率。反之，则高于票面利息率。

（3）债券的期限：还本期限越长，票面利息率越高。

● 股票

股票是由股份有限公司公开发行的、用以证明投资者的股东身份和权益、并据此获得股息和红利的有价证券。股票的主要特征有：收益不确定，流动性高，抵御通货膨胀，风险性较高，对投资者的要求高。

● 基金

投资基金是一种利益共享、风险共担的集合投资方式，即通过发行基金单位，集中投资者的资金，由基金托管人托管、基金管理人管理和运用，从事股票、债券等金融工具的投资，以获得投资收益和资本增值。基金分为封闭型基金与开放型基金。基金的主要特征有：专业化管理，分散投资风险，规模效益明显，投资成本较低。

● 保险

保险是指人们为了应付无法预测的意外事故，采取由投保人向保险公司交纳保费，保险公司在人们蒙受损失时给予赔偿的一种经济补偿制度。保险是一种经济补偿制度，是转移风险的工具，是经济互助的一种形式。

表 3—24　基金的分类与区别

| 内容 | 封闭型基金 | 开放型基金 |
|------|-----------|-----------|
| 存续期限 | ● 通常有固定的封闭期 | ● 随时可向基金管理人赎回 |
| 发行规模 | ● 有规模限制 | ● 没有规模限制 |
| 转让方式 | ● 存续期内不能赎回，只能在证券市场上出售给第三者 | ● 可在首次发行结束一段时间后，提出赎回申请 |
| 价格计算标准 | ● 受市场供求关系影响，并不必然反映公司净资产 | ● 取决于基金单位净值的大小 |
| 投资策略 | ● 基金单位数不变，资本不会减少，宜长期投资 | ● 为应付投资者赎回兑现，必需保持一定的资产流动性 |

表 3—25　主要理财工具比较

| 理财工具 | 安全性 | 获利性 | 流通性 |
|---------|-------|-------|-------|
| 银行存款 | 高 | 差 | 好 |
| 国债 | 高 | 较高 | 较好 |
| 股票 | 低 | 高 | 好 |
| 投资基金 | 较低 | 较高 | 较好 |
| 保险 | 高 | 较高 | 差 |

正因为理财方式的多样性，每个人需要结合自身的实际经济条件和理财理念，选择合适的理财渠道。

# 第四章

# 迈向高峰——职业素养

一个人的成功，只有 15% 归功于其专业知识，另外 85% 归功于他表达思想、领导他人和唤起他人热情的能力。

——戴尔·卡耐基

工作是我们人生非常重要的部分，通常外界评价一个人是否成功，很大程度上是看一个人事业上的成就以及对社会的贡献。追求事业上的成功，是每个职业人孜孜不倦的追求。

工作是我们人生非常重要的部分，通常外界评价一个人是否成功，很大程度上是看一个人事业上的成就以及对社会的贡献。追求事业上的成功，是每个职业人孜孜不倦的追求。

美国成功学大师戴尔·卡耐基指出，一个人的成功，只有15%归功于其专业知识，另外85%归功于他表达思想、领导他人和唤起他人热情的能力。因此，个人能否在事业上取得成功，不仅仅看其专业能力，还得看他的综合素质，尤其是与人沟通合作的能力。研究人员从大量的招聘案例中也发现，那些知识技能出色、背景优秀的人员并不一定能获得成功，甚至不能很好地完成岗位职责，那么作为职业人，哪些才是通向成功之路必须具备的能力和素质呢？

美国职业教育学者莱尔·斯潘塞（Lyle M. Spencer）和塞尼·斯潘塞（Signe M. Spencer）提出"素质冰山模型"，如图4—1所示，将职业人的素质划分为"冰山"的表面部分和"冰山"的深藏部分，"冰山"以上部分包括对所从事职业的基本知识和技能，是对任职者素质的基础要求，称为基准性素质，基准性素质相对容易了解与测量，比如通过考试和面试进行评价。"冰山"以下部分包括个人角色定位、自我认知、品质和动机等多方面因素，是个人内在的特质，这部分素质难以简单、直接地测量和评价，但恰恰是区分优秀职业人与普通职员的关键因素，因此称为鉴别性素质。个人的鉴别性素质不容易受到外界的影响而改变，但却对个人的行为与表现起着关键性的作用。人在职场中的职位越高，鉴别性素质的作用比例就越大，越能体现一个人的卓越素质。

现代职业教育中将职业人从业所需内在的职业道德、职业技能、职业行为、职业作风和职业意识等方面规范和要求称为职业素养。职业素养是一个人在工作过程中表现出来的综合素质，我们评价某人"职业化"程度高，不仅指此人具有良好的职业形象和气质，更因为他具有合格的职业资质、专业的职业水平、积极的职业态度等多个方面。因此，职业素养是一个人职业生涯成败的关键因素。有人借鉴"智商"、"情商"的概念，把职业素养也进行量化测评，称为"职商（Career Quotient）"，简称CQ。

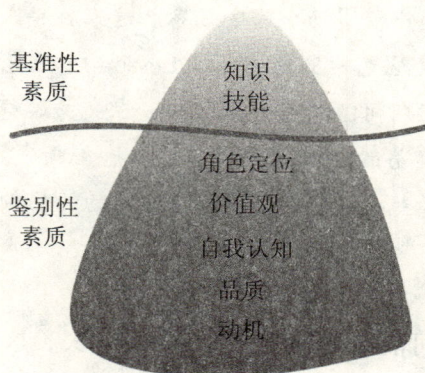

图 4—1 素质冰山模型

作为职业人，不仅要具备良好的外在职业形象，更不可忽视内在职业道德的修养。专业知识、职业技能和职业资质是职业成功的重要保障，可称之为个人的"硬实力"，而其他的职业素养比如沟通表达能力、人际交往能力、团队合作能力、领导力等，在个人的职业生涯中起到不可忽视的作用，是一个人的"软实力"。一个人要像在获得事业上的成功，必须做到内外兼修、软硬双全，全面提升职业素养。

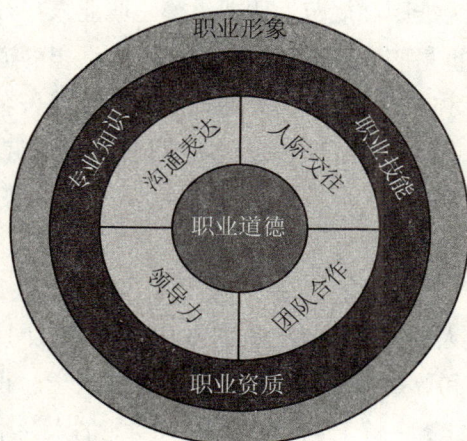

图 4—2 职业素养的多重层次

# 4.1 职业道德

1995 年 2 月 27 日，全球最古老的银行之一、英国贵族曾经最为信赖的金融机构巴林银行宣布破产，震动全球金融界。这家百年老店的崩塌，竟是源于一个普通的证券交易员尼克·里森（Nick Lesson）。尼克·里森在担任巴林银行新加坡期货公司经理期间，利用个人权力，在交易过程中把自己失败的交易记入到用来暂存错误交易的特殊帐户中，用以掩盖损失。为了赚回赔掉的钱，尼克·里森的赌局越开越大，总计造成 8.6 亿英镑的巨额亏损，从而把巴林银行推上了不归之路。

个人的职业失德可能会使公司蒙受巨大的损失，这是巴林银行倒闭案给我们留下的深刻教训。现代企业在选拔人才时，职业道德已经成为考核的首要因素。

职业道德与个人品德密切相关，是个人品德在职业中的具体化。职业道德有广义和狭义之分。广义的职业道德是指职业人在日常的职业活动中应该遵循的行为规范准则，比如诚实守信、爱岗敬业等普适的道德规范，同时职业道德还与具体的职业和岗位有关，不同职业和岗位的人员在特定的职业活动中形成了特殊的职业关系、职业利益、职业活动范围和方式，由此形成了不同内容和层次的道德规范，因此狭义的职业道德是指在某个特定职业活动中应遵循的、体现该职业特征的行为准则和规范。职业道德是职业人在开展职业活动时应遵循的行为规范，同时也是职业人对社会和企业所应承担的道德责任和义务。

只有优秀的员工才能缔造优秀的企业。因此，世界著名企业都非常重视塑造员工的职业道德。总体而言，职业道德主要包括诚信正直、守纪自律、爱岗敬业、谦逊感恩等方面。

### 4.1.1  诚信正直

诚信、正直是为人的基本道德。在工作中对领导、同事、客户以诚相待，才能获取别人的信任和尊重，成为备受欢迎的职业人士。正直的人会给别人一种可信赖的感觉，反之，一个巧言令色、虚与委蛇的人会给别人一种不踏实不可靠的印象。诚信和正直也因此成为一些世界级公司的核心价值观。微软公司的员工操守第一条就是"诚实和守信"，Google 公司的信条是 "Don't be evil（不作恶）"。

李开复在《做最好的自己》一书中，讲述了他经历过的一个面试实例：一位表现优秀的求职者在面试过程表示自己在原来单位私下开发了一项技术专利，可以带到新公司来。李开复断然决定不录用此人，他认为一个对老东家不忠诚的员工很难会对新雇主忠诚。在李开复看来，正直的品格比技术能力更加重要。

### 4.1.2 守纪自律

遵纪守法、严于律己是公民最基本的职业道德，也是企业对员工最基本的要求。常言道，国有国法、家有家规，每个企业也都有自己的规章制度，要求员工严格执行，遵守其中的规定，规范自己的行为。漠视企业纪律的人，将受到处罚甚至被开除。

企业的规章制度通常包括员工日常行为规范、生产章程、保密守则等方面。日常行为规范对员工的出勤、工作形象、言谈举止、办公秩序等内容提出要求；生产章程则对生产操作过程中的行为进行规范，有利于安全生产和标准化工作流程；员工保密守则要求员工保守工作中涉及企业利益的商业机密。对于管理人员，企业还会有廉洁自律的要求，不得收受贿赂、营私舞弊、以权谋私。

### 4.1.3 爱岗敬业

企业招聘员工，最重要的动机是使员工为企业创造价值。因此员工有责任为企业服务，维护企业利益。敬业是一项被管理者极为看重的职业素养 体现为完成好本职工作，兢兢业业。敬业精神就是在工作中将自己看成企业的一部分，热爱自己的职业，以热情饱满的精神投入到工作中，对工作认真负责，以恭敬、严谨的态度对待自己的工作，对本职工作一丝不苟、尽心尽力、忠于职守，为实现职业的目标而奋斗努力。敬业不仅仅是吃苦耐劳，用心去做好公司分配给的每一份工作，还要能够做到敢担当、能担当，在面对压力的情况下不屈不挠、迎难而上、战胜困难、解决难题。

敬业态度是职业素养的核心内容，是决定职业能否获得成功的关键因素。只有树立起负责、积极、自信的敬业态度，才能做好自己的本职工作，一步一个台阶，逐步登上事业的巅峰。

### 4.1.4 谦逊感恩

谦逊是一种职业美德，在工作中体现为对新事物的求知若渴和对他人知识成果的尊重。在工作中保持谦逊的心态，才能够做到勤学好问、不断进取。

懂得感恩的人，才更加愿意付出。在工作中，我们为组织创造价值，组织也在为我们提供生存和发展的平台；我们在为他人服务，他人也在为我们服务。懂得感恩的人，会珍惜眼下的工作机会，更乐于与人分享工作的成果，也更容易赢得他人的信任和回报。

# 4.2 职业形象

中国自古以来就非常看重礼节，素称"礼仪之邦"。"礼"在《说文解字》中本义为敬神祈福，后引申为表示敬意，以及为表敬意而举行的仪式，孔子曰："礼者，敬人也"，孔子所推崇的周礼，就是周公为周朝制定的贵族等级制下的种种社会制度和道德规范。在英语里"礼"是"etiquette"，意为上流社会中行为规范的法则，或指宫廷礼仪和官方生活中的公认准则。可见，礼是东西方文明发展的共同产物，是人类社会发展的必然。简而言之，礼仪是人与人之间交往的准则，"礼"要求人们应该互相尊重，"仪"则是体现尊重的表达形式，包括衣着打扮、言谈举止等。

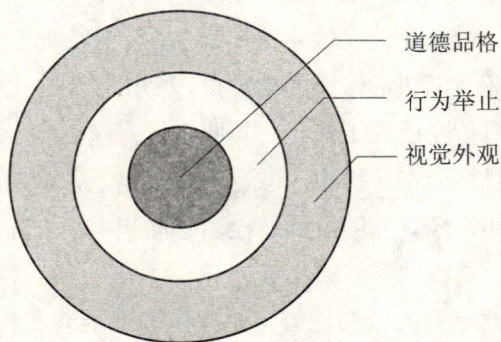

道德品格
行为举止
视觉外观

图4—3　形象管理的不同层次

在日常人际交往中，人们对"第一印象"非常重视。第一印象主要来自一个人的相貌、神态、着装等视觉外观方面的因素，以及动作、姿态、言谈等行为举止。第一印象会给别人造成一个固化的形象，很大程度上决定了别人对你的基本认知，往后很难加以改变和扭转。因此，个人形象在人际交往中起到非常重要的作用。

个人的形象既包括着装打扮、精神气质，也包括言谈举止、接人待物，更重要的是内心高尚的品格。德高方能服众，令人发自内心尊重。品德高尚的人，即使相貌平平、衣着朴素，也能流露出一种自内而外的气质，让身边的人受到感染和熏陶。因此一个人的形象管理应该以塑造个人品牌角度为宗旨，从视觉识别、行为举止、道德品格三个层次同时进行，做到内外兼修。

### 4.2.1 服饰仪表

俗话说：人靠衣装。服装是与人接触时对方最容易观察到的外在修饰。并非只有高档名贵的衣饰，才能体现一个人的身份和价值。服饰最重要的原则是得体，与个人的身份、出席活动的氛围相适应。

● 着装原则

关于着装，国际上有一个公认的原则，称为 TPO（Time、Place、Object），即时间、地点、目的。TPO 原则的基本要义是要求人们着装打扮要兼顾具体的时间、地点和目的，"看菜吃饭、量体裁衣"。

（1）T—Time，指穿着要注意时间，不同季节的服装自然要有区别，即使一天不同时间段的服装也可能不一样，比如晨练通常穿运动装，晚上睡觉穿睡衣等。另外，着装还要与时代相适应，过时或者过于前卫的服饰都会显得不伦不类。

（2）P—Place，指穿着要与场所、地点、环境相适宜，不同的地点、环境需要与之相适应的服饰打扮。比如出席宴会必须正式庄重、大方得体，而家庭聚会则可以休闲随意一些。

（3）O—Object，指穿着要考虑活动的目的。见不同的人、办不同的事，对着装的要求都可能不同。商务出差需着正装，一些国际咨询公司要求员工无论何时都必须着正装，即使在炎热的夏天，因为深色西装配上白色衬衫会给人专业、严谨的印象，代表了公司严谨、庄重的文化和形象。

除了上述三个原则外，衣着穿戴还要符合个人的特点，根据个人审美观、体型、年龄、职业、文化素养、经济条件等选择合适的服装和配饰，使周身每一部位都要大方、得体、和谐，令人悦目，感到自然，显得有修养、有风度，才能达到在社交场合树立个人形象的目的。

● 着装礼仪

**绅士篇**

西装是男士在办公室的首选服装，也是各种正式场合的优先选择。根据国际惯例，参加正式隆重的宴会或者欣赏高雅的文艺演出时，都应该穿西装。

西装的选择

一般而言，要挑选一套适合商务交往中穿着的西装，需要关注其面料、色彩、图案、款式、造型等五个方面的细节。

| 注意点 | 要领 |
| --- | --- |
| 面料 | ●注重档次和品质，在一般情况下，毛料为西装面料首选，也有其他替代品。 |
| 色彩 | ●西服的颜色越深越正式，黑色最正式，其次为深蓝、深灰；中国人一般穿藏青的西服既正式又好看。 |
| 图案 | ●政界、商界男士推崇成熟、稳重，所以西装一般以无图案为好。 |
| 款式 | ●西装有单件和套装之分。依照惯例，绅士在正式的交往场合中所穿的西装，必须是西装套装；而单件西装，即一件与裤子不配套的西装上衣，仅适用于非正式场合。 |
| | ●西装上衣有单排扣与双排扣之别。一般认为，单排扣的西装上衣比较传统，而双排扣的西装上衣则较为时尚。 |
| | ●西装还有正式西装和休闲西装的区别。休闲西装不适合穿在正式的商务场合。 |
| 造型 | ●世界上的西装主要有欧式、英式、美式、日式等四种主要的造型。可根据中国人的身材特点，选择适合自己的穿着。 |

西装穿着四步骤

| 注意点 | 要领 |
| --- | --- |
| 系好纽扣 | ●就坐后，西装上衣纽扣应该解开，以防衣服褶皱。起身站立后，上衣的纽扣应当系上，如果是单排扣上衣，而且里面穿了背心或羊毛衫，站的时候可以不系扣子。 |
| 避免卷挽 | ●不可以当众随心所欲地脱下西装上衣，也不能把衣袖挽上去或卷起西裤的裤筒，否则会显得粗俗、失礼。 |

| 注意点 | 要领 |
|---|---|
| 减少杂物 | ● 西装口袋尽可能少装甚至不装东西。 |
| 注意搭配 | ● 西装的标准穿法是内穿衬衫，衬衫内部穿棉纺或毛织的背心、内衣。 |

西装的搭配

西装与其衣饰的搭配，对于成功的穿着非常重要。男士穿着西装时应注意衬衫、领带和鞋袜与之组合搭配的基本常识和技巧。

（1）衬衫

衬衫是西装最主要的搭配，挑选衬衫时需要注意：

| 注意点 | 要领 |
|---|---|
| 面料 | ● 以高织精纺的纯棉制品为主，以棉、毛为主要成分的混纺衬衫亦可。不宜采用绒布、水洗布、化纤、真丝、纯麻。 |
| 色彩 | ● 色彩单一。白色是最好的选择，蓝色、灰色、棕色、黑色也可以考虑。红、粉、紫、绿、黄、橙或者杂色有失庄重，正式场合一般不选。 |
| 图案 | ● 没有任何图案为佳。 |
| 领型 | ● 立领、翼领和异色领的衬衫，不适合与正装西装配套。 |
| 衣袖 | ● 正装必为长袖。 |
| 衣袋 | ● 以无衣袋为佳，有袋也尽量不放东西。 |

在选衬衫的时候，还要兼顾自己的脸型、脖长以及领带结的大小，反差不要过大。衬衫和西服搭配的时候要注意：

| 注意点 | 要领 |
|---|---|
| 系好纽扣 | ● 穿西装的时候，衬衫的所有纽扣都要系好。 |
| 收好下摆 | ● 穿长袖衬衫时，要把下摆均匀地掖到裤腰里面。 |
| 大小合身 | ● 当扣上最上面的一粒扣子后，还能插进两根手指，脖子不感到挤压，衬衫大小就比较合适。 |

（2）领带

领带可以说是男士穿西装时最重要的饰物，是西装的灵魂。在职场活动中，领带仅适合男士佩带，因此领带是男士的基本标志之一。戴领带的人，会给人一种严肃守法、有理性、有责任感的印象。一条打得漂亮的领带，在穿西装的人身上发挥画龙点睛的作用。要打好领带，应注意以下几个方面：

| 注意点 | 要领 |
|---|---|
| 注意场合 | ● 不同颜色和图案的领带有其适用的特定场合。单色无图案、条纹、圆点、方格比较稳重，适用于正式场合。 |
| 注意搭配 | ● 领带的色调应与衣装一致，由于衬衫一般是浅色的，因此领带尽量不要浅色，更不要艳色，切勿多于三色。 |
| 注意领结 | ● 领带打得漂亮与否，关键在于领结打得如何。领结的大小应与衬衫领口敞开的角度相配合，大敞口配大领结，小敞口配小领结。 |
| 注意位置 | ● 领带打好后，须将其置于适当的位置。穿西装上衣与衬衫时应将其置于二者之间，并令其自然下垂。 |
| 注意长度 | ● 最标准的长度是领带打好之后身体直立，领带下端的大箭头刚好及腰带或盖住皮带扣，过短和过长都不合适。 |

短发，保持头发的清洁、整齐
精神饱满、面带微笑
白色或单色浅色无污迹
正确配带司徽
西装平整、清洁
西装口袋平放物品
经济整刮胡须
须带紧贴领口系得美观大方
领口袖口无污迹
短指甲保持清洁
西裤平整、有裤线
黑色或深色袜子
皮鞋光亮、无灰尘

**图4—4 男士仪表着装注意事项**

（2）鞋袜

选择和西装配套的鞋子，只能选择深色、单色的皮鞋。黑色牛皮鞋和西装最般配。在正式场合穿的皮鞋，应当没有任何的图案、装饰，而且系带皮鞋是最合适的。

和西装、皮鞋配套的袜子，最好是纯棉、纯毛的。颜色应该选深色、单色，黑色比较正规，切忌穿白袜子，也不要穿彩袜、花袜或发光、发亮的浅色袜子。决不能穿破损、过大或过小的袜子，也不能赤脚不穿袜子。

**淑女篇**

穿着

西服套裙是女士在办公室着装的首选服装，可塑造出有力量感的形象。

| 注意点 | 要领 |
| --- | --- |
| 长短适度 | ●通常套裙之中的上衣最短可以齐腰，而裙子最长则可以达到小腿的中部。穿着时不能露腰露腹，否则很不雅观。<br>●上衣的袖长以恰恰盖住着装者的手腕为好。上衣或裙子均不可过于肥大或包身，免得影响精神风貌。 |
| 穿着到位 | ●上衣的领子要完全翻好，装饰的带子要拉出来。<br>●不要将上衣披或搭在身上，要穿着整齐。<br>●裙子要穿得端端正正，上下对齐。 |
| 扣紧衣扣 | ●在正式场合穿套裙时，上衣的衣扣必须全部系上。<br>●不要将上衣部分或全部解开，更不要当着别人的面随便将上衣脱下。 |
| 考虑场合 | ●在各种正式的商务交往及涉外商务活动中，应该穿套裙。<br>●在出席宴会、舞会、音乐会时，可酌情选择与此类场合相协调的礼服或时装。 |
| 协调装饰 | ●高品味的装扮，讲究着装、化妆与佩饰风格统一、相辅相成。<br>●在穿套裙时，既不可以不化妆，也不可以化浓妆。<br>●不适宜佩带与个人身份不合的珠宝配饰，也不适宜佩带有可能过度张扬的项链、耳环、手镯、腰带等配饰。 |
| 搭配衬衫 | ●面料轻薄而柔软，如真丝、麻纱、府绸、涤棉等。<br>●色彩以单色为最佳。除白色之外，其他色彩如与所穿套裙的色彩不相互排斥也可采用。衬衫上最好不要有图案。<br>●衬衫下摆必须掖入裙腰之内，不得悬垂于外，或是将其在腰间打结。<br>●衬衫纽扣要一一系好。除最上端的一粒纽扣按惯例允许不系外，其他纽扣均不得随意解开。<br>●专门搭配套裙的衬衫在公共场合可直接外穿。 |

续表

| 注意点 | 要领 |
|---|---|
| 衬裙 | ● 衬裙的色彩多为单色，如白色、肉色等，但必须使之与外面套裙的色彩相互协调。二者要么彼此一致，要么外深内浅。<br>● 衬裙的款式应该线条简单、穿着合身、大小适度，并且衬裙上不宜出现任何图案。<br>● 衬衫下摆应掖入衬裙裙腰与套裙裙腰之间，切不可掖入衬裙裙腰以内。 |
| 鞋子 | ● 应为高跟或半高跟鞋。<br>● 最好是牛皮鞋。<br>● 颜色以黑色最为正统，亦可选择与套裙色彩一致的皮鞋。 |
| 袜子 | ● 一般为尼龙丝或羊毛筒袜或连裤袜。<br>● 颜色宜单色，有肉色、黑色、浅灰、浅棕等几种常规选择。<br>● 切勿将健美裤、九分裤等裤装当长袜来穿。<br>● 袜口要没入裙内，不可暴露于外。<br>● 袜子应当完好无损。 |

**化妆**

化妆是女人的特权，通过化妆，不仅仅美化容貌，更可以改善女人的精神气质，体现出对对方的重视。在化妆时，需要注意如下几点：

| 注意点 | 要领 |
|---|---|
| 发型 | ● 长发优美感性，短发亦可修饰脸型。<br>● 没有特别交际需要，可不用染发。 |
| 脸部 | ● 选择和肤色相近的粉底色，注意发际和颈部的自然过渡。<br>● 在面霜完全吸收之后再上粉底，保证均匀效果。 |
| 嘴唇 | ● 年轻女士用唇彩，避免用深色口红。<br>● 唇线不可太深，那样使嘴唇突出和不自然。 |
| 眼眉 | ● 勾勒眉毛，使得眼睛传神。<br>● 眼线不宜太深太黑，不要露出修饰的痕迹 |
| 鼻子 | ● 鼻端不要有污秽物，不要露出鼻毛。<br>● 鼻梁上可略施淡粉，遮盖油光。 |
| 手和指甲 | ● 不要涂艳丽的甲油，留过长的指甲。<br>● 浅淡的甲油或者打蜡都比较适合办公室女性。 |
| 耳朵 | ● 不要带着吊坠耳环去商谈业务，有不庄重之感。<br>● 垂饰晃动不定，会影响对方的注意力。 |

香水

工作场合应选择淡雅清新的香水，运动场合应选用运动香水，公共场合应避免气味浓烈的香水。

喷香水时，应距离身体 10 厘米，使香水呈雾状，走进香雾里，让香水分子均匀地洒在身上。香水也可以涂在主要脉搏处，比如手腕、耳背、手臂内侧等。

装饰品

适当地佩戴一些装饰品，如同点缀，如果搭配得当，则可锦上添花，甚至画龙点睛。

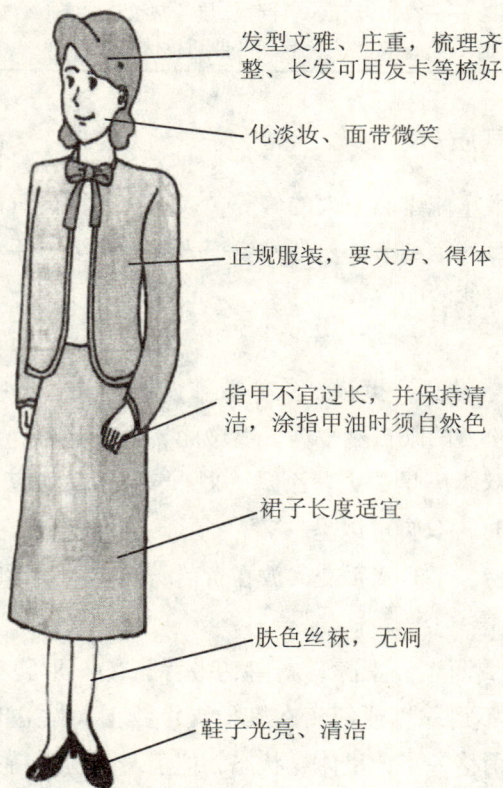

图 4—5  女士仪表着装注意事项

发型文雅、庄重，梳理齐整、长发可用发卡等梳好

化淡妆、面带微笑

正规服装，要大方、得体

指甲不宜过长，并保持清洁，涂指甲油时须自然色

裙子长度适宜

肤色丝袜，无洞

鞋子光亮、清洁

| 注意点 | 要领 |
|--------|------|
| 饰品颜色 | ● 金色是暖色，银色是冷色；中国人常用银色或者铂金。<br>● 佩戴的饰品要么全是金色，要么全是银色。<br>● 首饰颜色要与有金属的衣饰相协调。 |

| 注意点 | 要领 |
|---|---|
| 耳环 | ● 长脸型可选用面积较大的扣式耳环，使脸部显得圆润丰满。<br>● 宽脸的人应选择面积较小的耳环。<br>● 金色耳环可以配任何衣服。 |
| 项链 | ● 体型胖、脖子短的宜选择较为长的项链。<br>● 身材苗条、脖子长的人宜选择宽且短的项链。<br>● 项链颜色应与肤色、衣服颜色有较强对比度。 |
| 戒指 | ● 戒指一般带在左手上，从食指到小指的含义可简记为："清热解毒"——青（青春，求偶）、热（热恋）、结（结婚）、独（独身），大拇指不带戒指。一只手最多带两枚戒指。 |

### 4.2.2　举止气质

一个人的行为举止流露出个人的修养，表现出不同的气质。在正式场合和社交中，应当注意每一个细节，包括站姿、坐姿、蹲姿、手势等等，给别人留下举止优雅、大方得体的印象。

**站姿**

站立时身体要求端正、挺拔，重心放在两脚中间，挺胸、收腹，肩膀要平，两肩要平，放松，两眼自然平视，嘴微闭，面带笑容。

女士站立时，双脚应呈"V"字形，双膝与脚后跟均应靠紧，双手交叉放在提前；男士站立时，双脚可以呈"V"字形，也可以双脚打开与肩同宽，但应注意不能宽于肩膀，平时双手交叉放在背后，与客人谈话时则将双手交叉放在体前。

站立时不得东倒西歪、歪脖、斜肩、弓背、"O"形腿等，双手不得抱在胸前或插入口袋，不得靠墙或斜倚在其他支撑物上。站立时间过长感到疲劳时，可一只脚向后稍移一步，呈休息状态，但上身仍应保持挺直。

**坐姿**

坐姿要端正稳重，切忌前俯后仰、半坐半躺，上下晃抖腿，或以手托头，俯伏在桌子上。不论哪种坐姿女性切忌两腿分开或两脚呈八字形，男士双腿可略微分开，但不要超过肩宽。若需侧身说话，不可只转头部，而应上体与腿同时转动面向对方。

**走姿**

行走时昂首、挺胸、收腹，上体要正直，双目平视，面露笑容，肩部放松，自然大方、充满活力。

行走时路线一般靠右行。行走过程中如果遇客人，应自然注视对方，点头示意并主动让路，不可抢道而行。如有急事需超越时，应先向客人致歉再加快步伐超越，动作不可过猛；在路面较窄的地方遇到客人，应将身体正面转向客人；在来宾面前引导时，应尽量走在宾客的侧前方。

**蹲姿**

要拾取低处物品时不能只弯上身、翘臀部，而应采取正确的蹲姿。下蹲时两腿紧靠，左脚掌基本着地，小腿大致垂直于地面，右脚脚跟提起，脚尖着地，微微屈膝，移低身体重心，直下腰拾取物品。

**手势**

在接待、引路、向客人介绍信息时要使用正确的手势，不可只用食指指指点点，而应采用掌式，即五指并拢伸直，掌心不可凹陷，且掌心向上，以肘关节为轴，眼望目标指引方向，同时应注意客人是否明确所指引的目标。

### 4.2.3　商务礼仪

● 名片礼仪

| 注意点 | 要领 |
|--------|------|
| 动作 | ● 双手奉上，名片文字正对对方。 |
|  | ● 双手接过，仔细阅读，并称呼对方。 |
| 眼神 | ● 面带微笑，目视对方。 |
|  | ● 递出时，看对方眼睛。 |
|  | ● 接过时，看对方名片。 |
| 语言 | ● 递出自己名片之后给对方留出足够阅读时间。 |
|  | ● 之后向对方请名片：我能拥有一张您的名片吗? |
|  | ● 把名片和人对应起来，以显尊重。 |
| 摆放 | ● 将名片放在名片夹中。 |
|  | ● 若需要和对方继续交谈，可以先把名片放在桌上 10 分钟之后再放回。 |
| 回馈 | ● 48 小时之内，与互换名片的朋友电话或短信问候。 |

在商务场合中，最好随身携带名片夹，把对方名片放在屁兜里是极大的不尊重。在穿西装时，名片夹只能放在左胸内侧的口袋；不穿西装时，名片夹可以放在手提包里。

● 握手礼仪

| 注意点 | 要领 |
|--------|------|
| 姿势 | ● 握手时要点头，表示尊重；适力摇晃，表示热情。 |
| | ● 双目注视对方，面带笑容；上身前倾，头略低。 |
| 时间 | ● 一般情况，3 到 5 秒之内。 |
| | ● 遇到老朋友，时间可以更长些。 |
| 顺序 | ● 先上级后下级，先长辈后晚辈，先主人后客人，先女士后男士。 |
| 细节 | ● 握手前，脱帽、脱手套、墨镜等。 |
| | ● 注意手部清洁，手上不要有汗。 |
| | ● 不宜与多人交叉握手。 |
| | ● 握手时，上下轻轻摇摆，不要左右摇摆。 |

● 位次礼仪

**桌次安排**

在宴席中，主桌正对门、离门最远、居中，其余桌次的高低以离主桌位置远近而定，远低近高；平行桌次，右高左低。具体座次安排如图4—6所示。

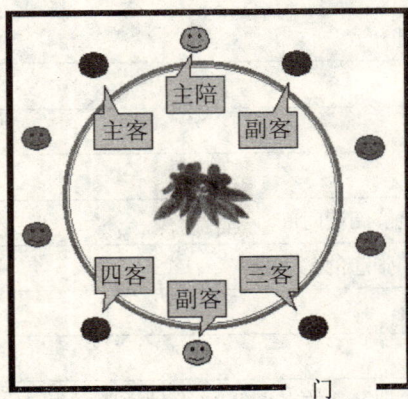

中餐座次

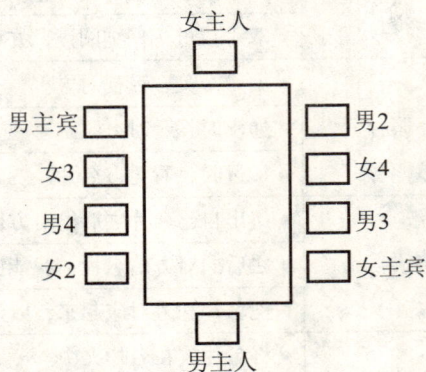

西餐座次

**图4—6 餐桌座次**

**电梯礼仪**

如果和客人或者领导共同乘坐电梯，应一手按住"开门"按钮，另一手拦住电梯侧门，礼貌地说"请进"，待客人或者领导进入后，自己再进。如果客人人数很多，可以自己先进入电梯邀请其他人进入。

**乘车礼仪**

小轿车的座位，如有司机驾驶时，以后排右侧为首位，左侧次之，中间座位再次之，前坐右侧殿后，前排中间为末席。

如果由主人亲自驾驶，以驾驶座右侧为首位，后排右侧次之，左侧再次之，而后排中间座为末席，前排中间座则不宜再安排客人。

主人夫妇驾车时，则主人夫妇坐前座，客人夫妇坐后座，男士要服务于自己的夫人，宜开车门让夫人先上车，然后自己再上车。

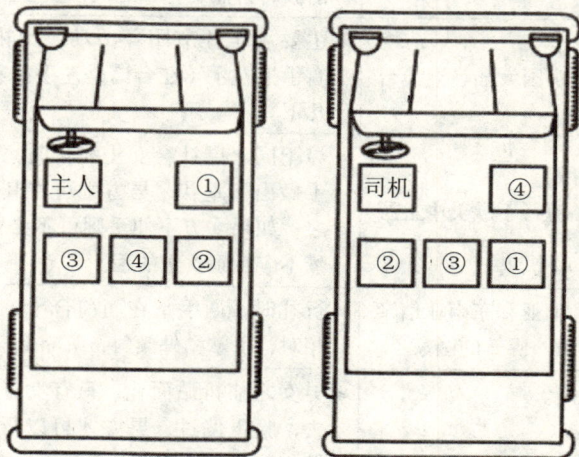

图 4—7 乘车座次

● 电话礼仪

接听电话不可怠慢。电话铃响起之后，一定要在三声铃声之内拿起听筒，否则有怠慢客人之嫌。如果一时有事，电话响了四声以上，拿起电话之后应该先致歉："对不起，让您久等了。"

接电话时面带微笑。即使对方看不到你的表情，但是愉悦的笑容会使声音自然、轻快、悦耳，给对方留下很好的印象。

● 国际礼仪

不同国家有不同的礼仪，在国际社交场合，需要入乡随俗，尊重对方国家的礼仪习惯。

由于各国的礼节差别较大，且国际礼仪非常重要，因此在涉外交流中，务必提前做好功课，以免发生误解导致冲突。

| 礼仪 | 地区 | 要领 |
|---|---|---|
| 鞠躬礼 | 主要在日本，韩国、朝鲜 | ● 互相注目，不要环视、斜视。行礼前，需要脱帽。行礼时，身体上部倾斜15°到90°，具体幅度根据受礼者的尊重程度而定，除非在日本和韩国，一般不需要90°大鞠躬。双手在身体前倾时自然下垂，之后恢复立正姿势。 |
| 拱手礼 | 中国大陆、港澳台 | ● 主要用于佳节团拜活动。行礼时，两手握拳，右手抱左手（在台湾是左手抱右手），上下摇动几下。 |
| 吻手礼 | 流行于欧美中上层 | ● 男士同上层社会女士相见时，如果女方先伸出手做出下垂状，男方则可将其指尖轻轻提起吻之；如果女方不伸手则可不必行吻手礼。切记，嘴不应触到女士的手。 |
| 合十礼 | 南亚和东南亚信奉佛教的国家 | ● 行礼时，两手掌在面前合十，掌尖和鼻子基本相对，手掌稍外倾斜，头略低。 |
| 贴面礼 | 阿拉伯国家 | ● 男女之前行贴面礼，只有女方主动把脖子伸出去，脸蛋偏过，男方才可以行礼；如果男士退缩，就是失礼。从右颊开始，按照右颊—左颊—右颊的顺序，碰3下即可。这个顺序也不是绝对，注意要看别人的方向，否则就会造成尴尬。 |

# 4.3  沟通表达

人在职场，难免会和各种各样的人打交道，因此沟通表达能力非常重要。调查发现，工作中70%的错误是由于沟通不畅造成的。我们在表达一个想法时，往往通过自己习惯的方式表现出来，如何才能够准确真实反映内心的感受，让对方能够理解和接受，达到预期的目的，是人际沟通需要解决的基本问题。

### 4.3.1 沟通方式

沟通是一个双向交互的过程，发送方将想表达的原始信息进行加工，以书面文字或者语言等形式传递给接收方，接收方根据所接收到的信息进行理解，并给发送方相应的反馈，即完成一次完整的沟通。

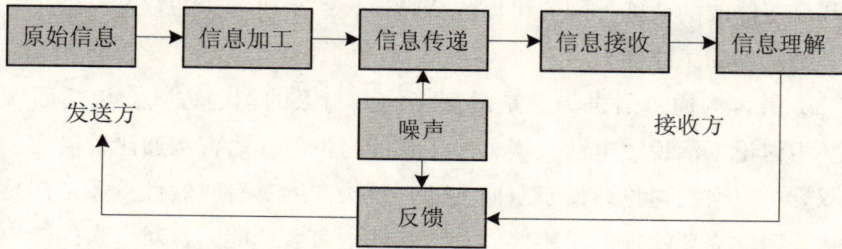

图4—8 沟通的过程

在上述沟通过程中，发送方进行信息加工时，可能导致实际说出的内容和想表达的意思之间存在偏差，信息在传递的过程中由于外界环境的干扰也会引起偏差，而接收方由于自己的理解又会存在偏差，导致接收方实际获取的信息与发送方的原意存在较大的出入，形成所谓的"漏斗效应"，造成沟通不畅。有效沟通的目的即在于减少信息传递过程中的偏差，保证准确无误地传达原始信息。

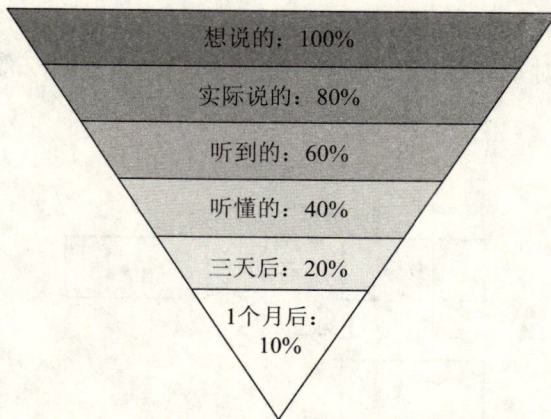

图4—9 沟通过程中的"漏斗效应"

根据沟通的表达形式划分，常见的沟通形式通常包括书面沟通、语言沟通以及非语言的沟通。

（1）书面沟通：书面沟通包括信函、备忘录、书面报告、通知、刊物、电子邮件等方式。书面材料可以长期保存，不易失真，是最正式的沟通方式。书面表达力求围绕中心、突出主题、简洁明了、文字清晰，能够同时发送给多人，提高信息传播速度和范围。相比较语言表达，书面表达可以有较长的措辞时间和反复修改的余地，因此可以更清晰地表达需要传达的意思。公文写作是管理者最基本的工作能力之一。

（2）语言沟通：语言沟通是最直接的人与人的沟通方式，包括面谈、会议、小组讨论、演说、电话交谈、非正式的讨论等。语言沟通比较灵活、速度快，双方可以自由讨论，便于双向沟通。口头沟通具有时效性，通常都是即兴的表达，因此需要快捷的思维能力和流畅的语言表达能力，对个人的能力要求较高。交谈时的语调高低、语速快慢，都会影响到沟通的效果。在交流时，避免使用过于深奥的术语，有助于对方理解。

（3）身体语言：在沟通过程中，身体语言往往容易被忽视。而实际上根据美国心理学教授米拉比安的统计，在面对面的沟通过程中，只有 7% 的信息通过语言直接传达，38% 的信息是说话语气所起的效果，而眼神、表情、手势、身体姿势等非语言的沟通占 55%，该统计结果称为"7-38-55 公式"。因此，通过适当身体语言能够促进双方的有效交流。比如目光交流，通过目光表示对对方的关注和兴趣，既不能游离在对方之外，又不能总直视对方；面部表现出热情和善意；讲话时适当地辅以手势。

根据沟通的对象来划分，沟通可划分为向上沟通、平行沟通和向下沟通。

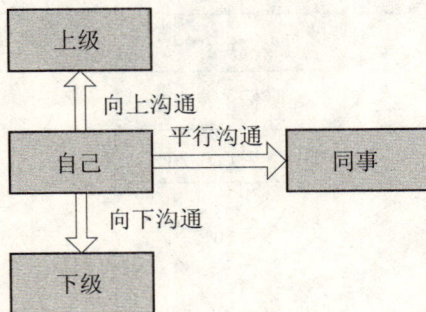

图 4—10　职场中的沟通形式

（1）向上沟通：主要指和长辈、上司等身份、职位比自己高的人沟通，比如员工向上级汇报工作、反馈信息、请求帮助等。在与上司沟通的过程中，自己处于相对弱势的地位，需要处理好与上司的关系，提供上司需要的信息，并提出恰当有效的建议；当个人建议被上司冷落时，需要调整好自己的心态，寻找原因和不足，并加以改进；在面对上司不合理的工作安排或者要求时，尽可能以委婉的方式表达自己的立场，并借助他人的力量巧妙地拒绝。

（2）平行沟通：又称为横向沟通，指与平辈、平级间进行的交流。在职场中水平沟通主要发生在同事间，也可能发生在对外合作中与合作方对等的同事之间。在平行沟通，首先需要认识和了解同事，真诚与对方相处，并尊重对方，听取对方的意见，在存在分歧时尽量求同存异，对事不对人；当然彼此间也要保持适度距离，避免引起不必要的猜忌。

（3）向下沟通：主要指和晚辈以及下属之间沟通。在与下属沟通的过程中，做到宽容大度，尊重下属，诚心接受下级的意见；针对下属存在的毛病，可以通过暗示的方式提醒，或则直言相告予以批评，甚至通过惩罚措施进行警示，具体手段需要结合具体情况选用。

从沟通的渠道来看，沟通可分为正式沟通和非正式沟通。正式沟通是指在正式的场合与人进行的沟通，比如商务会谈、工作会议等，正式沟通通常发生在日常的工作讨论和商务活动中，形式比较正式，讨论的内容也受到一定的限制；非正式沟通则发生在工作之外，比如在饭桌上、球场上，形式比较随意，讨论内容不受限制。在正式沟通场合下，人们会限于身份、气氛等原因，在表达中常常有所保留，因此能够获得的信息也会受到限制。而在非正式的沟通中，人们束缚较少，比较容易把真实的思想、情绪、动机表露出来，因此非正式沟通可以弥补正式沟通渠道的不足，获取正式沟通无法传递的信息。

台湾著名主持人蔡康永在其书《蔡康永的说话之道》中写了一个有趣的现象：中国人喜欢在麻将桌上谈生意，打麻将时往往会集中精力看牌，因而洗麻将的间隙就成了谈正事的重要时机。几圈麻将打下来，该说的事情也都说完了，休闲办事两不误。有人发明了自动麻将机，虽然能够快速高效地帮助洗麻将，却把仅有的谈正事的时间也给挤压了，因此并不受欢迎。

从沟通的表达方式来看，沟通还可以分为直接沟通和间接沟通。直接沟通是指开宗明义，直接将所需表达的信息传递给接收方；间接沟通则指通过暗示、隐晦的方式传达信息，甚至借助于第三方帮助转达信息。通常认为西方文化倾向于直接沟通，而东方文化比较喜欢间接沟通。

### 4.3.2　沟通障碍

我们在沟通过程中常常存在一些障碍，导致了人际沟通的"漏斗效应"。这些障碍主要包括：

（1）利益障碍：沟通双方存在利益的冲突，在原则问题上互不让步，导致彼此之间沟通存在困难甚至无法继续进行。

（2）心理障碍：沟通者由于自身心理上缺陷，导致在沟通时容易紧张，缺乏自信，不敢表达内心真实的想法。

（3）表达障碍：由于沟通者表达能力的问题，不能准确地表达所需传达的意思，词不达意、表达不准、语义不明等。跨语言的交流也容易造成表达障碍，在翻译中难免会出现理解偏差，不能准确传达原始信息。

（4）文化障碍：不同国家、地区的文化差异可能导致沟通过程中发生一些误解，比如生活习俗不同、文化背景等方面的不同。比如东西方人的幽默点不同，可能西方人讲了一个自认为很有趣的笑话，但是东方人却无动于衷，导致双方难以形成默契。

（5）环境障碍：在一些场合下，可能不方便传达所需的意思，比如在正式的部门会议中，员工会觉得不便向上司提出个人需求，而倾向于在私下场合下表达。

（6）性格障碍：沟通双方的性格差异导致无法进行有效沟通，比如有人心直口快，喜欢有一说一，有人在犹豫不决，含糊其辞，性格不同容易引起彼此之间的误会和不解。

要想提高沟通能力，就要尝试越过上述障碍，尤其对于心理障碍和表达障碍，可以通过后天的联系和锻炼获得显著改善；对于文化障碍和性格障碍，则需要在沟通前做好功课，了解沟通对方的文化背景和性格特点；根据沟通内容选择合适的沟通场合，有利于沟通双方无障碍无顾忌地表达内心真实的想法，从而促进有效的沟通；当沟通存在利益障碍时，则需要双方能够求同存异，以共赢的心态促进事件的发展。

因此，沟通能力是一项可以通过自身努力不断提高的技能，职业人可以通过学习一些沟通技巧，并在工作中勤加实践、多做总结，不断改进和提升。

### 4.3.3　沟通技巧

我们在沟通的过程中需要注意一些原则，以便更好地与人沟通。有效沟通的原则简而言之可以归纳为十六个字：以诚待人，以情感人，以理服人，以利动人。

（1）以诚待人：真诚是与人沟通的首要原则，只有以诚待人，才能赢得对方的信任，沟通才能得以持久。

（2）以情感人：人都是有感情的，与人沟通不应该是冷漠的、严肃的，适当添加一些感情因素，动之以情，从内心深处打动对方，往往能获得意想不到的效果。

（3）以理服人：在沟通的过程中，需要保持严密的逻辑关系，用真实有力的客观事实作为论据，以理服人。如果自己站在真理的一方，也要"得饶人处且饶人"，给对方一些台阶下，能够进一步增加彼此的好感。

（4）以利动人：在沟通时，需要时时记得换位思考，站在对方的角度想一想，这些事情对他有什么好处，如果能从利益上让对方心动，无疑会更加容易达到沟通的目的。

除了上述原则外，还需要了解一些重要的沟通技巧，比如倾听就是一项非常有效的沟通技巧。

● 倾听技巧

在沟通过程中，不仅有自我陈述，更多的时候需要倾听。倾听是一种非常重要的沟通技巧。每个人都渴望被对方重视，因此，在沟通的过程中，认真倾听对方的表达，有时候能达到比陈述更好的效果。

倾听的时候应当表现出神情专注、精力集中，并根据对方陈述的内容做出反应，表示听者的态度。如果倾听者表现出心在在焉，则会严重破坏陈述者的心情，影响沟通的效果。

在倾听时，对表达方的意思理解有不同的层次，第一层是表面事实，只听到了对方说的每一句话；第二层是具体内容，通过对方表达的话语了解具体内容；第三层是弦外之音，能够透过具体内容领会对方真正想表达的深层含义；第四层是情绪感觉，不仅仅听内容，还要观摩对方的神态、情绪等，了解对方的内心状态。只有做到上述四个层次，才算是真正达到倾听的目的。

在倾听的过程中，还应该及时反馈，包括提问、建议等等，这样才能表现出真正对对方的内容感兴趣，自己在倾听的过程中做了认真的思考。在反馈时，可以对自己没有听明白的地方发问求证，或者对其中的某个内容提出自己的意见或者建议，提出意见要具体，能够从对方的角度看问题。

如果对陈述者的观点有不同看法，可以在合适的场合下提出异议，异议应该客观公正，做到"对事不对人"。不仅仅提出反对意见，还应当找出异议的根源；并提出建设性的意见，不能为反对而反对，而应该一起想办法来解决问题。

# 4.4　人际管理

积极的人际关系是创造人们生活中能量的关键。人们需要彼此互相支持，没有一个人是孤岛。人际关系就是个体与他人在社交、情感、智力、身体以及精神方面建立关系。美国成功学大师戴尔·卡耐基认为：专业知识在一个人成功中的作用只占 15%，而其余的 85% 则取决于人际关系。

## 4.4.1　人际模式

美国心理学家埃里克·埃里克森（Erik H. Erikson）认为人一生的每一阶段都面临一个重要的社会心理危机，也都有其重要的人际关系焦点，如表 4—1 所示。

表 4—1　人生发展不同阶段的人际关系焦点

| | 阶段（大约年龄） | 社会心理危机 | 人际关系焦点 |
|---|---|---|---|
| 1 | 0—1 岁（婴儿期） | 信任 vs. 不信任 | 母亲或母亲的替代者 |
| 2 | 2 岁（幼儿早期） | 自动自发 vs. 害羞怀疑 | 父母 |
| 3 | 3—5 岁（幼儿期） | 积极 vs. 罪恶感 | 家庭 |
| 4 | 6—11 岁（儿童期） | 勤勉 vs. 自卑 | 邻居、学校 |
| 5 | 12—20 岁（青春期） | 自我认同 vs. 角色混淆 | 同伴团体、模仿的对象 |
| 6 | 20—30 岁（成年前期） | 亲密 vs. 孤独 | 友谊、性、合作、竞争的伙伴 |
| 7 | 30—60 岁（成年中期） | 创造 vs. 停滞 | 家庭或工作伙伴 |
| 8 | 60—生命终点 | 圆满 vs. 绝望 | "人类"、"趣味相投者" |

综合埃里克森的人生八大阶段理论，可以归纳出在我们一生中，主要有四种关系。

（1）亲子关系：即父母与孩子的关系，这种关系是持续一生的，在幼年期和成年期特别重要。在幼年期，父母亲对待孩子的方式会直接影响着孩子将来的成长，按照弗洛伊德的观点：人在六岁之前的发展会决定其一生。不管这个观点是否严格正确，父母亲在幼儿时期对孩子的影响是巨大的。在成年期，自己为人父母后，自己与孩子的相处方式也会影响到自己孩子未来的成长。

（2）亲密关系：主要指自己和恋人／配偶之间的关系。婚姻是人生的大事，选择一个好的伴侣不但能使人幸福充实，更能支持个人迈向事业高峰。因此，能否与人生伴侣建立稳定互信的亲密关系，直接影响一个人的幸福与否。

（3）友伴关系：即与朋友之间的关系。每个人都需要朋友，尤其在青春期，朋友与朋友团体会影响个体的自我认同和自我定位，因此这一阶段尤其需要注意孩子的成长环境，这也就是"孟母三迁"的原因。当人进入老年期后，朋友也扮演着很重要的角色，人生阅历越是丰富，对友谊有着越深刻的认识，此时的朋友关系往往是成熟而稳固的。

（4）工作关系：人一生中工作的时间几乎占到人生全部的 2/3，如何在工作中发展自我，除了专业技能外，人际关系也很重要。如何在工作中赢得上司的赏识、赢得同事的支持，是人生事业发展的关键。

在本章节中，主要讨论如何管理第三种和第四种人际关系，即通常意义上的"人脉"。要想维系好人际关系，应该了解以下五种基本的人际模式，如图4—11 所示：

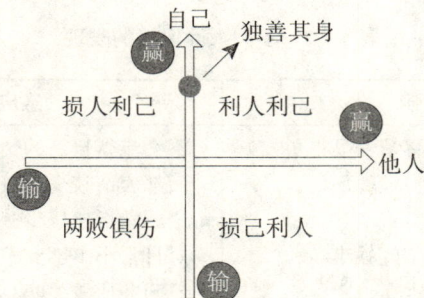

图4—11 人际关系五种模式

（1）利人利己：这是一种双赢的模式，双方在合作中彼此都有所受益。

（2）损己利人：牺牲自己的利益成就他人，这是一种崇高的道德境界，但是在经济往来中并不常见。

（3）独善其身：自己独立经营，尽量不和他人发生利益关系，这种模式在现今精细分工的社会中难以实现。

（4）损人利己：损害别人的利益为自己增益，这种行为为人所不齿，或许能带来短期的收益，但是损害了个人声誉，终究会受到应有的惩罚。

（5）两败俱伤：双输的局面，这是大家都不希望看到的结果。

### 4.4.2　人际风格

在日常的生活和工作中，我们会遇到形形色色的人，不同人在人际沟通过程中所表现出的特征不大相同。相应地，我们所采取的交际方式也应有所区别，也就是俗话说的"见什么人说什么话"。如果能够快速判断出对方的人际风格，无疑有利于我们做出恰当的反应，进而赢取对方的好感和信任，消除双方可能的冲突，促进人际关系的建立和维护。

在人际沟通过程中，我们可以依据一个人在沟通过程中情感流露的多少，以及沟通过程中做决策是否果断对其人际风格做出一些基本的判断，前者称为"感应性"，反映了一个人在他人看来表达个人情感或关心他人的程度，后者称为"主断性"，反映了一个人的行为在他人显示出的坚定有力和试图影响他人的程度。不同程度的"感应性"和"主断性"表现出的行为特征如表4—2所示。通过这些主要特征，我们可以对一个人的人际风格先做一个简单的分类。

表 4—2　不同人际风格的表现

| 感应性较强 | 感应性较弱 |
|---|---|
| ● 更加公开地表达自己的感情，显得更友好 | ● 不大流露自己的情感，比较拘谨缄默 |
| ● 面部更富于表情、做手势较随便 | ● 面部表情较少、较少用手势 |
| ● 语调转折比较多 | ● 语调转折比较少 |
| ● 喜欢唠家常，喜欢谈论闲闻轶事 | ● 对日常小事不大感兴趣，更关心事实 |
| ● 看问题比较关心人的因素 | ● 看问题比较关心具体的工作 |
| ● 喜欢与别人一起工作 | ● 喜欢单独一个人干 |
| ● 衣着较随便 | ● 衣着较讲究 |
| ● 利用时间不那么有规律 | ● 时间安排比较有规律 |

续表

| 主断性较强 | 主断性较弱 |
|---|---|
| ● 精力充沛、走路较快、手势较有力 | ● 精力不充沛、走路较慢、手势不大有力 |
| ● 较多地运用眼神的变化 | ● 较少运用眼神的变化 |
| ● 身体挺直或前倾，特别是在强调某一种观点时更加是这样 | ● 身体后仰，即使在论述一种观点时也是这样 |
| ● 较喜欢说话，声音较响，说话较快 | ● 不大喜欢说话，声音较低，说话较慢 |
| ● 处理问题较迅速、决策较果断 | ● 处理问题较缓慢、决策较迟钝 |
| ● 急于决策和行动，较喜欢冒风险 | ● 不急于决策和行动，不喜欢冒风险 |
| ● 较喜欢与人正面交锋，容易发脾气 | ● 不大喜欢与人正面交锋，不容易发脾气 |
| ● 在表达观点、提出要求、发布指示时，直截了当 | ● 在表达观点、提出要求、发布指示时，语气婉转 |

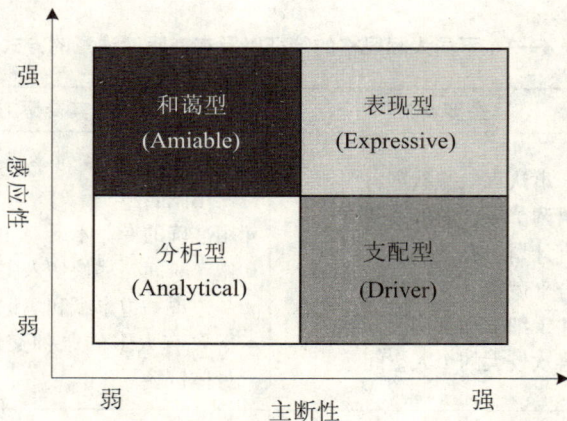

图4—12 人际风格分类

按照上述两个维度，我们可以将在工作和生活中遇到的所有人分为四种不同的类型，包括分析型、和蔼型、表达型和支配型，如图4—12所示。这四种不同类型的人在人际沟通过程中的反应有着比较明显的差别，只有了解不同人的沟通方式和特点，并且采取与之相应的方式与之沟通，才能够保证彼此沟通顺畅无阻。表4—3列举了不同人际风格类型的主要特征以及在和他们沟通时需要注意的交际方式。

在第一章中，我们介绍了美国PDP人力资源诊断系统给出的个人工作风格分类，实际上和上述人际风格分类相似，都是反映我们在工作和人际交往中表现出来的不同行为方式。通过这样简单而实用的分析工具，既可以帮助我们了解自己的工作习惯和人际风格，进行有效地自我规划和管理；也可以帮助我们了解别人的行为方式和人际风格，在人际交往中更好地与对方沟通，促进和巩固人际关系。正因为上述优势，该分析工具已经成为销售和谈判等管理课程中必备的内容之一。

### 4.4.3 人际资源

我们生活在社会之中，不可避免地与他人发生联系，形成关系网络，四通八达、错综复杂，就像人体的血脉网络一样，因此人际关系也被成为人脉。如果说血脉是人的生理生命支持系统，是人的生命赖以存在的基础，那么人脉则是人的社会生命支持系统，是个人事业赖以发展的基础。人际资源对人生成功具有重要的意义，主要体现在如下方面：

表4—3  不同人际风格的特征以及在交际时注意的方式

| 人际风格 | 主要特点 | 与其交际方式 |
|---|---|---|
| 分析型<br>（Analytical） | ● 严肃认真、缄默寡言<br>● 语调单一、面部表情少<br>● 有计划、有条不紊<br>合乎逻辑<br>● 注重细节和真实<br>喜欢较大的个人空间 | ● 注重细节，多列举一些具体的数据，使用图表<br>● 用准确的专业术语<br>● 遵守时间，尽快切入主题<br>● 一边说一边拿纸和笔记录<br>● 不要有太多的眼神交流，避免有太多身体接触 |
| 支配型<br>（Driver） | ● 独立果断，强调效率<br>有能力、有作为<br>● 指挥人<br>● 说话快且有说服力<br>● 语言直接，有目的性<br>● 面部表情比较少，情感不外露有计划，使用日历 | ● 回答一定要非常的准确<br>● 尽量问一些封闭式的问题<br>● 直接进入主题，不要有太多的寒暄<br>● 说话的时候声音要洪亮，语速比较快，表现出信心<br>● 要有计划，并且落到结果上<br>● 有目光接触，身体略微前倾 |
| 表现型<br>（Expressive） | ● 外向合群、直率热情<br>快速的动作和手势<br>● 不注重细节<br>生动活泼、抑扬顿挫的语调、幽默<br>● 令人信服、有说服力的语言 | ● 声音一定相应的要洪亮<br>● 要有一些动作和手势<br>● 充分的目光交流<br>● 多从宏观的角度去叙说<br>● 说话要非常直接<br>● 达成协议以后，最好与之进行书面确认 |

| 人际风格 | 主要特点 | 与其交际方式 |
|---|---|---|
| 和蔼型<br>（Amiable） | ● 合作、友好，有耐心<br>　面部表情和蔼可亲<br>● 频繁的目光接触<br>● 赞同，鼓励性的语言<br>　说话慢条斯理、声音轻柔 | ● 与其建立好关系<br>● 及时加以赞赏<br>● 始终保持微笑<br>● 说话要比较慢，要注意抑扬顿挫<br>● 有频繁的目光接触。 |

（1）拓展社会接触面：现代社会分工日益细化，每个人都只能在自己很窄的领域有所专攻，不同方向的人际资源可以帮助我们更好地了解社会的各个方面，同时弥补在这一方面的不足。比如，有做医生的朋友，可以帮助补充一些健康常识和保健知识，有位金融界的朋友，可以普及一些投资理财知识。

（2）扩大信息渠道：在当今信息爆炸的时代，有效的信息往往被湮没在海量的各种媒介中，及时获取有用的信息，可以在决策中抢占先机。人际资源就像一个个情报站，人脉越广，信息渠道越丰富，获取信息的速度就越快，代价就越低。

（3）帮助个人成长：人脉还是个人成长的镜子，真正的师长朋友会帮助你认识自己、改正错误。有效的人际资源能够在关键时刻或危难之际帮我们一把。生命中的"贵人"能让我们站在巨人的肩膀上，加快成功的步伐。

我们一生会遇到形形色色的人，和无数的人打交道，并非所有人都能成为有效的人际资源。通常可以从以下三个方面来评价人际资源的有效性：

（1）交往深度：交往是否密切，关系是否稳固。如果和他人的关系只停留在泛泛之交，并不能达到人际交往的目的。

（2）交往广度：交往的范围是否广泛，能否覆盖可能需要的各个方面；人际资源需要一定的广度，以扩展自己的生活面和视野，有利于改变思维模式，弥补自己能力上的不足。

（3）个人关联度：对方是否和你关心的领域相关。

按照上述三个维度的不同程度划分，个人的交际圈大致可以分成三级：核心层人脉、紧密层人脉以及备用层人脉，如图4—13所示。

（1）核心层人脉资源：指对个人的职业和事业生涯能起到关键决定性作用的人脉资源，同时还要求这些人脉资源与自己关系密切，可靠有效，能够在需要的时候发挥作用。比如，上司可以直接决定个人能否升迁，可以称得上是核心人脉，还有一些重要客户也是核心人脉。

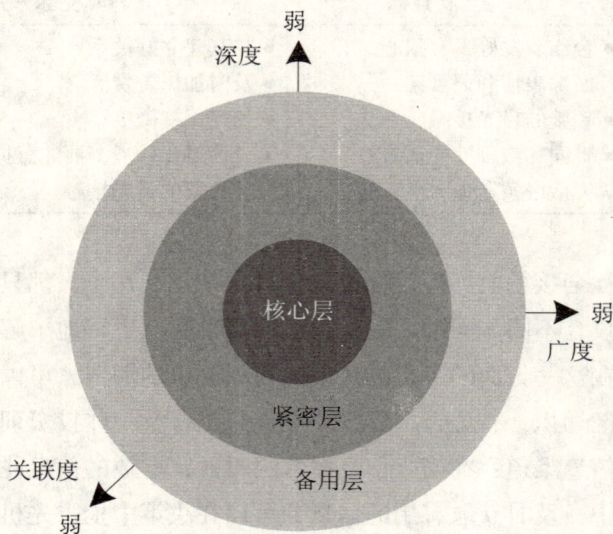

图 4—13　人脉层次

（2）紧密层人脉资源：指在核心层人脉资源基础上的适当扩展，平时彼此关系较为密切，有较多的接触，虽然对方不一定能够直接决定你的前途和发展，但是在未来可能会彼此影响。比如有发展潜力的同事，关系亲密的朋友等等。

（3）备用层人脉关系：指平时关系一般，但是在将来可能对自己有一定影响的人脉资源。比如下属、普通客户、关系一般的同学、朋友等等。

在维系人际关系的过程中，要同时注意人脉的深度、广度和关联度。如果交往深度不够，只是泛泛之交，在需要的时候很难起到关键作用。比如一位平时不太联系的同学，或者只是有普通业务往来的客户，很难形成互助关系。如果接触广度不够，人脉圈子结构太单一，会导致人脉资源的质量不高。例如，只重视组织内部的人脉资源，而忽视了组织外部的人脉资源，会造成生活圈子狭窄，信息闭塞；只重视现在的人脉资源，而忽视了未来的人脉资源，结果随着职业和事业的发展以及环境的变化，造成关键人脉资源的缺位。

### 4.4.4　拓展人际

反思一下：你所认识的人是否都和自己背景很像或者经历相似，甚至对于一些事情的看法也是一致的？你最近半年内是否只和原来的旧交好友保持联系，一直没有结识新的朋友？如果你的回答是肯定的，那么需要注意，因为这表示你的生活圈越来越窄，人脉资源呈现出单一化。

维持人际关系需要付出很多的精力，才能期待将来有所回报，因此要求我们在发展人际关系时有所选择，有针对性。如果和自己的生活和事业发展关联度不大，投入过多的精力，得不偿失。因此在拓展人脉资源时，需要注意以下几点：

第一，重视对方品德。古语云："与善人居，如入芝兰之室，久而不闻其香，则与之化矣；与不善人居，如入鲍鱼之肆，久而不闻其臭，亦与之化矣。"结交朋友，品德是第一位的。无论对方能力多强，是否能够帮助到你，如果其品德恶劣，或许会暂时受益，终究会为其所累，反受其害。

第二，兼顾事业和生活。发展人脉，不能只顾职业上的发展，而忽视日常生活上的需要。比如，有的人尽管在你的职业生涯上起不到什么作用，但是在日常生活中却可能起到至关重要的作用，比如医生、警察等等，这样的人脉资源同样不应该忽视。

第三，重视心智发展。应该多结交一些不同领域的专家、学者，经常与这些人交流，或许能够获得心智的启迪、知识的补充，扩展自己的学识和见解，提升个人的全面素质。

● 社交距离

在人际交往中，人与人之间需要保持一定的空间距离，人们都需要在自己的周围有一个能够控制的私人空间，这样才会有安全感。比如在日常生活中，当陌生人距离自己过近时，我们常常感到一种紧张、恐慌或不适感；不仅仅是陌生人，当某位普通朋友表现得和你过于亲密时，你也会觉得不舒服。因此，我们针对不同亲密程度的人群有着不同的空间距离。

人际交往的距离取决于交往双方的人际关系以及所处的情境。美国人类学家爱德华·霍尔（Edward T. Hall）根据研究划分了四种人际距离，包括亲密距离、个人距离、社交距离和公共距离，具体含义如表4—4所示。

上述人际交往的空间距离主要是基于美国社会文化的统计结果，并不是固定不变的，它具有一定的伸缩性，这依赖于具体情境、交际双方的关系、社会地位、文化背景、性格特征等。比如在中国的一些大型城市，人口密度比较大，难以保证较大的公共距离，人们不得不在一些公共场合忍受较小的公共距离。有些人相对比较外向，对陌生人比较开放，能够将不太熟悉的人拉入到较近的空间距离内；而有些人比较内向敏感，一般不允许陌生人进入到其个人距离内，否则会有不舒服的反应，甚至对朋友也要保持在较远的个人距离。

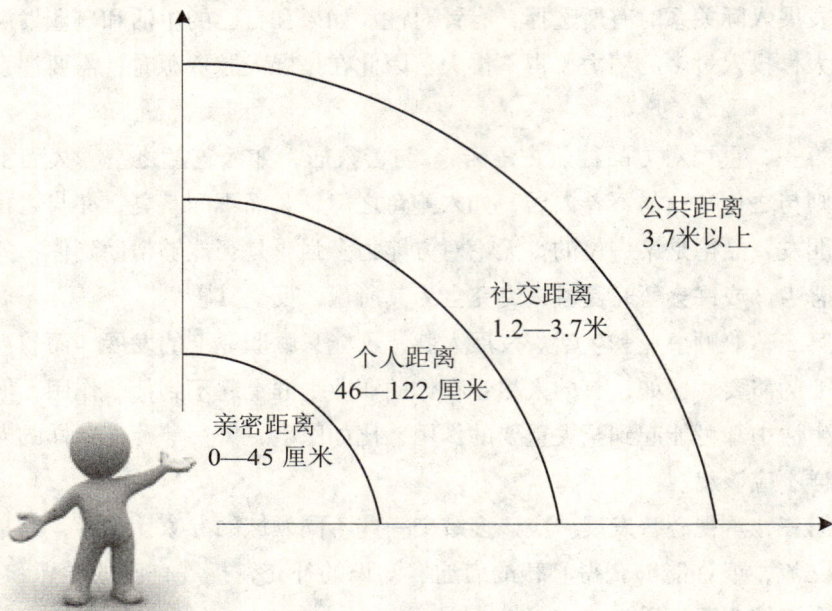

图4—14　人际距离体现为空间距离

表4—4　不同人际距离的含义

| 人际距离 | 空间距离 | 表现 | 适用场合 |
|---|---|---|---|
| 亲密距离 | 近：0—15厘米 | 彼此间可能肌肤相触，能感受到对方的体温、气味和气息，能够亲密私语。 | 夫妻、恋人至亲家属 |
| | 远：15—45厘米 | 身体上的接触可能表现为挽臂执手，或促膝谈心，仍体现出亲密友好的关系。 | 贴心朋友 |
| 个人距离 | 近：46—75厘米 | 正好能相互亲切握手，友好交谈。这是与熟人交往的空间。 | 较为融洽的朋友 |
| | 远：76—122厘米 | 任何朋友和熟人都可以自由地进入这个空间。 | 普通朋友熟人 |
| 社交距离 | 近：1.2—2.0米 | 已经没有直接的身体接触，体现出一种社交性或礼节上的较正式关系。 | 工作环境社交聚会 |

续表

| 人际距离 | 空间距离 | 表现 | 适用场合 |
|---|---|---|---|
| 社交距离 | 远：2.1—3.7米 | 表现为一种更加正式的交往关系，说话时要适当提高声音，同时需要更充分的目光接触。 | 商业活动<br>外交场合 |
| 公共距离 | 近：3.7—7.6米 | 公开演说时演说者与听众所保持的距离。 | 公开演讲 |
| | 远：>7.6米 | 这是一个完全开放的空间，彼此之间不必发生任何联系。 | 开放空间 |

　　通过了解了交往中人们所需的自我空间及适当的交往距离，就能有意识地选择与人交往的最佳距离，在交际过程中能够让对方感到舒服和尊重，有利于维持和巩固人际关系，并进一步拓展人际资源。

● 交际原则

　　成功的职业人应当具备优秀的社交能力，如果不会妥善处理人际关系，再聪明的人也难以成功。要想培养良好的社交能力，需要把握一些重要的原则，如表4—5所示。

表4—5　人际交往的基本原则

| 原则 | 解释 |
|---|---|
| 真诚 | ● 无论交往的动机是否具有功利性，真诚是交友的首要原则。朋友不仅仅是事业上可以依靠的伙伴，更是宝贵的精神财富。 |
| 平等 | ● "人人生而平等"。不管贵贱高低，我们在人格上都是平等的。"敬人者，人恒敬之"，要想受人尊敬，首先要懂得尊敬人。 |
| 诚信 | ● "人而无信，不知其可。"诚实守信是人在社会上立足之本，在社会网络中，诚信就是个人的名片，口碑相传。 |
| 包容 | ● 世上没有相同的树叶，也没完全相同的人。每个人生活的过程不同、习惯不同，只能求同存异，所以对待别人要容忍一些，同事之间更是如此。 |
| 互惠 | ● 朋友之间不可能永远都是单方面的付出，在交际过程中，要懂得互惠互利，投桃报李，才能维持稳定的人际关系。当然，也不能完全用功利的心态交友，回报的方式有多种多样，尤其需要注意感情的回报。 |

● 拓展渠道

拓展人际资源，可以从多个方面经营个人的社交网络：

（1）通过熟人介绍，扩展人际网络的广度。

社会学上有个"六维关系理论"，指世界上任意两个人都可以通过一个不超过 6 个人的关系网相连接。举个例子，这本书的作者和正在阅读的你，无论你我是否相识，都可以通过不超过六个人的介绍而认识。所以，在当今全球化、信息化的社会，我们每个人都紧密地联系在一起。在日常生活中，只要我们做一个有心人，把陌生变成熟悉，把无关变成有关，把朋友的人脉资源与自己整合，就能建立更为广阔的人际圈。

图 4—15 "六维关系"理论

（2）参与社团活动，扩大互动交流的圈子。

对于扩展单位外的人脉，扩大交友范围，社团活动是一个很好的渠道。平常如果太主动亲近陌生人时，由于人的防卫心理，很容易遭到拒绝。但是参与社团时，人与人的交往便会变得自然。通过社团里的公益活动、休闲活动等，产生人际互动与联系。如果参加了某个社团，最好多承担一些组织者的角色，这样可以和更多的人接触，并且获得为他人服务的机会，更容易赢得他人的好感和信任，从而建立稳定的人际关系。

（3）参加技能培训，建立志同道合的平台。

利用业余时间参加一些和自己工作或者兴趣相关的培训活动，不仅可以提高自己的技能，学知识、长见识；而且能够通过培训这样的渠道，结识一些有共同爱好，共同目标的人，大家彼此有更多的共同点，沟通起来相对要容易许多，也更容易产生友谊。

（4）参加兴趣活动，搭建表现自己的舞台。

单位里组织的大大小小的活动，虽然不会给你带来直接的经济效益，甚至纯粹是为人民服务，但也是一个非常好的展现自己才华和能力的舞台，比如你舞跳得很好，可以主动教其他感兴趣的同事；足球踢得很好，可以帮助部门赢得全单位的联赛；做事情很细心，组织一场活动让大家都很尽兴……这些都会令人刮目相看，让你脱颖而出。即使没有什么特长，在活动中帮帮手，也会赢得同事对你的好感，下次你需要帮忙时，他也会乐意伸出援助之手。

当然，参加活动有时会有较高的时间成本，你需要作出判断，哪些活动可以参加，哪些活动应该拒绝。管理好自己的时间，利用每一次活动为自己拓展一些积极的资源。

（5）主动积极争取，创造相识相知的机会。

机会只给有准备的人，愚者错失机会，智者把握机会，成功者自己创造机会。人是情感动物，往往不会拒绝善意真诚的友谊。在与人交往的过程中，只有主动积极才可能为你赢取相识的机会；而只有真诚热情，才可能获得别人的信任。

比如说，很多白领上下班乘电梯时，会偶遇领导，也许只有几分钟时间，许多人往往会尴尬地选择回避，而有的人却能利用短短的时间给领导留下深刻的印象。生活中机会很多，关键是你愿不愿意去做个有心人。

### 4.4.5 管理人际

人与人相处是一件复杂的事情，如何维持人际关系也是件值得深思熟虑的事情。这里简单介绍一些职场中人际管理的原则和注意事项。

● 与上司相处

上司是工作中最直接的利益相关者，和上司处理好关系，对于个人的发展尤为重要。在工作中，与上司相处，需要注意以下方面：

（1）与上司交往要小心谨慎：虽然现代社会注重开放和平等，不至于"伴君如伴虎"，但是出于职位不同、处境不同，和上司相处，仍然有许多需要注意的地方。不该问的事情不问，不该听的消息不听。不能表现过于强势，给人咄咄逼人的感觉；又不能表现过于拘谨、谨小慎微，给人不够成熟稳重的印象。

（2）明白上司对自己的期望：工作中的人际关系往往建立在事业的基础上，组织对员工的基本要求是完成本职工作，上司对你的期望值反映了上司心目中对你的定位。能否出色完成任务，能否在关键岗位上担当起责任，决定了你未来的发展空间。

（3）获得上司的信任：成为一个工作上可以信赖的下属，逐渐地承担更重要的任务和职责。建立信任是一件不容易的事情，需要通过不断的成功，积累领导对自己的好感；而一旦在某些事情上犯了严重错误，则可能会导致严重的后果。

（4）帮助上司成功：水涨船高，上司的位置也往往决定了你能到达的高度，帮助上司成功，自己也会收获更多。

（5）在压力下保持冷静：工作中遇到困难，往往是最能考验一个人的时刻。在压力状态下，一些平常不易表现出来的缺陷和不足可能会不经意间流露出来。领导往往会出于考察的目的，让某人承担一些具有挑战性的工作。这时候如果能够顶住压力，冷静地处理好问题，让领导刮目相看，就能在领导心目中建立"才堪大任"的良好印象。

（6）有大局观，避免谈琐事：上司的视角往往高瞻远瞩、纵观全局。向上司汇报工作时，不求面面俱到将每个细节都叙述清楚，最好能给一些最直接的结果、最直观的数据等。一方面，上司可能并非是这方面的专家，对细节本身了解有限；另一方面，上司日理万机，无法跟踪每一个细节，更关心结论及影响。另外，在日常的交流中经常谈及宏观的事情，也能体现出一个人本身的眼界和思维。

（7）表达建议性的异议：工作中难免会发生一些观念、意见上的冲突，作为一名员工，要善于表达自己的真实想法，既不要唯领导是从、听之任之，让错误越走越远，也不宜当面顶撞，针锋相对。可以通过建议性的话语，列出几种可能的解决方案，并陈述各自优缺点，并将自己的倾向表达出来，请领导决策。这样既保住了领导的面子，也让自己的观点更易于被采纳。

● 与同事交往

同事之间既有共同的目标和利益，又有一定的竞争关系。因此同事之间的关系往往很微妙。在工作中与同事相处，需要注意以下方面：

（1）保持礼貌：保持彬彬有礼，给对方留下一个好的印象。凡事忍让一些，避免与人发生摩擦。

（2）合作共赢：虽然同事之间有竞争，但是要看到，共同的目标胜过个人的利益。在一个成功的团队里，才可能有个人的成功；而团队的失败则是所有人的失败。

（3）倾听对方：倾听不仅仅是对他人的尊重和关注，更是学习的重要方式。了解对方的需求，并给予适当的意见和建议。

（4）认可对方：关心同事的工作，肯定对方取得的成绩，是赢得对方好感的有效方法。

（5）保持适当距离："刺猬效应"告诉我们，靠得太近反而会伤着对方。和同事之间尽量保持工作上的关系，少打听对方的私人生活。

● 与下属交往

下属是自己团队的成员，协助自己完成分配的各项任务。在管理制度上，自己对下属有领导和指挥的权力，但是除此之外，如何与下属交往，使其更加有效地为自己工作，是一门重要的学问。作为管理者，需要做到如下几点：

（1）尊重下属，关心关爱：虽然自己是上司，但不能用一种居高临下的态度对待下属。下属也有受尊重的需求，作为上司对下属表现出尊重和关爱，更能凝聚人心、赢取信任。对于资历较老的员工，尽量采用求教、协商的态度，同时做到不失威信；对于表现优秀的年轻员工，则尽量予以感谢和鼓励，而非直白的表扬，两者的区别在于前者是对其努力工作的肯定，而后者容易助长其骄傲之气。

（2）知人善用、帮助下属成长：有人说："庸才是放错地方的天才。"因此作为上司，应该尽力发掘下属的才能，做到知人善用，让每一个下属都能在整个团队中找到合适的位置，发挥其特长。帮助下属更好地成长最终还是为了团队整体绩效的提升，有利于形成积极向上的团队文化。

（3）公平公正，不搞小圈子：作为上司，与下属建立私交时，尽量做到一碗水端平，不要有明显的偏好，尤其不能在团队内容搞小圈子，亲近一部分人而疏远另一部分人，容易导致团队分裂。

（4）倾听意见、协调冲突：利用一些非正式的机会和下属进行沟通，在日常生活中倾听其看法和建议，有利于了解下属的真实想法，及时发现和解决问题，避免可能发生的冲突。

（5）设定目标、促进共识：让团队所有成员共享愿景，是领导力的重要内容。只有享有共同目标的团队，才能往同一个方向使劲。作为上司，需要和下属沟通，促进所有下属在整体目标上达成共识。

虽然人际交往有各种各样的技巧，但是始终要强调的一点原则是：真诚相待。只有用心交往，才能赢得对方的信任，如果彼此只是利用和被利用的关系，情谊终究会破裂，甚至造成"反目成仇"的尴尬局面。

总之，积极的人际关系是人生成功的关键，也是生活幸福和满意度的重要标志之一，是值得我们每个人一生用心经营的事业。

# 4.5　团队合作

现代社会中，人与人密切联系在一起，彼此间存在着各种各样的依赖关系。在工作中，个人的力量是有限的，必须通过团队的形式共同完成任务。优秀的团队能够使每个人的力量都充分发挥出来，形成集群效应；而糟糕的团队则相互牵制，每个人都难以真正发挥作用，导致效率低下。组织学习大师彼得·圣吉就曾指出一个严重的现象："为什么团队里的每一个成员的智商都是120%，但在一起工作时就变成了62%了呢？"在一个不合作的团队中，大家目标不一致，力气不往同一个方向使，必然会使得许多个人力量会被抵消浪费掉，即使大家都非常努力，但是由于他们的努力未能有效地转化为团队的力量，最终只会一事无成。只有当一个团队具有共同的愿景和目标，能够彼此协调一致，并且通过取长补短密切合作，才能汇聚成一股强大的力量，向着共同的方向前进。

就我们个人而言，团队合作是一项非常重要的职业素养。我们不仅要学会如何在一个团队中与他人合作，也要学会如何促使他人更愿意和自己合作，从而营造一种合作的氛围，促进整个团队的发展和进步。

## 4.5.1　团队精神

个人在团队中，首先需要具备团队精神，才能真正融入团队。团队精神体现在团队的成员为了实现团队的利益和目标而相互协作、共同奋斗的意愿和作风，团队精神强调的是团队成员的精诚团结、紧密合作，它包括团队成员间的凝聚力、合作意识及士气。团队精神是优秀团队的灵魂、成功团队的重要特质。

个人的团队精神体现如下几大方面：

（1）共享愿景：个人与团队拥有共同的愿景，认同团队的整体发展目标，将团队的目标和自身的目标相统一，这样才能全心全意地为团队贡献自己的力量。反之，如果个人不认同团队的发展方向，要么与其背道而驰，最终各奔东西，要么则貌合神离，松懈懒散，不愿出力。

（2）信任他人：信任是团队成员之间和谐相处的基本保障。只有平等对待团队中每一个人，并尊重他人，才能获得他人的信任和尊重，营造一种互信的团队氛围。

（3）协作精神：精诚合作要求团队里的每一位成员都必须明白自己的角色、责任和团队的共同愿景，团队所有成员都能"心往一处想，劲往一处使"，注重整体搭配、协调一致。如果成员之间彼此不信任、不支持，那么团队就无法士气高昂并有战斗力，也就更谈不上"高效"。

（4）全局意识：当个人融入到一个团队中，应当把团队的整体利益放在第一位，而个人利益放在其次的位置上。只有团队的发展，才有个人的发展。如果一个人在团队中只关心自己的私利，而忽视团队的利益甚至做损坏团队利益的事情，这样的人很快就会被团队其他成员所抛弃。

（5）服务意识：团队是许多人组成的群体，彼此之间共同工作、相互支持。作为团队的成员，要树立服务集体的意识，主动帮助他人，为大家服务，形成一种"人人为我、我为人人"的团队氛围，有利于促进团队内部的团结和和谐。

团队精神不仅体现在口头上，更重要的是在日常工作积极践行上述理念，真正将自己融入团队，主动承担更多的责任，协助和支持团队其他人，共同获得进步。

### 4.5.2　团队角色

正如在第一章所指出的，没有完美的个人，但是可以有完美的团队。一个团队应该由具有不同个性和能力的成员组成，每个人贡献各不相同但都很重要，通过彼此间的有机分工和密切合作，形成一个互补互助的完美团队。剑桥大学雷蒙德·贝尔宾博士（Raymond M. Belbin）经过多年研究与总结，提出了著名的贝尔宾团队角色（Belbin Team Roles）理论，认为一个团队中应该包含九种不同的角色，如表4—6所示。

表 4—6　贝尔宾的团队角色

| 类型 | 典型特征 | 积极特性 | 潜在弱点 |
|---|---|---|---|
| 实干者 CW | 务实；顺从；可靠；保守 | 有组织能力、实践经验；工作勤奋；有自约束力 | 缺乏灵活；能没有把握的主意不感兴趣 |
| 协调者 CO | 沉着；自信；抑制力 | 不带偏见地兼容各种有价值的意见，甚为客观 | 在智能及创造力面并非超常 |
| 推进者 SH | 思维敏捷；开郎；主动探索 | 有干劲，随时准备向传统、向效率、向自满自足挑战 | 好激起争端，爱冲动，易急躁 |
| 创新者 PL | 有个性；思想深刻；不拘一格 | 才华横益；富有想象力；智慧；知识渊博 | 高高在上；不重细节；不拘礼仪 |
| 外交家 RI | 性格外向；热情；好厅；联系广泛；消息灵通 | 有广泛联系人的能力；不断拧索新的事物；勇于迎接新的挑战 | 事过境迁，兴趣马上转移 |
| 凝聚者 TW | 擅长人际交往；温和；敏感 | 有适应周围环境及人的能力；能促进团队的合作 | 在危急时刻优柔寡断 |
| 完美主义者 FI | 勤奋有序；认真；有紧迫感 | 持之以恒；理想主义；追求完美 | 常拘泥于细节，不洒脱 |
| 监督者 ME | 清醒；理智；谨慎 | 判断力强；分辨力强；讲求实际 | 缺乏鼓动和激发他人能力 |

　　贝尔宾认为，人无完人，但是一个团队通过不同类型的人进行组合，可以是完美的。一个成功的团队需要不同能力的人，实现技能上的互补。通过对团队角色的分析，管理者应该对自己的团队进行审视，团队中各种角色是否具备，当然，并非要求将员工和角色对号入座，而是要求团队具备所需的能力素质，以保证能够处理各种可能遇到的问题。同时，我们个人也应该结合自己的能力和特长，评估自己在团队中最适合的角色，这样才能发挥个人优势，既有利于个人的发展，也有利于团队的整体发展。

　　下面通过一个小测评，看看你在团队中适合哪种角色？

## 小 测 试

### 贝尔宾团队角色测试

说明：对于下列每个问题，有八种不同的选项，这些选项可能在不同程度上描绘了您的行为。请将十分分配给这八个选项中的一个或多个，分配的原则是：最体现您的行为的选项分数最高，以此类推，每题各选项总得分为十分。请根据您的实际情况把分数填入后面的表中。

一、我认为我能为团队做出的贡献是：

A. 我能很快地发现新的机遇。

B. 能与各种类型的人合作共事。

C. 我一贯是爱出主意的。

D. 我善于发现对实现集体目标有价值的人。

E. 我能靠个人的实力把事情办成。

F. 如果最终能导致有益的结果，我愿面对暂时的冷遇。

G. 我通常能意识到什么是现实的，什么是可能的。

H. 在选择行动方案时，我能不带倾向，也不带偏见地从众多方案中选出一个合理的方案。

二、在团队中，我常常有这样的感觉或表现：

A. 如果会议没有得到很好的组织、控制和主持，我会感到和不痛快。

B. 只要他的意见确实有见地，我不在乎他的表达方式。

C. 集体讨论新问题时，我属于说的多的。

D. 我的看法太客观，有时显得有些不近人情，是我与同事打成一片有困难。

E. 为了把事情办成，我有时使人感到特别强硬以至专断。

F. 可能由于我过分重视集体的气氛，以至显得过于随和。

G. 我常常陷入突发的想象之中，而忘了正在进行的事情。

H. 我的同事认为我过分注意细节，总有不必要的担心。

三、当我与其他人共同进行一项工作时：

A. 我有不施加任何压力就可以影响其他人的能力。

B. 我能敏锐地发现工作中的疏忽并及时给与纠正。

C. 为了确保会议不是在浪费时间或离题太远，我认为提出一些要求是必要的。

D. 我提出的见解常常有独到之处。

E. 乐于支持与大家共同利益有关的积极建议。

F. 我热衷寻求最新的思想和新的发展。

G. 我相信我的判断能力有助于做出正确的决策。

H. 我能使人放心的是，对那些最基本的工作，我都能做到井井有条。

四、我在工作团队中的特征是：

A. 我喜欢更多地了解我的同事。

B. 我经常向别人的见解进行挑战或坚持自己的意见。

C. 在辩论中，我通常能找到论据，推翻那些不甚合理的主张。

D. 我有推动工作运转的才能。

E. 我不在意自己是否太突出。

F. 对承担的任何工作，我都追求尽善尽美。

G. 我乐于与工作团对以外的人进行联系。

H. 尽管我对所有的观点都感兴趣，但这并不影响我在必要的时候下决心。

五、工作时我感到满足，因为：

A. 我喜欢分析情况，权衡所有可能的选择。

B. 我对寻找解决问题的可行方案感兴趣。

C. 我在促进良好的工作关系。

D. 我能对决策有强烈的影响。

E. 我愿意同那些有新意的人交往。

F. 我能使人们在某项必要的行动上达成一致意见。

G. 我有一种全身心地投入到工作中去的气质。

H. 我很高兴能找到一块可以发挥我想象力的天地。

六、如果突然给我一件困难的工作，而且时间有限，人员不熟：

A. 在有新方案之前，我可能会独自躲在房间里，先拟定出一个解脱困境的方案。

B. 我比较愿意与那些表现出积极态度的人一道工作。

C. 我会设法通达用人所长的方法来减轻工作负担。

D. 我天的的紧迫感，将有助于我们会落在计划后面。

E. 我认为能保持头脑冷静，富有条理地思考问题。

F. 尽管困难重重，我也能保证目标始终如一。

G. 如果集全工作没有进展，我会采取积极措施去加以推动。

H. 我愿意展开广泛的讨论，意在激发新思想，推动工作。


七、我在困队工作中或与周围人共事时遇到问题：

A. 我容易对那些阻碍前进的人表现出不耐烦。

B. 别人可能批评我太重分析而缺少直觉。

C. 我过于追求做好工作的愿望，使我常常感到焦虑。

D. 我常常容易产生厌烦感，需要有激情的人使我振动起来。

E. 如果目标明确，让我起步是很困难的。

F. 对于遇到的复杂问题，我可有会提出很好的意见，但有时不善于加以解释。

G. 如果遇到自己解决不了的问题，我就会求助他人。

H. 当我与别人发生冲突时，我没有把握使对方理解我的观点。

测评结果：

### 团队角色自我评价分析表

| 题号 | CW | CH | SH | PL | RI | ME | TW | FI |
|------|----|----|----|----|----|----|----|----|
| 一 | G | D | F | C | A | H | B | E |
| 二 | A | B | E | G | C | D | F | H |
| 三 | H | A | C | D | F | G | E | B |
| 四 | D | H | B | E | G | C | A | F |
| 五 | B | F | D | H | E | A | C | G |
| 六 | F | C | G | A | H | E | B | D |

| 题号 | CW | CH | SH | PL | RI | ME | TW | FI |
|---|---|---|---|---|---|---|---|---|
| 七 | E | G | A | F | D | B | H | C |
| 总计 | | | | | | | | |

根据上述测评，我最适合的团队角色是 _____

### 4.5.3 团队建设

团队建设（Team Building），也被简称为TB，是营造团队氛围、巩固团队关系的必要措施。团队的发展取决于团队的建设。团队建设并不仅仅指组织游玩活动和拓展训练等，事实上，团队建设的形式是多种多样的，主要目的是凝聚人心、提升能力，从而能够胜任更重要的任务。一般来说，团队建设可以从以下几个方面进行：

（1）塑造团队愿景

首先，团队成员应该具备共同的愿景，认同团队的文化，并愿意为团队目标而努力奋斗。只有当团队发展目标是团队所有成员的共同追求时，才能成为全体成员奋斗的方向和动力。团队管理层在制定团队目标时，不仅要让团队成员知道团队发展的规划，还要使其尽可能参与到团队目标的制定与实施中。这样团队成员更容易认可团队发展的方向，并在行动上与团队发展方向保持一致。大家同心同德，心往一处想，劲往一处使。

（2）培养团队精神

如前文所述，团队精神事关团队的凝聚力和士气，是团队成功的关键。要培育这种精神，团队领导者首先要以身作则，做一个富有团队精神的优秀楷模，鼓舞所有团队成员；其次，在团队培训中加强团队精神的理念教育，培养成员的合作意识和协作技能；最重要的是，要在团队的工作实践中始终践行合作的理念，让团队成员在工作中逐渐形成默契，找到自身最合适的定位，彼此间成为最佳搭档。

（3）建立学习型组织

团队管理者需要为员工搭建成长和发展的平台，一个好的平台，能够营造良好的成长环境，提供更多的锻炼和施展才华的机会。学习型组织就是这样一个好的平台，让团队中每一个人都认识学习的重要性，并为他们创造学习机会，提供学习场地，并通过一对一沟通、专题讨论会、技能培训课、分享交流会等方式营造学习氛围，使团队成员在学习中快速成长为骨干。

（4）完善激励机制

根据马斯洛的需求层次理论，人们在不同的阶段有不同的需求，这些需求是促进个人努力的内在动机，因此每个团队成员都需要被激励。团队的激励机制会直接影响到团队的士气，最终影响到团队的发展。通过激励，使团队成员的需要和愿望得到满足，调动他们的积极性，使其主动自发地把个人的潜力能发挥出来，从而确保团队目标的实现。激励的方式多种多样，不仅仅是职位上的提升、物质上的奖励，也可以是精神上的表彰，比如授予荣誉称号、召开庆祝大会、提供更好的培训机会等。

# 4.6  领导力

领导力是一项重要的职业素养，不是只有管理者才需要领导力，作为普通的职业人也需要具备一定的领导能力。《领导力》一书的作者詹姆斯·库泽斯（James Kouzes）和巴里·波斯纳（Barry Posner）认为领导力就是动员大家为了共同的愿景一起奋斗的能力。无论是管理团队、还是管理项目，或者只是带领临时的任务小组，都需要领导力来激励大家共同奋斗。

个人的领导力主要体现在两个方面，一是个人的能力、品质和魅力能够赢得团队成员的尊重和信赖；二是具备一定的领导技巧，能够激励和协调团队成员，领导团队完成目标。

## 4.6.1  领导品质

如果说普通员工的品格会影响个人的发展，那么管理者的品格则会影响整个组织的发展。管理者具有高尚的品格，他个人的魅力就像灿烂的阳光，照耀组织里的每一位员工，照耀组织的每一个角落，形成一股巨大的精神力量；相反，如果管理者道德低劣，则会形成一股恶劣的风气，败坏整个团队。管理学大师彼得·德鲁克曾说过："如果管理者缺乏正直的品格，那么，无论他多么有知识、有才华、有成就，也会造成重大损失。他破坏了企业中最宝贵的资源——人，破坏组织的精神，破坏工作成就。"由此可见，高尚的品格对于一个管理者而言，是多么重要的素质！

《领导力》一书的作者詹姆斯·库泽斯和巴里·波斯纳的团队设计了一份名为"受人尊敬的领导者的品质"问卷，调查了六大洲的7000多人。调查结果显示：真诚、有前瞻性、有激情、有能力四种品质最受人青睐。

真诚：真诚对于领导者和追随者之间的关系非常重要。人们希望领导者能够真诚地与下属进行沟通，彼此之间建立互信。一个真诚的领导者，能够轻易获得下属的拥护，从而团结更多的人一起奋斗。如果我们追随的人在我们自己看来不那么诚实，我们不仅不能从心底尊重他，反而可能会"近墨者黑"，受其影响，自己也逐渐丧失诚信。

有前瞻性：领导者往往引领整个团队的发展方向，因此领导者需要有高瞻远瞩的眼光，能够前瞻性地预知未来发展趋势，并制定明确的实施方案，从而带领团队走在正确的发展道路上。市场竞争激烈而残酷，如果不能把握正确的发展方向，很可能导致错误的决策，使组织走上灭亡之路。

历史上很多显赫一时的公司，都因为没有选对发展路线从而走向没落，其中一个最著名的案例是摩托罗拉的"铱星计划"。1990年，摩托罗拉未经详细论证便发起"铱星计划"并投资成立铱星公司，计划发射77颗通信卫星，覆盖全球任何一个角落。然而由于成本过高，新的通信技术发展迅速以及自身技术缺陷等原因，2000年8月铱星公司正式宣布破产，摩托罗拉也因此元气大伤。

有激情：人们希望领导者是一个热心的、富有活力的、对未来充满希望的人。一个有激情的领导者能够使我们的生活更加有目的，更加有意义；一个有激情的领导者能够让他的团队更加自信，更加团结，更加有斗志。

苹果公司创始人乔布斯（Steve Jobs）就是一个充满激情的人，他全身心地投入到富有创造性的工作中，从iMac到ipod、到iphone、ipad，苹果推出的每一代产品都精美绝伦、无可挑剔，给"果粉"们带来一次又一次的惊喜。只有对生活充满热爱、对工作充满激情的人，才能不断发挥出如此的创造力，改变我们的生活。

有能力：为了达到一个共同的目标，人们必须选择一个有能力的领导者引领前行。不同岗位、不同层次的领导者，对于能力的要求有所不同，但是可以用同一个指标来衡量，即"胜任力"——他能否胜任现在的领导者角色，是否有能力带领团队实现既定的目标。

## 4.6.2　领导风格

领导者对其成员的行为主要包括两类，一类是指挥性的行为，告诉成员应该做什么、如何去做，另一类是支持性的行为，即当员工需要外界力量和资源时，领导者及时提供帮助。按照上述两种行为的强弱程度进行划分，可以将领导者风格划分为四种类型，即指挥型、支持型、授权型、教练型，如图4—16所示。

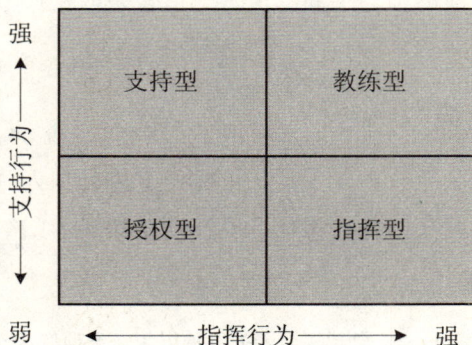

图4—16　四种不同领导风格

（1）指挥型：领导者直接通过下达命令或者指示的方式让员工按照指令去办事，最终完成工作目标。指挥型的领导风格通常比较强势，需要员工服从，员工只能遵循指令按部就班地完成任务，很少有自主发挥的空间。

（2）支持型：领导者对员工主要采取支持性的行为，而很少采取指挥性的行为。支持型的领导不会告诉员工应该怎么做，但是在员工需要的时候，会给他提供一些支持和帮助，并且告诉他需要改进的地方，帮助员工进步。

（3）授权型：领导者在工作中给予下属较大的自由权，使其充分发挥自己的主动性和积极性去达成一个目标。授权型的领导很少干预员工的工作，往往只关心结果如何，至于工作过程则充分信任员工。

（4）教练型：领导者既能从工作内容上进行具体的指导，又能给下属提供一些支持使其能够独立完成一些工作，就像是体育运动中的教练。在

245

现代管理中，教练型的领导风格是比较推崇的，但是对领导者也提出了较高的要求。

　　处于不同发展阶段的员工，需要领导者提供的指导和支持程度是不同的，因此需要区别对待。通常而言，对于新入职的员工，能力相对较低，学习意愿强烈，此时需要指挥型的领导风格，对员工提供较多的指导；对于入职后一段时间的员工，具备一定的工作能力，同时又希望能够更多的发挥主观创造力，此时适合采用教练型的领导风格，在指导工作的同时提供一些支持和帮助，鼓励其探索未知的领域；对于更高层次的员工，有足够的工作能力，但是尚缺少外部资源，领导者可以减少工作上的指导，更多地为其提供所需的资源，帮助其获得成功；对于资深员工，具备很高的能力，在工作上主见较多，能够独立承担工作，对于这些能够独当一面的员工，适合采取授权型的领导风格，给予其较大的自主权。

### 4.6.3　领导技巧

　　詹姆斯·库泽斯的团队在对大量优秀领导者进行深入分析和归纳后，发现这些领导者具有一些共同的行为特征，库泽斯将领导力归纳为五种行为十项使命，如表4—7所示。

表4—7　卓越领导者的五种行为、十项使命

| 五种行为 | 十项使命 |
|---|---|
| 以身作则 | ● 明确理念 |
| | ● 树立榜样 |
| 共享愿景 | ● 描绘愿景 |
| | ● 感召他人 |
| 挑战现状 | ● 搜寻机会 |
| | ● 试验冒险 |
| 使众人行 | ● 促进协作 |
| | ● 助人发展 |
| 激励人心 | ● 认可他人 |
| | ● 庆祝胜利 |

● 以身作则

领导者虽然不必事事亲力亲为，但是优秀的领导者懂得以身作则，给员工树立一个良好的榜样。在工作中，员工通常会以领导者为标杆。古语云：强将手下无弱兵。有什么样的领导者，就有什么样的员工。因此，领导者有必要通过展现自身的能力和优势，树立个人威信，赢得员工的尊重和信任。

● 共享愿景

优秀的领导者擅长给员工描绘一个美好的、激动人心的愿景。这个愿景不仅是未来的长远目标，而且可以分解成由一个个切实可行的分目标。领导者带领团队去实现一个个分目标，逐步地建立起团队的信心。在实现一个个分目标的过程中，团队成员对愿景会更加认可，从而激发出更大的决心和力量，不断创造奇迹。

● 挑战现状

市场形势瞬息万变，企业唯有不断变革才能长久生存。优秀的领导者绝对不会满足于安于现状，他一定会不断涌现出新的想法，譬如开辟全新的产品，或者挑战更高的销售目标。他坚信，一支成功的队伍，必然是在残酷的市场竞争中不断磨练出来的。只有挑战更高的目标，才会让团队更加强大。一个卓越的领导者，就像一位久经沙场的元帅，带领着队伍攻占一座座城池。

● 使众人行

优秀的领导了解每一个团队成员的个性和特长，知道每个人应该从事什么样的分工，扮演什么样的角色，从而使得团队所有成员的力量都能够发挥出来。领导者就像磁铁一样，能够把成员们引向同一个方向。

● 激励人心

优秀的领导善于激励员工，不仅仅是通过物质上的奖励和职位上的提升，而且能够从精神上给予员工以力量，让他看到对未来的希望和信心。

优秀的领导者懂得欣赏员工的优点，并帮助其发挥优势，获得更大的成功。当团队获得成功或者员工获得进步时，领导者会带领大家一起庆祝，让所有人都能分享到成功的喜悦，从而激发出更加昂扬的斗志。

综上所述，领导力其实也是可以不断学习和提升的。而真正要提升领导力，必须在工作实践中勤加锻炼，并加以总结，逐步提升个人能力和自信，赢取同事们的信任和尊重，终究能够脱颖而出，成为一名优秀的领导者。

# 第五章
# 兼济天下——回报社会

> 天下兴亡，匹夫有责。
>
> ——（明）顾炎武

每一个人在社会中都有不同的角色，不同的社会角色意味着不同的责任。正如第一章中所述，在家庭、工作、社会等不同环境中，我们承担着不同的社会角色，与之对应，我们也负有各种社会责任。可以说责任无处不在，父母养育儿女，老师教书育人，医生救死扶伤，工人修路建桥，军人保家卫国……都是在履行各自的责任。中国近代史上著名的政治活动家、启蒙思想家梁启超曾经说过：人生最苦的事，莫苦于身上背着一种未来的责任。人生最快乐的事，当属把责任完成了，尽到了自己的责任。

每一个人在社会中都有不同的角色，不同的社会角色意味着不同的责任。正如第一章中所述，在家庭、工作、社会等不同环境中，我们承担着不同的社会角色，与之对应，我们也负有各种社会责任。可以说责任无处不在，父母养育儿女，老师教书育人，医生救死扶伤，工人修路建桥，军人保家卫国……都是在履行各自的责任。中国近代史上著名的政治活动家、启蒙思想家梁启超曾经说过：人生最苦的事，莫苦于身上背着一种未来的责任。人生最快乐的事，当属把责任完成了，尽到了自己的责任。

香港电视广播有限公司荣誉主席邵逸夫一生致力于社会公益和慈善事业。据统计，二十多年来，他共向内地捐赠了34亿港元，为内地、香港两地兴建了5000多个教育和医疗项目。以"逸夫"命名的教学楼、图书馆、科技馆及其它文化艺术、医疗设施遍布中国各地。此外，邵逸夫还于2002年创立"邵逸夫奖"，奖励世界上在数学、医学及天文学等方面卓有成就的科学家。邵逸夫通过个人奋斗打造了娱乐界的商业帝国，同时又热心公益，将个人财富回馈社会，成为一代楷模。

# 5.1 公民责任

"公民"一词起源于古罗马时代，是"共和"政体国家中成员的称谓，从古罗马共和时期到现今世界各国，公民作为人类的政治身份是全世界所公认的。公民描述了个人同国家、社会之间的关系。公民享有社会赋予的权利，同时也负有责任，因此公民身份强调的是社会成员权利和义务之间的平等性。

## 5.1.1 利益相关者

在社会价值的坐标体系中，如果以

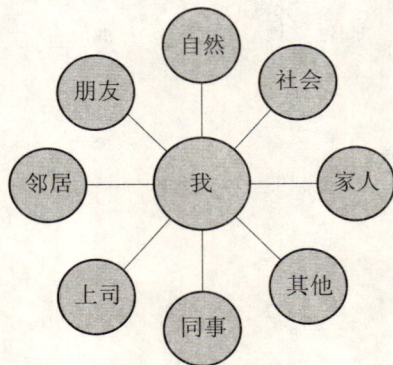

图5—1 "我"的利益相关者

250

"我"为坐标原点，我与他人、社会、与自然等一切的关系都是由主体"我"向外辐射的，形成一个共同体。经济学中有一个概念称为"利益相关者"，所有和"我"相关联的人和物都是和自己利益相关的对象，相互影响、彼此依赖。比如我们对子女负有抚养的义务，当我们年迈时，子女也对我们负有赡养的义务；通过工作，我们为公司创造价值，同时从公司获取报酬和提升；我们过度砍伐森林、破坏环境，导致沙尘肆掠、环境恶化，最终受害的还是我们自己……因此，在社会利益的共同体中，我们与周围的一切都息息相关，彼此负有责任。

## 5.1.2 责任意识

作为公民和社会的一分子，我们应当树立正确的公民责任意识。公民责任意识包括如下三个方面的含义：

一是公民责任的主体意识：我们每个人都是具有独立人格的公民，公民是对自己在社会中主人身份的认同。只有认识到自己是作为社会的主体而存在的，才能有效地行使公民权利、履行公民义务。

二是公民责任的客观意识：在社会中，每个人都享受社会赋予的基本权利，包括平等权、自由权、财产权等。西方启蒙思想家提出"天赋人权"，认为人的基本权利是永恒的、天赋的。我们在享受各项权利的同时，也不可推卸地需要承担相应地责任。责任是客观存在的，是每个社会成员对自己所承担的社会角色相适应的行为要求，以及对自己实际行为承担相应后果的义务。

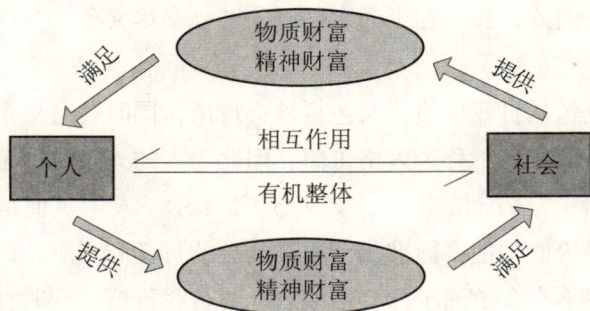

图5—2 个人和社会是相互作用的有机整体

三是公民责任的参与意识：按照责任的约束力划分，公民责任可分为法律责任和道德责任，法律责任通过法律明文规定，每个人都必须严格执行，但是道德责任却没有强制性的约束力，只能靠个人自觉。当公民清晰地认识到公民责任的主体意识和客观意识后，明白自己所肩负的责任实际上是为了自己和身边的人生活得更好，责任意识就会上升为一种自觉，走出狭隘自私的局限，自发自愿地履行公民责任。

对应公民的三重角色，公民责任也可以分为三大类，包括社会责任、职业责任和家庭责任，主要内容如表 5—1 所示。

表 5—1　公民责任的主要内容

| 范畴 | 主要内容 | 基本要求 |
|---|---|---|
| 社会责任 | ● 遵守社会规范，维护公共秩序，帮助弱势群体等 | ● 遵纪守法、诚实守信、文明礼貌、助人为乐、保护环境、爱护公物 |
| 职业责任 | ● 做好本职工作、贡献个人智慧等 | ● 爱岗敬业、团结友爱、奉献社会、自强进取 |
| 家庭责任 | ● 赡养父母、抚育子女、关爱配偶等 | ● 尊老爱幼、夫妻和睦、勤俭持家、邻里团结 |

### 5.1.3　人生价值

人类的发展愈来愈离不开社会，人类一切活动均需在一定客观环境下进行，个人不能离开社会，离开了社会个人就不能生存，即使是自然属性一面也离不开社会属性，受到社会属性制约。良好的社会环境不是天然赐的，而是每一个人的贡献。因此，我们在个人发展时须对社会尽义务，共同营造良好的社会环境。

人生价值既包括自我价值，又包括社会价值，同时社会对个人的注重和满足也是人生价值的体现，称为人格价值，因此个人的人生价值是社会价值、自我价值和人格价值三方面的统一，如表 5—2 所示。人生价值是人生的支点和基石，衡量人生价值的主要标准是个人对社会的责任和贡献，以及社会对个人的尊重和满足。不存在游离于社会价值之外的自我价值，同时社会价值的实现又依赖于千千万万个人价值的实现。"小河无水大河干，大河水多小河满。"一个人只有以高度的社会责任感和使命感积极投身到社会的洪流中，将个人的价值与社会的利益相统一，其聪明才智才会充分发挥，其生命价值才得以完美展现。人生价值是马斯洛"需求层次理论"的最高层次，是个人追求自我实现的最高目标。

表5—2 人生价值的三个方面

| 人生价值 | 基本含义 | 主要内容 |
|---|---|---|
| 自我价值 | 个人对自身需求的满足 | • 个人通过努力满足自身生理、物质和精神等方面的需求 |
| 社会价值 | 个人对社会需求的满足 | • 个人对社会的贡献越大,其社会价值越大,即社会价值取决于人对社会的贡献 |
| 人格价值社会对 | 个人需求的满足 | • 社会为个人提供平等的权利、地位和尊严,使个人获得尊重和满足 |

## 5.2 公益行动

公益是我们回报社会一种最直接的方式。只要用一颗愿意为社会做贡献的爱心,我们身边有各种各样的渠道可以开展公益活动。

### 5.2.1 认识公益

公益从字面的意思来看是为了公众的利益,它的实质应该说是社会财富、社会资源的再次分配。公益活动是指一定的组织或个人向社会捐赠财物,时间,精力和知识等活动。社会公益是一个很宽泛的概念,不一定要扶危济困、拯救苍生才叫公益。实际上只有少数公益是扶助性领域,如扶贫、支教、残疾人关怀、紧急救助、艾滋病防治等;公益活动还括社区服务、环境保护、知识传播、公共福利、社会治安、青年服务、社团活动、专业服务、文化艺术活动、国际合作等等。在汶川大地震后踊跃捐款是公益,参与野生牦牛保护行动是公益,组织科学知识进社区的科普活动也是公益。只要有益于社会公众的行为,都可以称得上是公益活动。

根据马斯洛的需求层次理论,每个人都有自我实现的需求,这也是人类最高层次的需求。人是社会性的群体,在享受社会各方面服务的同时,也对社会负有责任。"助人者自助"。我们参与公益行为,在别人需要帮助的时候伸出援助之手,在社会中营造一种互帮互助的风气,当自己需要帮助时,别人同样也会奉献出爱心。很多时候公益只是举手之劳,但是当公益成为公众行为时,则会"聚细流为大海",形成一股强大的力量。通过公益行为,可以让爱心得到传递,改善生活的各个层面,用个人的行为去创造一个更加和谐美好的社会。

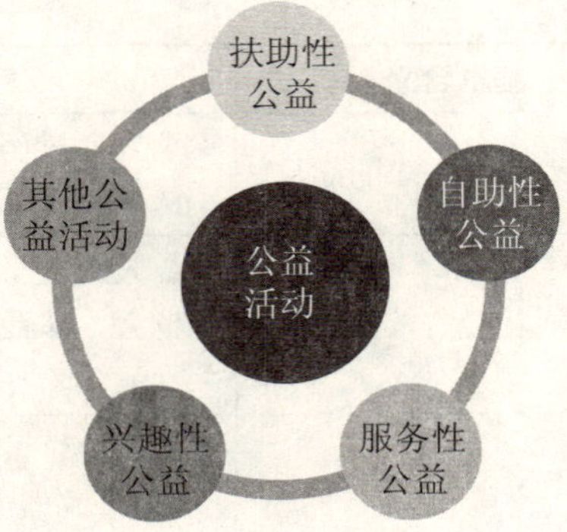

图5—3 丰富多彩的公益活动

人们对于公益行为的认识往往存在这样的误解:

误解一:公益是有钱人干的事情。经常有人这样说:"等我有钱了一定来做一些公益"。这些人认为,公益需要资金投入,只有有钱人才做得起,普通人维持好自己的生活就不错了。实际上,公益行为多种多样,不一定要都要通过资金的形式才能实现。利用业余时间做职业导师,开展公益讲座,担任社会活动志愿者,做社区义工,去敬老院进行临终关怀,将自己用不上的旧书、旧衣服捐给贫困山区,都是爱心和公益的表现。

误解二:公益行为就是无私奉献,不拿报酬。事实上,很多公益机构的职业都是有报酬的,比如绿色和平组织、国际爱护动物基金会的正式工作人员,都是拥有一定薪酬的。公益组织需要持久而有成效地为社会服务,需要相对稳定的工作人员来完成各项管理工作,使得大众的公益行为更加具有组织性,提高效率。只有认识到这一点,才能更加认可全职投身公益人员的奉献精神。

从事公益的人并不一定比商业机构的人更为高尚。大多数选择从事公益工作的人,和许多选择其他职业的人一样,做公益只是选择了自己喜欢的一项工作。首先,很多公益机构的捐款大部分是来自于商业机构或者在商业机构工作的普通人的捐赠。对于公益机构而言,这些从业者只是受托来帮助那些真正"高尚"的捐款者实现他们善良的心愿。还有一部分不是单纯为了获得别人的尊敬,也不是为了获得所谓的满足感和成就感,在非政府组织工作可能是他们可以找到的最恰当的谋生手段,他们是在选择一种属于自己的生活方式。

同样，没有直接参加公益组织的人，也未必没有爱心和责任感。许多企业家，虽然没有直接参与公益工作，但是从来都不缺乏使命感和责任心。比如香港著名实业家李嘉诚，在企业经营中讲究分毫必争，在个人生活中力行勤俭节约，但是对于公益事业却异常慷慨。

因此，无论是否直接从事公益工作，只要有一颗善良的心，用自己的资源和行动为社会奉献价值，就是履行社会责任的体现。


比尔·盖茨和巴菲特是世界上最富有的两个人。比尔·盖茨创建了盖茨基金会，该基金会现有资金约 351 亿美元，每年至少捐出 5% 用于公共医疗和教育、赈灾等公益事业。按照《浪潮之巅》作者吴军的计算，由于美国遗产税特别高，如果盖茨直接将个人财产直接传给孩子，将会被扣去超过 60%。而如果将钱捐给自己的基金会，可以免除资产增值税、投资增值税和遗产税，同时还能抵消 40% 的工资所得税，这样不但可以多留一大笔财产给子女，同时还能赢得慈善家的美名。相比之下，2006 年巴菲特宣布将总计约 370 亿美元的财产捐赠给盖茨基金会，胸怀更加无私。无论如何，比尔·盖茨为公益事业做出了巨大的贡献。从另一方面看，美国政府的税收政策一定程度上也起到了鼓励公益事业的效果。


### 5.2.2 公益组织

加入公益组织，是一种最直接的参与公益的行为。著名公益人段德峰给出一些常见的参与公益组织的方式，包括：

（1）加入一家国际 NGO

国际 NGO 组织，比如著名的"绿色和平组织"、"美国福特基金会"等都会面向全球招募工作人员。通常来讲，这些国际 NGO 的收入较高，还会得到一些很好的培训机会，比如海外培训和学习机会。因而进入这些组织的竞争也比较激烈。这些 NGO 通常会要求候选人有较好的外语能力。由于目前公开宣传相对较少，感兴趣的人需要自己关注一些招聘信息，及时申请。

（2）加入一家有官方背景的国内 NGO

如果说国际 NGO 是外企的话，那么这些官方背景的 NGO 则有点类似于国企。少数一些官方背景 NGO 的管理层目前还是国家公务员编制。因此这类

NGO 组织也有相当的吸引力。

（3）加入一家国内企业或个人发起的非公募基金会

中国国内已经有上千家非公募基金会，不过遗憾的是，其活跃数量并不多。其中相对比较活跃的主要是一些大学基金会、企业发起的基金会、以及少数个人发起的基金会。不过，随着政府对社会基金会政策的逐步放开，这类非公募的基金会在公益事业领域表现得非常活跃。这类组织通常有比较强的筹款能力，同时对全职员工的需求也较为强烈。

（4）加入甚至创建一家新兴 NGO

新兴的 NGO 由于发展刚刚起步，规模小、资源有限、影响力也受到一定限制，被有些人称为"草根组织"。就像有的人喜欢进大企业学习大企业的管理经验，而有的人则认为参与小企业的发展更能锻炼自己一样，NGO 领域其实也是如此。在小型 NGO 里，人数较少，大家志同道合，为了共同的理想一起奋斗，可能很容易找到"家"的感觉。不过，这些小型 NGO 组织也很可能会遇到每个小企业都会遇到的情况——缺钱、缺资源。

除上述全职投入公益事业之外，利用业余时间参加一些公益项目也是许多职业人可以选择的方式。参加公益，并非一定需要以全职或者兼职的身份加入某个特定组织，很多 NGO 组织会以志愿者的形式招募在职人员，利用业余时间从事一些公益活动，比如故宫博物院的志愿讲解、打工子弟学校的支教活动等，都是很好的公益。比如总部设在美国科罗拉多州的国际青年成就组织（Junior Achievement，JA），是目前全世界最大、发展最快的非营利教育组织，全年与世界著名企业合作，面向优秀高层、中层管理者招募培训志愿者，通过连续统一的标准化课程，帮助世界各地的青少年成长。这些活动一般是兴趣导向的，将自己的兴趣爱好与公益活动结合起来，何乐而不为呢？

清华大学职业生涯教练计划是由清华大学就业指导中心发起，旨在为本校学生和职场成功人士之间搭建沟通交流的桥梁，通过吸引有一定职业影响力且有奉献精神的志愿教练，为学生成长和生涯规划答疑解惑、指点迷津。这些教练来自政府、企业、高校等各种机构，他们牺牲自己的业余时间，与学生们深入交流，帮助他们更好地成长和发展。同时，学校也为教练们搭建了交流的平台，有助于形成多方共赢的局面。

### 5.2.3 公益生活

"坐而论道，不如起而行之。"在我们日常生活中，只要做个有心人，处处皆可公益。

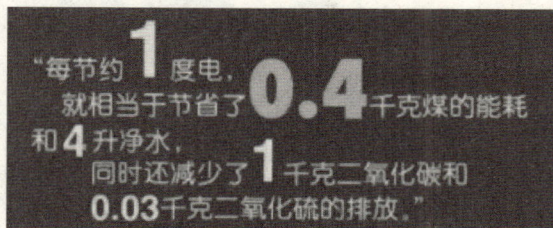

**图5—4 身边的公益**

为什么要了解这些略显枯燥的数字？因为我们面临的是日益恶化的环境、行将枯竭的化工能源、居高不下的生活成本……其实，只需举手之劳，就能让世界变得更美好。

**节电篇**

**空调调高一度：节电百分之七**
夏天空调温度过低，不但浪费能源，还削弱了人体自动调节体温的能力。只要把空调调高一摄氏度，全国每年节电33亿度。另外，降低室内外温差，也减少了患感冒的几率。

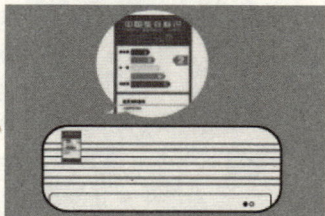

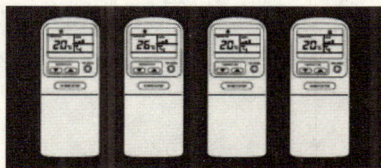

**选用节能空调：省电每天做到**
同样的制冷效果，更少的耗电需求，这就是节能空调的妙处。如果全国的家庭都用它，每年可以节约用电33亿度，相当于少建一个60万千瓦的火力发电厂，还能减排温室气体330万吨。

**点亮节能灯：省电看得清**
一只11W节能灯的照明效果，顶得上60W的普通灯泡，而且每分钟都比普通灯泡节电80%。如果全国使用12亿支节能灯，节约的电量相当于三峡水电站的年发电量。

屏幕暗一点：节能又护眼

屏幕太亮，不但缩短电视机的寿命而且费电。调成中等亮度，则既能省电又能保护视力，尤其是对眼睛正在发育的孩子来说。中国目前有 3 亿台电视，仅调暗亮度这一个小动作，每年就可以省电 50 亿度。

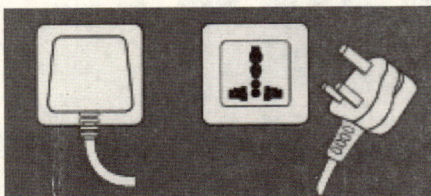

科学用电脑：节电效果好

暂时不用电脑时，可以缩短显示器进入睡眠模式的时间设定；当彻底不用电脑时，记得拔掉插头。坚持这样做，每天至少可以节约 1 度电，还能适当延长电脑和显示器的寿命。

巧用电冰箱：省电效果强

即使还在用普通冰箱，只要坚持做到下面三点，每台冰箱每年也能省 20 多度电：

1. 及时除霜；

2. 尽量减少开门次数；

3. 将冷冻室内需解冻的食品提前取出，放入冷藏室解冻，还能降低冷藏室温度哦！

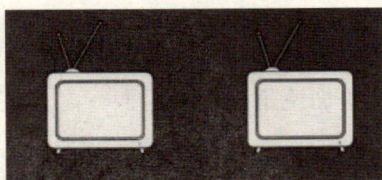

用完电器拔插头：省电又安全

看完了电视和 DVD，摁下遥控器并不是彻底关机，其实它还在耗电。只有将电源插头拔下，它才彻底不耗电。别小看这个小动作，如果人人坚持，全国每年省电 180 亿度，相当于三座大亚湾核电站年发电量的总和！

节能型冰箱：省电又省钱

保温性能更强，所以消耗的电更少，这就是节能冰箱的优越之处。一台 268L 的节能型冰箱，在寿命期内可节省电费 2000 元左右。

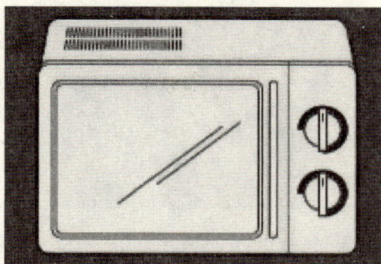

微波炉做饭：节能又方便
微波只对含有水分和油脂的食品加热，而且不会加热空气和容器本身，所以和传统的加热方法相比，热量损失少，烹饪速度快。对同等重量的食品进行加热对比试验，结果证明微波炉比电炉节能 65%，比煤气节能 40%。

## 节水篇

双键马桶：节水好用
与传统单键马桶相比，用双键马桶每家每天至少节水一半。9 升单键马桶每月用水约为 3240 升；如用 3/6 升马桶则为每月 1350 升，不仅能节省 1890 升自来水，还能减少污水的排放。生产自来水和处理污水都需要耗费大量能源，所以节水也可以节能。

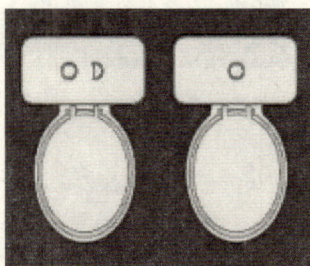

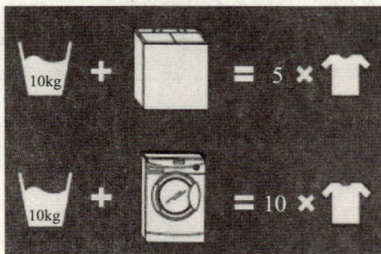

选用节能洗衣机：省水省电有奇迹
买洗衣机一定要认清能效等级标识，选择高等级、节能型的洗衣机，每月至少能节省一半的水和电。也就是说，相同的用水、电量，节能型洗衣机可以多洗一倍的衣物。

日常省水有妙招：家里处处要留意
洗脸之后的水可以用来洗脚；洗衣、洗菜的生活废水可以收集起来冲厕所等。别小看这些，平日里养成节水习惯，积累下来，仅一个三口之家每月就能节水 1 吨以上。

## 节能篇

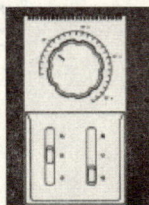

分户供暖：节能省钱
为家里的暖气安一个温控阀，住户就可以自行调节，随心所欲设定温度。不在家时，还可以关闭。这样比传统的集中供暖费用降低 15%，比单独采暖降低 30% 以上。

太阳能热水器：省电又省气
每个家庭安装 2 平方米的太阳能热水器，
就可以满足全年 70% 的生活热水需要。

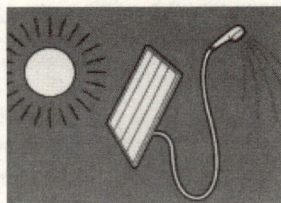

节能门窗：保温超强
整个建筑的能量损失中，约 50% 是在门窗
上的能量损失。中空玻璃不仅把热浪、寒
潮挡在外面，还能隔绝噪音，大大降低建
筑保温所需的能耗。它已经被欧美国家普
遍采用，你家也要用哦！

### 绿色办公篇

无纸办公效果好：节能环保双丰收
多用电子邮件、MSN、飞信等即时通讯工
具，少用打印机和传真机。如果全国的机
关、学校、企业都采用电子办公，每年减
少的纸张消耗在 100 万吨以上，节省造纸
所消耗的能源达 100 多万吨标准煤。

少坐电梯，多走楼梯
如果办公室楼层不高，可以尽量走楼梯上、
下楼，既节省了高峰期等待电梯的时间，
还能锻炼身体，可谓一举两得。

### 绿色出行篇

汽车排量小：节能效果高
没有跑车的华而不实，没有 SUV 永远填不
饱的油箱，低价格、低油耗、低污染，同
时安全系数不断提高的小排量车才是新的
时尚。还有不能不提的一点是，在停车位
紧张的大都市，小巧灵活的小型车更是占
尽优势。

**多乘公交出行：减少地球负担**

车越多，路越堵。多乘坐公交车、地铁出行，不但能避开拥堵，而且节能效果相当明显。按照在市区同样运送100名乘客计算，使用公共汽车与使用小轿车相比，道路占用长度仅为后者的1/10，油耗约为后者的1/6，排放的有害气体更可低至后者的1/16。

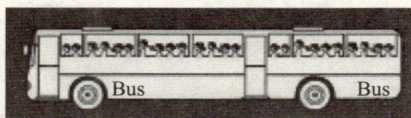

**巧驾车：多省油**

1. 保持合理车速
2. 避免冷车启动
3. 尽量避免突然变速
4. 选择合适档位，避免低档跑高速
5. 用黏度最低的润滑油
6. 定期更换机油
7. 高速驾驶时不要开窗
8. 轮胎气压要适当

**出门骑上自行车：健身环保，一举两得**

有自行车代步，油价再高也不怕。不仅免受堵车之苦，还能锻炼身体，并且绝无尾气污染。如果有1/3的人用骑自行车替代开车出行，那么每年将节省汽油消耗约1700万吨，相当于一家超大型石化公司全年的汽油产量。

### 5.2.4　微公益

随着人们生活水平的提高和人们社会责任意识的觉醒，越来越多的普通人开始主动参与到公益事业中，于是一个源自平民的大众公益现象应运而生，这就是"微公益"。顾名思义，微公益就是从微不足道的公益小事着手，积少成多，将人们分散的、微不足道的爱心汇集起来，对每个人而言，并不需要付出太多，也许只是随手一个操作，就能掀起公益的浪潮，形成一股强大的社会力量。微公益的本质就是希望通过各种活动，让大家产生公益意识，用公益的思维去生活，让公益行动体现在我们日常生活的每一个细节上，这样才能起到公益所追求的"公众付出、公众受益"的效果。

随着网络越来越普及，一些新的媒介方式正悄悄地改变着我们的生活方式。微公益这种新型的公益方式，通过"微博"、"电子支付"等网络平台，更深入地走进了公众生活，吸引人们将微不足道的爱心汇集起来，形成强大的社会力量。

广州微博名人梁树新发起在微博上发起一个名叫"铅笔换校舍"的活动，他自己先捐出一支铅笔，第一个网友拿巧克力交换铅笔，第二个网友用电饭锅交换巧克力，然后电饭锅又被换成打印机……一级一级传下去，在25天的时间里，通过网络互动最终筹款158000元，换来了广西佛丁小学的新校舍。看似传奇，但却真实地发生在我们身边。微公益最终撬动了大事业。

随着"微公益"的发展，作为传统公益主要力量的名人群体，也开始参与到"微公益"的行动中来。这些名人具有相当的公众影响力和号召力，经过网络的扩散效应，在微公益活动中发挥不可估量的积极作用。

2010年3月底，艺人明星梁咏琪在生日时发微博，号召大家转发一则捐赠倡议，每被转发一次，她就捐出1元到香港联合国儿童基金会。3天时间内她的捐赠倡议被转发了7.5万次，最后梁咏琪共捐出8万元。通过这种方式，不单将自己的资金捐献出去，还将公益的理念传递给更多的人。

## 5.3  社会正义

在社会物质财富不断增加的同时，人们的精神世界并未得到相应的改善。相反，冷漠、抑郁等词语在媒体上频频出现，令人不得不反思，我们生活的社会究竟怎么了？

2011年10月，2岁的小悦悦在广东佛山相继被两车碾压，7分钟内有18名路人路过但都无人上前救助，大多装作视而不见，漠然而去，最后一名拾荒阿姨将女娃送到医院，经抢救无效，这位尚未感受人间冷暖的小女孩溘然离世。

"小悦悦事件"在社会引起强烈反响，叩问着中国人的良心。国人的道德素质，正在走向何处？

　　单纯地将这种见死不救的行为看成集体道德的沦落，似乎有失公允。事实上，绝大部分人都是善良的，在"适当的氛围"下，每个人都愿意施予援手。在汶川大地震中，普通公民表现出的责任感和爱心，足以让人看到人性本善的光辉。那么是什么造成了在一些场合下，人性的冷漠呢？

　　历史惊人地相似。在 1964 年，美国纽约一位叫做吉诺维斯的姑娘在回家途中遭歹徒持刀杀害。警察调查发现，在案发的三十分钟内，有 38 个邻居听到被害者的呼救声，许多人甚至还走到窗前看了很长时间，但是令人惊讶的是，居然没有一个人前去救援，甚至没有人打电话及时报警。

　　心理学家比布·拉坦内和约翰·达利调查分析了吉诺维斯事件中旁观者的反应后，他们发现，人们并非不想施救，而是觉得既然这么多人都看到了事件发生，应该有别人上前救援或者已经报警，"我就不必去了"。研究小组得出结论：事故现场的旁观者太多，反而降低了个体提供帮助的意愿，这就是"责任扩散"。这也可以解释，在一些人少的案发现场，有人会义不容辞、挺身而出；而在一些公共场合，众目睽睽之下，歹徒居然行凶逃窜，无人阻拦。在人多的时候，我们往往会将救助的压力转移到别人身上，而忽视了自己原本应尽的责任。

　　爱心救助者应该得到社会的尊重和法律的保护，保障见义勇为者的人身利益，使人在施行善举的同时没有心理负担，从而将爱心传播光大。如果好心助人、反遭诬陷，难免会令人心寒。正是在这种"怕被赖上"的心理影响中，才会发生诸如"小悦悦事件"等见死不救的案例。社会应该完善相应的法律体系，对助人者予以司法上的保护。

　　助人者自助，社会是我们每个人的社会，身边的每一个人都是我们的利益相关者。在社会正义面前，每个人都应该义不容辞，承担起自己的责任，将自己的爱心传递给他人。

　　《吕氏春秋》里记载了这样一个故事：

　　鲁国之法，鲁人为人臣妾于诸侯，有能赎之者，取其金于府。子贡赎鲁人于诸侯，来而让不取其金。孔子曰："赐失之矣。自今以往，鲁人不赎人矣。取其金则无损于行，不取其金则不复赎人矣。"子路拯溺者，其人拜之以牛，子路受之。孔子曰："鲁人必拯溺者矣。"孔子见之以细，观化远也。

　　这就是著名的"子路受而劝德，子贡让而止善"。子路救人，虽然救人的本意并不是为了收取谢金，但是被救者的心意能够起到鼓励见义勇为的效果。子贡救人，坚决不收谢金，道德非常崇高，但是会对普通人形成一道"道德门槛"。因此，社会应该通过正当的方式，积极鼓励见义勇为者的行为，不但使其人生安全得到保障，精神上受到嘉奖，还应该施以适当的物质奖励，以形成良好的社会风范。

# 第六章

## 幸福真谛——平衡人生

与人和者，谓之人乐；与天和者，谓之天乐。

——庄子

无论是职场中高层管理者还是职场新人，随着工作节奏的加快和责任范围的扩大，每天需要处理的事情越来越多。很多人常常会面临事业和家庭的两难处境。如果一门心思扑在工作上，势必会减少陪家人的时间；而如果不努力工作，又难以取得事业上的成就。有些人常怀疑，舍弃地位和财富而注重追求家庭和生活，会不会导致以牺牲成功为代价？那么如何平衡事业和生活呢？

可口可乐公司前CEO布赖恩·戴森（Brian Dyson）曾在一所大学的开学典礼上这样描述生活与工作的关系：

图6—1　五球游戏

"生命像是一场在空中不停抛掷五个球的游戏。这五个球分别为：工作，家庭，健康，朋友和心灵。我们每个人都在很努力地掷着这五个球，不让它们落地。

这五个球中，工作是一个橡皮球，如果你不幸失手落下它，它还是会弹回来；但是家庭、健康、朋友和心灵这四个球却是玻璃球，一旦你失手落下，它们可能会损坏甚至摔碎，它们将永远不能复原到以前的模样。"

无论是职场中高层管理者还是职场新人，随着工作节奏的加快和责任范围的扩大，每天需要处理的事情越来越多。很多人常常会面临事业和家庭的两难处境。如果一门心思扑在工作上，势必会减少陪家人的时间；而如果不努力工作，又难以取得事业上的成就。有些人常怀疑，舍弃地位和财富而注重追求家庭和生活，会不会导致以牺牲成功为代价？那么如何平衡事业和生活呢？其实，努力掌握好生活的节奏与工作的平衡也是有技巧的，可以通过学习获得提升和改进。这一章，我们将尝试从理解生命和生活的本源开始，领悟平衡人生的真谛。

心灵阅读

## 人生资产负债表

作者：张华

每个人的生活都是一张资产负债表，其实英文的表示更确切，叫做

Balance Sheet（平衡单）。生活的本质就在于此。

一项资产的获得总是通过另一项资产的减少或者负债的增加来实现。换句话说，想要得到某些东西，一定会付出另一些东西以达到平衡。人们总是习惯于以拥有资产，特别是物质资产的多少来判断人生的成功与否，殊不知资产与负债总是如影随形。

图 6—2　资产与负债

资产的种类很多，但所有的资产负债表第一项都是相同的，那就是令人又爱又恨的——现金，你知道它的俗名叫钱。可惜很多人只看到这第一项就对报表的主人下判断，称此人为穷或者富，却看不到这项资产增多之下所背负的债务，比如辛劳，风险，担心，甚至犯罪；或者另一些资产——与家人团聚和娱乐的时间减少了。

父母是我们一出生就获得的原始资产。获得这项资产的同时，我们的负债也相应增加，这是一项长期负债，叫做赡养。

有些人还可能拥有另一项资产——兄弟姐妹，与此相应的债务叫做照顾。

然后是朋友。它带来的负债是守望相助，有时也有背叛。

爱人。这是我们人生的最大决策。拥有这项资产的意义非同小可，其影响类似于两家企业合并。我们的资产增加了一倍，但负债也增加了一倍。此外它还衍生出更多的资产和更多的负债，比如激情，快乐，亲密，稳定；比如磨合，冲突，担心，放弃一定的自由和自我。同时，这项资产特质敏感，需要付出经常的维护这一负债才能保持质量稳定。

随后是子女。这更是重量级的资产，同时也是重量级的负债——可能是你后半生最大的操劳和牵挂。

有些人的资产负债表上还会有丰富的人生阅历，与之相伴的负债自然是大量的磨炼，或者还有远离故土的孤独。与之相反，毕生都生活在故乡的人，报表中没有漂泊这项负债，但也缺少了许多宝贵的体验作为资产。

还有健康，这是每个人都需要的基本资产，当然由坚持锻炼这项负债来维护其平衡。

还可以列出很多相生相伴的资产与负债……

正如企业资产有大小，人生的资产负债也各不相同。有人平静地度过一生，资产和负债都较少；也有人波澜壮阔，拥有大量的资产和大量的负债。

而名人们则象是上市公司——public 一词精确地说明了两种情况的相似。与名气、荣誉、利益等等资产相伴的除了相应的负债，还有额外的要求，那就是名人们必须公开自己的人生报表，可能还会遭遇不断的追踪和审计。很难用好坏来衡量规模，存在的只是生活方式的不同。

其实，判断人生的不是资产，而是资产减掉负债的剩余，那才是我们的净资产。最基本的净资产当然是命运与机遇，所谓时也，运也，命也。这些与生俱来的神秘力量正象最初的注册资金，我们也许无法选择与改变。但是不论起点如何，每个人都被赋予足够的机会来经营自己的人生。

我们可以增加自己的无形资产来使人生充满盈余。这些宝贵的无形资产就是：平衡的心态，宽容，感激，善良，乐观，努力……

# 6.1　幸福探寻

"我们越来越富有，可为什么还是不开心呢？"这是令许多人深感困惑的问题。

据统计，美国抑郁症的患病率比 20 世纪 60 年代高出 10 倍。1957 年，英国有 52% 的人，表示自己感到非常幸福，而到了 2005 年，只剩下 36%。但在这段时间里，英国国民的平均收入却提高了 3 倍。中国经济经历了三十年的飞速发展，国民生活水平得到了显著的改善，但是普通民众的幸福感却没有明显提升，相反，生活压力、精神疾病依然困绕着"富起来"的人们。

亘古至今，人类从来没有停止追寻幸福的脚步。我们不禁要问：究竟什么才是幸福呢？

### 6.1.1　尚书五福

中国民间老百姓经常说"五福临门"，一般认为这五福分别指"福、禄、寿、喜、财"。

图 6—3　五福临门

实际上五福的说法出于《尚书》,《尚书·洪范》记载："五福：一曰寿,二曰富,三曰康宁,四曰攸好德,五曰考终命。"即

第一福：长寿——命不夭折、福寿绵长。

第二福：富贵——钱财富足、地位尊贵。

第三福：康宁——身体健康、心灵安宁。

第四福：好德——仁爱宽厚、广积善德。

第五福：善终——无疾而终、安详离世。

中国人将上述这五种福分作为人生最美好的追求。

### 6.1.2　儒家仁爱

以孔孟为代表的传统儒家主张仁爱的幸福观。仁爱是儒家伦理思想中的核心概念。仁爱体现的是"不独亲其亲，不独子其子"、"老吾老以及人之老，幼吾幼以及人之幼"的大爱境界，人们不能只注重个人的幸福，而应当将个人的幸福融于社会的整体利益之中。个人通过"修身、齐家、治国、平天下"四部曲的终身追求，达到个人进步、家庭和谐、国家兴旺、天下太平，最终实现普天下所有人的共同幸福，即天下大同。

在《礼记·礼运》中，孔子对"大同"和"小康"分别作了如下的描述：

"故人不独亲其亲，不独子其子，使老有所终，壮有所用，幼有所长，矜寡孤独废疾者，皆有所养。男有分，女有归。货恶其弃于地也，不必藏于己；力恶其不出于身也，不必为己。是故谋闭而不兴，盗窃乱贼而不作，故外户而不闭，是谓大同。"

"以著其义，以考其信，著有过，刑仁讲让，示民有常。如有不由此者，在埶者去，众以为殃，是谓小康。"

可见孔子认为社会和谐安宁就是"大同"，百姓守礼重信就是"小康"。对于普通大众而言，社会长治久安，百姓安居乐业，就是生活在幸福之中。

孔子这样称赞他最得意的弟子："一箪食，一瓢饮，在陋巷，人不堪其忧，回也不改其乐。"孔子认为这种幸福的体验高于任何物质生活、超越富贵贫贱之上。"饭疏食饮水，曲肱而枕之，亦在其中矣。不义而富且贵，于我如浮云。"在孔子看来，幸福与物质的丰裕没有必然的联系，如果采取不道德的方法获得富贵，那不是真正的幸福。

在《孟子·尽心上》中，孟子这样阐述自己的幸福观："孟子曰：有三乐，而王天下不与存焉。父母俱存，兄弟无故，一乐也；仰不愧于天，俯不怍于人，二乐也；得天下英才而教育之，三乐也"。孟子所谓的三乐，既有家庭方面的团圆，又有个人心灵的修炼，还有对教育事业的追求，正是本书提倡的个人三重角色的和谐统一。

### 6.1.3  道法自然

与儒家主动谋求大众幸福的入世观念不同，以老庄为代表的道家认为幸福应顺应天道，幸福生活在本质上应该是合道顺道的。合道顺道的判断标准就是"道法自然"，如果顺应自然之性，就能得到最大幸福，所谓"与人和者，谓之人乐；与天和者，谓之天乐"（《庄子·外篇·天道》）。

一个人要获得幸福的生活，必须顺应人和物的本质规律进行活动。生活的自然所反映的就是按人的生理心理的本性生活，人的各种自然需求得到满足，不压抑正常的需要和本性，也不人为过度地满足。因此道家并不否认人的需要或欲望，饥饿则进食，干渴则饮水，困顿则睡眠，寒冷则添衣，爱欲则媾和，孤独则交往，情郁则发泄……都是人的自然需求。但贪欲却是祸害的源泉，"罪莫大于可欲，祸莫大于不知足，咎莫大于欲得。故知足之足，常足矣。"（《老子·四十六章》）在老子看来，填不满的欲望是最大的罪过，不知道满足是最大的祸害，贪得无厌是最大的灾难，所以一个人懂得满足而感到心满意足，就能经常处于幸福的状态。

在道家看来，人在本质上是身与心的统一，所以幸福必然是身与心的和谐统一。道家追求的是一种虚静逍遥、快乐自在的精神境界。道家认为，按照人和天地万物之道来生活，在生活中保持自然之道的状态，人就可以进入虚静逍遥的境界，表现出一种自然平和地对待生活中各种问题的态度，不为身外功利之物所牵累，内心没有烦恼和痛苦，心情安详宁静，神情轻松欢畅，随顺自然，这样就可以享受到生活的快乐、自在和幸福。

道家认为幸福是相对的。《庄子·秋水》里有一段精彩的关于"子非鱼，安知鱼之乐"的辩论。你既然不是鱼，怎么会知道鱼很快乐呢。幸福是每个人自己的体验，一个人的幸福在另外一个人看来未必是幸福。《庄子·逍遥游》里将大鹏和斑鸠对比，大鹏一张翅膀就能飞九万里，想去哪儿就去哪儿；斑鸠在蓬蒿之间自由自在的飞翔，也很愉快。在这个世界上每个人都有自己的位置，每个人都有自己的追求。过自己想要的生活，便是真正的幸福。

道家认为"福"与"祸"是辩证的，所谓"福兮祸所依，祸兮福所伏"。道家告诫人们，在现实的生活中，不必太在意一件事情在当下来说是祸或是福。从辩证的思维看，一种因素中往往潜伏着对立的另一因素，祸与福是可以相互转化的。

### 6.1.4　佛教极乐

佛教将幸福寄托于极乐世界。明代高僧蕅益大师在《佛说阿弥陀经要解》中这样解释极乐世界："乃永离众苦，第一安隐之谓。"众苦指的是生、老、病、死、怨憎会、爱别离、求不得、五阴炽盛等八苦。只有摆脱这八种苦难，才能达到安泰而无任何隐忧，即极乐世界。

佛教相信因果，认为有善有恶，有业有报，善恶为因，业报为果。佛教认为生命是轮回的，人的一生仅仅是生命形式中的一种。正因为生命是前世、今生、来世不断地延续，才能完成善恶的因果循环，一个人行善或行恶才有自身的价值。

佛教相信无常。佛经上说："诸行无常，是生灭法。"所有事物的运行都是无常变化的，有生就有死，有死就有生。因此生死都是无常的，生死只是一种轮回。

日本著名企业家稻盛和夫在创办两家世界五百强企业后选择皈依佛门，潜心研修佛经，他认为支配人生有两股隐秘力量：一是命运，不受人的意志或思想所左右，像奔流不息的大河，牵引、催促着我们度过一生，充满了未知和无常。二是因果，善因产生善果，恶因产生恶果，发生在我们身上的一切都有必然的原因，是自己思想和行为产生了结果。命运和因果两大原理支配着每一个人的人生，命运是经线，因果是纬线，交织成人生。

在佛教里，为了修炼灵魂、达到醒悟的境界，需要进行六项修行，即"六波罗蜜"：

（1）布施：广施恩泽，普济众生
（2）持戒：遵守戒律，控制言行
（3）精进：努力精进，不断提升
（4）忍辱：不屈苦难，持久忍耐
（5）禅定：凝神苦思，安定心灵
（6）智慧：持续修行，参悟得道

不管入世还是出家，佛教推崇的这种修行之道，对于每个人都是适用的，在日常的生活中，就可以付诸实践。

## 6.1.5 西方先哲

古希腊哲学家将品德与幸福结合在一起。《柏拉图全集·第一卷》记载苏格拉底与波卢斯的对话，苏格拉底说："我把那些高尚的、善良的男男女女称作是幸福的，那些邪恶的、卑贱的人称作是不幸的。"

亚里士多德继承了其前辈的基本观点，并发展成"德性幸福学"。他认为：幸福乃是在完美生活中德性的实现。而德性与快乐和痛苦相关。既然幸福就不会无快乐。只有那些行为高尚的人才能赢得生活中的美好和善良。亚里士多德把善的事物分为三类，即外在的善、身体的善和灵魂的善。其中灵魂的善是最本质的、最真实的善，以明智为德性的沉思生活是"第一好"的，相比之下，合于其他德性的生活则是"第二好"的。在亚里士多德看来，幸福是对所有这些善事物的获得。幸福是一种德性的实现活动，是灵魂的一种合于完满德性的实现活动。

要想理解亚里士多德对幸福的探索，首先要理解两个概念——"外在价值"和"内在价值"。

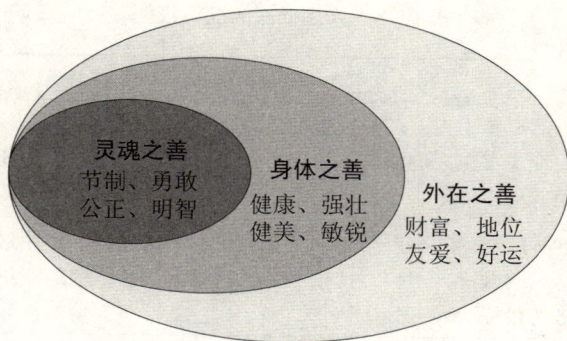

**图6—4　亚里士多德对善的分类**

如果我们追求或者重视某些东西，并不是为了它本身，而是它能带给我们的附属品，这件东西仅仅作为达到其他目的的手段，那么，这件东西具有所谓的"外在价值"。如果我们所渴求和拥有的另外一些东西，我们珍惜它仅仅因为它本身而非作为其他目的的手段，则称它具有"内在价值"。

比如有些人喜欢运动本身，享受运动的过程，从运动中获得放松和快感，运动对他们就具有"内在价值"；而对另外一些人而言，他们喜欢运动仅仅因为如果不运动的话，身体就难以保持健康，因此参加运动，是为了健康，而非运动本身，运动仅具有"外在价值"。

亚里士多德认为幸福是所有人都追寻的"内在价值"，因为追求幸福就是为了幸福本身。真正的幸福必须是通过自身获得的，我们不需要依赖于别人去得到幸福。比如许多人追求名声，但是根据亚里士多德的理论，这并不能获得真正的幸福，因为名声太过于依赖于他人，没有大众，就不可能获得名声。

德国古典哲学的创始人康德将道德和幸福纳入到其伦理学中的一组范畴，认为道德高于幸福，道德不可化约为幸福，幸福包括"使自己幸福"与"使他人幸福"两个方面，后者比前者更具有道德意义，尽管道德幸福一致实现起来有相当大的难度，但人们应该在现实生活中努力追求道德幸福一致。

### 6.1.6　幸福导师

哈佛大学心理学导师泰勒·本－沙哈尔（Tal Ben-Shahar）在哈佛大学开设《积极心理学》课程，讲述幸福的方法，受到广泛而热烈的好评。沙哈尔以汉堡为例，提出四种人生模式，如表6—1所示。

**表 6—1　人生模式的汉堡模型**

| 人生模式 | 释义 |
|---|---|
| 享乐主义型 | ● 虽然口味诱人，却是标准的"垃圾食品"。吃它等于去享受眼前的快乐，而埋下了未来的痛苦。这种人注重眼前的快乐，不为任何可能发生的负面后果而担忧。 |
| 忙碌奔波型 | ● 这种汉堡口味很差，里面全是蔬菜和有机食物，食用这类汉堡可以确保日后的健康，但会吃得很痛苦。这种人牺牲眼前的幸福，为的是追求未来的目标。 |
| 虚无主义型 | ● 既不好吃也不健康，不但现在无法享受美味，日后还会影响健康。这种人对生命已经丧失了希望和欲望，他们既不享受眼前的事物，对未来也没有任何期望。 |
| 幸福型汉堡 | ● 生活幸福的人，享受当下所从事的事情，而且通过目前的行为他们可以获得更加满意的未来。 |

沙哈尔指出，这些不同类型的汉堡只是理论上的分类，并不代表任何具体的人。在某些程度和方面，我们每一个人都会有各种类型的一些特点。

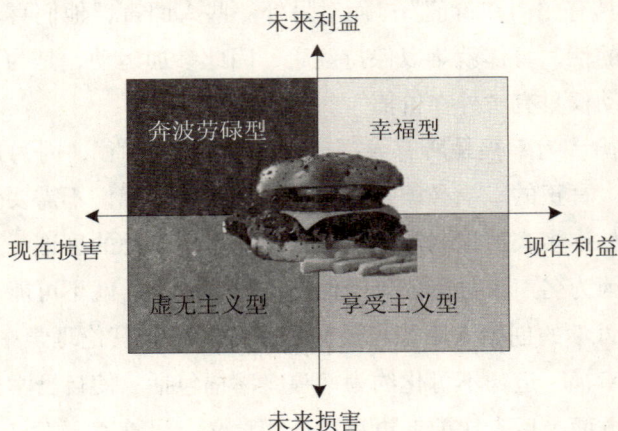

**图 6—5　人生模式四象限**

"忙碌奔波型"的错误观念在于，这种人认为只有成功本身可以给他们带来快乐，他们感觉不到过程的重要性。"享乐主义型"则错误地认为，只有过程是重要的。"虚无主义型"同时放弃了过程和结果，他们对生活已经麻木了。"忙碌奔波型"是未来的奴隶，"享乐主义型"是现在的奴隶，而"虚无主义型"则是过去的奴隶。

沙哈尔认为：幸福应该是"快乐与意义的结合"。"一个幸福的人，必须有一个明确的、可以带来快乐和意义的目标，然后努力地去追求。真正快乐的人，会在自己觉得有意义的生活方式里，享受它的点点滴滴。"快乐是当下的利益，而意义是长远的利益，真正持续的幸福感，需要我们为了一个有意义的目标而去快乐地努力与奋斗。幸福不是拼命爬到山顶，也不是在山下漫无目的游逛，而是向山顶攀登过程中的种种经历和感受。只有实现现在利益和未来利益的统一，才能获得持久的幸福。

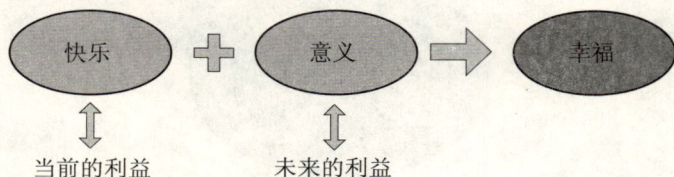

快乐（当前的利益）＋意义（未来的利益）→幸福

图6—6　幸福的两个方面

回顾你过去和现在的生活，你经常处于哪一个或者哪两个象限呢？

### 6.1.7　我的幸福

每个人对幸福的认识是不一样的，你的幸福观是什么样的？哪些经历曾经带给你幸福感？梳理一下你的幸福经历吧。

| 幸福的十个经历 |
| --- |
| 1. |
| 2. |
| 3. |
| 4. |
| 5. |
| 6. |
| 7. |
| 8. |
| 9. |
| 10. |

接着，我们对这十件曾经给你幸福的事情做一个梳理，针对每个经历回答三个问题：

（1）这件事对你有意义的是什么？什么给了你使命感？

（2）你觉得快乐的事情是什么？什么带给你快乐？

（3）你的优势是什么？你在这件事中擅长做的是什么？

将上述十件事分别填到图6—7中对应的位置，你将会发现你的幸福源泉。这就是 MPS（Meaning-Plearure-Strength，意义—快乐—优势）幸福探索法。

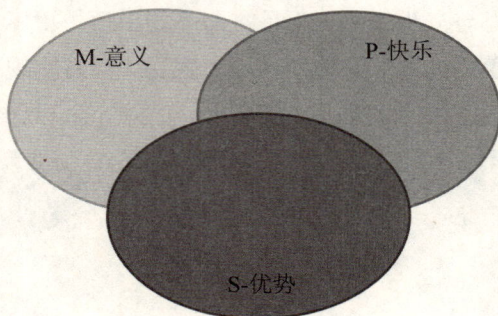

图 6—7　MPS 幸福探索法

# 6.2　品质生活

有很多人曾问杰克·韦尔奇这样一个问题，为什么你会有那么多时间去打高尔夫球，还能继续干好 CEO 的工作呢？他是这样做出解释的：就是正确地把握好生活与工作的平衡关系。例如要处理好如何去管理生活，如何支配时间，应该把多少精力和时间放在工作上这些问题。

生活与工作并不是相互冲突的，主要原因在于我们不能放弃其中的任何一个。只有通过合理地分配时间，科学地安排工作和生活，才能得到双重的幸福。

## 6.2.1　拒绝劳碌

有的人身居高位肩负重任，很容易就会产生一种对任何事情都不放心的心态，事无巨细、均必躬亲。好像任何事情都必须他亲自操办才可靠，权力也很少下放。

松下公司创始人松下幸之助在他60岁的时候，由于过度工作而病倒，医生建议他放下工作静养数月，他马上表示反对："静养？你知道每天有多少事务在等着我处理吗？你知道我们公司养活着多少员工吗？我哪里有时间休息！"

　　医生没有反驳他，只是静静地带他来到一片墓地，指着一个个墓碑说："迟早你也会像他们一样躺在这里。你去世后，公司马上会产生新的董事长，所有人都会一如既往地继续工作。没有你，地球一样会转。只有身体才是你自己的。"松下幸之助沉默了，回去之后，他很快做出了一个惊人的决定，在他事业巅峰的时候宣布退休。


　　为什么现代社会会有那么多"忙碌奔波型"的人呢？哈佛积极心理学导师本—沙哈尔这样解释：因为人们常常被幸福的假象所蒙蔽。我们所处的社会环境和文化背景鼓励那些不断取得成功的人。因此人们总是习惯性地去关注下一个目标，而常常忽略了眼前的事情。人们常把阶段性成功后放松的心情解释为幸福，但是这绝不等同于"幸福"，它只是"幸福的假象"。一味盲目地追求下一个目标，可能最后导致终生都在盲目追求。

　　从"忙碌奔波"转变为"幸福充实"，并不代表做得更少或是热诚减少，它的意义在于将正确的事情做得更好，即那些对现在和未来都有益处的事情。学会去适当地享受而不是无止境地放纵。幸福的人不但享受着他所做的一切，同时也在向着目标而努力，事实上，这样往往容易取得更大的成就。

　　忙并不一定代表着效率高，真正聪明的人懂得如何巧妙地工作。日本著名企业家稻盛和夫指出，化繁为简是做人和做事的原则，人们往往倾向于将事情考虑得过于复杂化，事实上事情的本质都是很单纯的，用朴素的方法去对待复杂的事情。越是错综复杂的问题，越要回到原点，根据单纯的原理进行判断。

### 6.2.2　适度完美

　　追求卓越是成功人士的优秀品质，但是卓越不等同于完美。人一生的精力是有限的，聪明的人懂得把有限的精力花在重要的事情上。根据"80/20定律"，把一件事情完成80%只需付出20%的精力，但是要完成剩下的20%完成却需要耗尽额外80%的精力。因此，把一件事情做得"完美"比做得"优秀"要付出好几倍的努力。完美主义者总是把大部分的精力投入到本来已经完成得不错的工作中，努力做得完美无缺，他们工作的质量虽然很高，但是效率却很低。如果一个人总是牺牲自己苛求完美，很容易让身心处于过劳状态，长而久之，积劳成疾。

你要知道，你的一生有许多重要的事情要做，当某个事情已经做得不错了，不妨适当地放手去追求下一个目标，即使留下一点遗憾，也是瑕不掩瑜。

### 6.2.3　享受生活

真正幸福的生活不在于整天都在休闲和娱乐，那样同样会让人感到厌倦。正如沙哈尔比喻的那样，虽然汉堡很好吃，但是如果天天吃，很快就会成为世界上最难吃的食品。

因此幸福的生活方式在于调剂和点缀，在每天忙碌的生活中加一些情调和乐趣，把自己想做的事情有计划地填满闲暇时间，生活自然就被幸福所充实着。不妨从以下几个方面入手，一点点地恢复生活的本源。

（1）保持爱好

有多少曾经的小爱好，因为繁忙的工作渐渐生疏。有多人因为"忙"的借口，终生都没有做想做的事情。睡觉之前谈一首钢琴曲，每个周末挤半天参加一个舞蹈班，或者午后的罅隙间画一张肖像……零碎的时间因为坚持拼凑成了美丽的梦想，这不正是你想要的生活吗？

（2）养成习惯

把一些小乐趣变成生活的习惯，也许只需几分钟，便可以为我们带来快乐。比如，每天精心养殖花草、每周到公园散步、或者写作……

（3）珍惜当下

"有花堪折直须折，莫待无花空折枝。"人生短暂，很多事情都等不及，那些想爱的人、想做的事，一旦错过就不再，人生能有几回头？

（4）不断体验

生活是丰富多彩的，也许每天的两点一线限制了你的视野，家一直都是那样，单位也一直都是那样，连开车经过的路边都一成不变……

其实不变的是外界环境，需要变的是你的心态。花一个周末，把家重新布置一下，换一种家居环境；换一条上班路线，也许就会发现路边满是鲜花和绿树；换一种生活方式，每天都体验生活的新鲜感，快乐就这么简单。

## 一种希望

[芬兰] 伊迪特·索德格朗，北岛 译

在我们充满阳光的世界里，
我只要花园中的长椅
和长椅上那阳光中的猫……
我将坐在那儿，
我的怀里有一封信，
一封惟一的短信。
那是我的梦……

幸福的生活有时候很简单，就像诗中描写的这样，在静谧的下午，躺着长椅上，怀揣着一份回忆沐浴阳光。或许这就是你所羡慕的生活。

# 6.3　和谐家庭

中国有句古话："家和万事兴"。家是避风的港湾，也是我们心灵的归属地。事业成功固然可贵，而家庭和谐也是成功的一个重要标志。当你站在成功的领奖台上，是家人，默默地为你骄傲，分享着你的精彩；当你从职场失落而归，是家人，安慰你受伤的心灵，鼓励你重新站起来。

和谐温馨的家庭关系是个人最坚强的后盾，是一个人取得成功的必要条件。一个人要想扮演好社会角色，离不开家庭的支持，成功职业人需要在职场角色与家庭角色之间转换，做到工作与家庭的平衡。如果个人在家庭关系上出现问题，必然会影响到正常的工作生活，影响情绪、分散注意力，甚至直接造成经济损失。

国内某著名视频网站早在 2010 年 11 月便递交了招股说明书，本来最有可能成为第一家赴美国 IPO 的中国视频网站，但却因其创始人与前妻的离婚诉讼而一再延迟，直到 2011 年 8 月才正式登陆纳斯达克，错过了 IPO 的最佳时机，令公司损失惨重。鉴于此教训，有投资人将把项目创始人的夫妻关系也当作考察因素之一，以规避因创始人私人生活而带来的风险。

既然家庭关系这么重要，那么我们应当如何平衡工作和家庭呢？

俗话说"鱼和熊掌不能兼得"，很多人认为在工作和生活之间只能选择其一，如果努力工作，就不能顾及生活，想要照顾好家庭，必然只能将工作放轻、放弃。但是，我们却发现很多成功的人，能够同时拥有来自工作和家庭的双重幸福。

### 6.3.1  婚姻之道

夫妻关系是人类社会的基础关系之一，也是人类最奇特的关系，它既不像亲子关系那样与生俱来，也不像朋友关系那样随意而为，甚至需要各种各样的法律来规范。

夫妻相处是一门艺术，聪明的人经营婚姻，创造两个人、两个大家庭的共同幸福；愚蠢的人折腾婚姻，将所有相关的人都拽进痛苦的深渊。

夫妻间相处的原则并不复杂，无非就是相互尊重、相互信任、相互体贴、相互欣赏、相互宽容、相互理解。原则虽然简单，但是两个人长期相处并非易事。因此不仅要深知之，还要践行之。

表6—2  夫妻相处的原则

| | |
|---|---|
| 相互尊重 | • 夫妻双方是平等的，只有尊重对方，才能赢得对方的尊重。任何一方凌驾于另一方之上，都会导致婚姻的裂痕直至最终破裂。 |
| 相互信任 | • 信任是夫妻相处的基础，猜忌只会平添烦恼。给对方留一份空间，便是给自己减一份烦恼。 |
| 相互体贴 | • 中国人常将另一半成为"老伴儿"，少年夫妻老来伴。夫妻之间在生活中相互体贴，关心彼此，才是真正的"伴儿"。 |
| 相互欣赏 | • 因为彼此欣赏，两人才迈进了婚姻的殿堂。也许更密切的相处会发现对方的一些不足，但是不要忘了那些曾经吸引你的优点。 |
| 学会宽容 | • 人无完人，另一半不是完美的，正如你也不是完美的一样。宽容对方的缺点和错误，帮助对方改正，一起进步。 |
| 相互理解 | • 很多不幸婚姻的根源都是太多误解，多站在对方的角度考虑问题，事情会好得多。 |

美国心理学家安德鲁·都柏林（Andrew J. Dubrin）在《职业心理学——平衡你的工作与生活》一书中，对保持有活力的夫妻关系，给出了如下一些建议：

（1）适度地保持浪漫

有人说婚姻是爱情的坟墓，当迈入婚姻生活之后，人们很难再像恋爱时那样不断地花心思制造浪漫取悦对方，而是一心扑到工作的繁忙和生活的琐事中，便容易冷淡了对方。事实上，婚后生活也需要偶尔制造一点小浪漫，譬如在下班的途中买一束鲜花带回去，给对方过一个温馨的生日 Party，哪怕是出差时邮递一份当地的贺卡……让对方感受你还爱着他/她，心里还在乎他/她，比什么都重要。

（2）经常进行沟通、交流

夫妻既是生活中相互依偎的伴侣，也应该是精神上互信互赖的伙伴。在日常的生活中，双方之间保持经常沟通，将内心的想法表达出来，让对方了解想要什么，也去了解对方想要什么，从而促进彼此之间达成更多的默契。在涉及到家庭的一些大事上，双方之间更要进行深入沟通，共同决策，避免一方冲动做出不当之举，或者无视另一方的利益和感受，导致家庭关系恶化甚至破裂。都柏林指出导致离异的四种主要因素：轻视、批评、防御和阻碍，都是夫妻双方不当的沟通表现。

（3）努力创造新鲜感

婚后生活的大部分时光都是平淡无奇的，每天上班下班、做饭洗衣、收拾房间、照看孩子，容易令人丧失激情，正如一首歌中所唱道："也许是因为每天都相见，生活有些平淡；也许是因为彼此太了解，觉得不够浪漫，好像所有的蜜语甜言，过去早已说完"。平淡是婚姻最大的敌人，很多家庭从平淡走向冷淡，因为冷淡而寻找激情，于是产生了"婚外恋"，导致家庭支离破碎。因此，经营婚姻就要让自己的婚姻生活避免始终平淡，花些心思体验不同的生活，比如双方一起去不同的地方旅行，一起去一家新开的馆子吃饭，偶尔变换一下家里的布局……另外，不断提升和改变自己，不管是学习新的知识，还是换一件新的衣服，让对方感受到一个不断变化和改进的自己，保持婚姻生活的新鲜感。

（4）对感情保持乐观

婚姻中的两人长期在一起相处，会潜移默化地影响对方，尤其是情绪上的熏染。如果一方经常自怨自艾，对未来充满顾虑和恐慌，无疑会把这种悲观的

情绪传染给对方，造成双方都处于一种消极的状态，两人关系则会迅速滑坡。相反，对前途保持乐观，并经常鼓励和赞美对方，则会形成良性的互动，让彼此都对未来保持信心，让关系更加稳定和持久。

（5）维持一种非占有性的关系

婚姻的另一大敌人就是控制欲太强。婚姻让两个人以法律的形式锁定在一起，但并非是要求对方完全从属于你。如果某一方的占有欲太强，总是希望另一半按照自己的意志行事，强迫对方的绝对忠诚，则会引起对方的反感和抵触。有人说：完美的婚姻不是 1+1=2，而是 0.5+0.5=1，即婚姻中的两个人都要收起自己的一半，寻找共同的另一半，这样才能与对方融洽相处。既要给对方留有自由的空间，也要给自己留有私有的空间，尊重并信任对方，才是婚姻相处之道。

### 6.3.2　子女教育

孩子是自己生命的延续，父母对孩子负有抚养和教育的责任。《三字经》云：养不教，父之过；教不学，师之惰。为人父母，应当从以下几个方面为孩子提供成长的环境。

（1）营造环境

良好的家庭环境不是指给孩子创造多少的物质条件，而是让他在充满爱与温馨氛围中成长。夫妻和睦恩爱是家庭幸福的基础，恩爱的夫妻能够给孩子一个温暖的成长环境，享受到更多的关爱。

父母花适当时间和孩子交流尤为重要，建立父母在孩子心目中的好感和信赖，有利于形成密切的亲子关系。

（2）言传身教

父母是孩子最早接触的人群，对孩子的语言发展、人格形成、社会人际关系有着重要的影响。研究表明：一个人在幼儿时期的影响，要远大于成年后对人格的影响。因此父母应该以身作则，一举一动都要成为孩子的榜样。有的父母望子成龙，对待孩子尤为严格，自己却十分懒散，教育效果可想而知。当你躺在沙发上看电视时，就很难要求孩子在房里写作业。

（2）科学教育

父母需要注意教育子女的方法和方式：

对待孩子的无理要求，要适当地冷处理，不能让孩子对父母形成过度依赖。

适当地给孩子一点权力，锻炼生活的自理能力。

教育孩子学会承担责任，成为有所担当的人。

让孩子学会了解他人的感受，更好地与人相处。

巴菲特是世界首富，但是对自己的孩子却十分"抠门"，孩子所需的生活费都是向他"借"的。巴菲特通过这种方式，让孩子很早就学会通过自己的劳动挣钱。虽然巴菲特并未直接留给孩子财产，但是他的几个孩子都已经靠自己的努力，成为各自领域的成功人士。

"授人以鱼，不如授人以渔。"子女教育也是这样的，给他需要的钱物，永远都是无底洞，而教会他如何自己生存，则让孩子受益终生。

李开复在《为人父母的四个建议》一文中，对教育子女给出了如下心得：

（1）多称赞，少批评；多鼓励，少惩罚

批评中长大的孩子，责难他人；惩罚中长大的孩子，自觉有罪

称赞中长大的孩子，懂得感恩；认可中长大的孩子，喜欢自己

（2）多信任，少严管；多放权，少施压

严管中长大的孩子，无法独立；施压中长大的孩子，常常忧虑

信赖中长大的孩子，信人信己；放权中长大的孩子，深具责任

（3）多授渔，少授鱼；多做，少说

传道中长大的孩子，失去判断；解惑中长大的孩子，仅能记得

互动学习中长大的孩子，才真懂得；以身作则中长大的孩子，言行一致

（4）多做好朋友，少做严长辈

规矩中长大的孩子，保守胆小；父母附属品的孩子，被动听话

轻松中长大的孩子，乐观快乐；做父母朋友的孩子，爱人爱己

### 6.3.3　赡养长辈

中国传统文化里尤其注重孝道，"百善孝为先"。乌鸦反哺、羔羊跪乳，动物尚且能够报答养育之恩，更何况人乎。中国古代将"孝"作为考察一个人品德的首要因素，如果一个人连自己的父母都不能伺奉周到，更难说让他关爱他

人、报效国家了。

中国现代社会的家庭结构与古代相比发生了很多变化。一方面，计划生育等政策的实施使得现代家庭呈现出倒金字塔的结构，一对年轻夫妇上面有多个老人，赡养老人的压力陡增；另一方面，社会的人口流动性非常大，年轻人就业的途径很广，很多年轻人选择异地就业，于是出现与父母长期分居两地的局面，越来越多的家庭出现"空巢老人"。调查数据显示，中国现在已经有6200万的"空巢老人"，他们独自居住，与子女相见次数不多。"常回家看看"成为这些留守家中的老人们对在外奋斗的游子们最简单的期盼。

随着人们生活水平的提升和医疗卫生条件的改善，中国人的寿命显著延长，随之而来的是人口老年化带来的社会压力。相关统计数据显示，中国已经进入"老年化社会"，这么多老年人的养老问题成为全社会广泛关注的问题。除了国家养老制度、社会公共福利外，身为子女的我们更应该尽一份孝道，让年迈的父母安度晚年。

人口老年化是严峻的客观现实，但是从另一方面来看，大部分老年人在经济上并不缺乏，城里的老人通常有退休金作为生活保障，而农村的老人虽然没有退休金或者退休金很少，但是靠着种一点田仍可以自给自足，只有年迈体弱的高龄老人才真正需要生理上的照顾。因此老人们最需要的是子女精神上的关怀。

很多人说自己忙，事业正当势头、社交需要应酬、孩子需要教育，实在没有时间看望父母。其实忙只是借口，我们不妨扪心自问：应酬和父母，孰重孰轻。

2013年7月1日起正式实施的新版《老年人权益保障法》第二章第十八条明文规定："家庭成员应当关心老年人的精神需求，不得忽视、冷落老年人。与老年人分开居住的家庭成员，应当经常看望或者问候老年人。"根据该规定，子女必须经常看望或问候年老的父母，否则老人可以将子女告上法庭，控告他们没有履行赡养老人的义务。"探望老人"入法引起社会强烈反响，有鼓励也有质疑。有人指出该条例缺乏可操作性，只能是起到一种倡导和督促的作用，实则是当今社会形态下的无奈之举。

一首《常回家看看》唱出了多少老人的共同心声，他们为儿女付出了一生的心血，索要的只是那一个简单的心愿——常回家看看。

# 6.4　心灵修养

台视原著名女主播张德芬在其畅销心灵书籍《遇见未知的自己》中讲述自己曾经的困惑，作为一个当红的知名主播，乘坐名人夫婿的名车出入豪宅，似乎人生追求的名利都得到了，但是却不快乐，觉得这不是她想要过的生活。后来她受到启发与指引，辞去高薪的工作，专心研修各类心灵成长课程，不但自己体悟到了许多灵性及个人成长方面的心得，还能帮助更多的人发现内在真实的自我与幸福。

外界的名利物质带来的只是暂时的快乐，只有内心的强大平和才能带来永恒的安宁。

## 6.4.1　精神家园

日本著名企业家稻盛和夫在《活法》里指出，人生意义在于修炼灵魂。在生活中为欲望所迷失、困惑，这是人的本性，但是财产、地位、名誉都只限于今生，即使再多也带不到来世去，如果有一样永不灭绝的东西，那就是"灵魂"。人生的过程是不断提高自己的人性，修炼灵魂，而苦难是锻炼自我人性的绝好机会。稻盛和夫说"人来到这个世上是为了比出生时有一点点的进步，或者为了带着更美一点、更崇高一点的灵魂死去。"下述几种方法能帮助人精神放松，保持内容宁静。

（1）读书

书籍是人类智慧的结晶，尤其是经过历史洗礼过的经典作品，更是人类文明积淀的精华。与好书为伴，与伟人交流，可以使内心得到平静，思想得到启迪。

（2）写作

写作并不是作家的专利，任何一个人都有写作的自由。把每日的所见所思，用简短的文字记录下来，长而久之，涓涓的文字细流汇成了个人生活体会的深渊。我们并不指望成为著书立作、留名史册，写作是一种思考的习惯，整理零散的思路，记录经历的一生。

（3）交友

人生得一知己，乃是一件莫大的幸事。朋友是人生途中重要的精神伴侣，如果能够遇到彼此坦诚、有共同爱好和追求的朋友，是值得珍惜一生的财富。

君子之交淡如水，真正的朋友之间不在于推杯换盏间的掏心挖肺、更不在于利益交换时的相互利用，而是彼此心灵之间存在某种心照不宣的感应，能够在彼此需要时相互慰藉、相互扶持。

（4）冥想

冥想不仅仅是宗教活动的一种修心行为，更被广泛地用在心理学领域。从科学的角度讲，通过闭目冥想，达到没有任何情感波动的境界，脑波会变得安定，心情逐渐平和，全身肌肉放松，可以充分缓解身体和心灵的紧张，从而清除紧张、烦恼、恐惧、疼痛等让人不舒服的情绪，有助于改善记忆力、思考力和创造力。

冥想分为三个层次：

第一阶段：将心灵集中到一处，保持镇定状态；

第二阶段：心灵逐渐平稳，变得纯粹；

第三阶段：心灵失去主观和客观地对立感，进入浑然忘我的状态。

冥想并不是一件玄乎其玄的事情，每天只需几分钟，做几次深呼吸，让内心得到一丝放松，就可以释放出积极的情绪。可以按照如下的步骤进行冥想：

（1）首先找一个安静的地方，使自己处于舒适的姿势，背部和颈部挺直，闭上眼睛。

（2）深呼吸，试着去进入一个平静的心态，每次吸气都要吸到底，然后慢慢地呼出。

（3）继续深呼吸，想象自己在一个开心的情境里，让这种积极情绪包围自己，在体内缓缓地流动，静静地体会心灵深处的变化，进入到一种忘我的境界里。

## 心灵阅读

### 朋友的不同楼层

作者：佚名

地球上将近有六十亿人口，

我们可以拥抱的人有多少？

可以牵手的人有多少？

可以讲话但不能碰触的人有多少？

擦身而过又是多少？

如果可以选择，
我宁愿退化变成猴子，
一堆一堆的依偎在树上、
躺着一起晒太阳、吹风、看人。
我发现人际的心灵里有许多不同的空间，
具体一点说像是不同的楼层！

一楼的是"店面朋友"
通常二十句固定的话就够用。
例如：你好吗？
吃饭没？去那里？
好漂亮！还好啦！
没什么！就这样！
每个人看来都很平稳、安定、满足和成熟。

二楼是"客厅朋友"
可以坐在一起泡泡茶八卦一下
政治经济、新的商机、最近的媒体新闻、乐透彩券
大家一起哈啦打发时间，
可以绕过每一个人内心里的孤独，
然后觉得自己好幸福。

"厨房朋友"在三楼
就是可以剖腹谈心的那种。
这类朋友如果是女性族群，
就会有一堆笑声或几把眼泪来做收场。
然后觉得自己充分被对方所了解，
人生一点也不寂寞。

图6—8　朋友的不同楼层

四楼是"卧室朋友"

可以亲密、触摸的朋友。

有些卧室开着传统的日光灯，

一切依照传统的规矩来进行。

有些卧室总是把灯关上，

可以自由地幻想和投射，

各自编自己的梦。

顶楼的阳台

一般是空在那里，

没有被设定要怎么样？

这种朋友属于"缘分朋友"。

有时飞来一只鸟，

有时吹来一根草，

堆积一些泥土，

落下几颗种子，

你不知道它在什么时候会开什么花？

当然没有期望要结果实。


我习惯用一秒钟穿过店面，

两秒钟经过客厅，

三分钟停在厨房一下，

四小时在卧室里睡一觉，

花五天的时间在屋顶等待，

等待老天爷给我生命中带来的惊奇和美。


还有一个朋友是"自己"，

他不属于任何层楼，

他一直都陪伴着我们，

认识他、接纳他、

如何跟他相处，

这些是我们一生的功课。

用最成熟的心态来选择自己的未来无论哪种朋友，

在相处时，请你珍惜！

也许他会进入店面，

走过客厅，

穿过厨房，

来到卧室。

### 6.4.2 追求新生

社会在不断发展，人也在不断变化。年轻的时候精力旺盛，乐于追逐新鲜的事物，总是让自己走在时代的前面。一旦人到中年，身体素质在逐渐衰退，生活的压力不断压迫着身心，在剧变的社会中往往会产生无力感。随之而来的是心情烦躁、情绪多变、神经敏感等症状，医学上将这一阶段称为"更年期"。其实不仅仅是更年期，人的精神状态是有一定的周期性的。在某些时候，精神振奋，斗志昂扬；而另外一些时候，情绪低落，无精打采，尤其是处于人生和事业的低谷时，这种无力感愈发明显，容易使人产生悲观情绪。

在我们的生命中，有时候必须把旧的习惯、旧的传统抛弃掉，开始一个更新的过程，才能使我们可以重新飞翔。我们需要自我改革和再生的勇气。当你无从选择、不给自己后路的时候，你的能量会发挥到最大，你的潜力会迸发到极限。只有与旧思维旧传统决绝，学习新的技能，才能发挥潜能，创造新的未来。人到中年，尤其需要重生的勇气。

当我们处于人生的转折点或者事业的低谷期时，预示着我们正面临人生巨大的挑战。在人生的十字路口，我们内心的选择左右着前进的方向。我们需要选择重生的勇气，挺过眼下的艰辛，开辟崭新的生活，将有质量的生命延长。

另外，当事业上遇到瓶颈长期无法突破，个人的"职业角色"难以满足期望时，开辟人生的第二事业或许是一个不错的选择。这个事业也许是某个社会组织的兼职，也许是某个公益组织的志愿者，让个人的"社会角色"多姿多彩，不仅在精神上寻找到新的目标和寄托，让生命的热量继续发挥，或许为自己的人生打开了一扇新的窗户。失之东隅，得之桑榆。人生的"三重角色"就是在这样的平衡中丰富了我们的生活。

## 青　春

[美] 塞缪尔·乌尔曼　著　王佐良　译

青春不是年华，而是心境；青春不是桃面、丹唇、柔膝，而是深沉的意志、恢宏的想象、炙热的恋情；青春是生命的深泉在涌流。

青春气贯长虹，勇锐盖过怯弱，进取压倒苟安。如此锐气，二十后生有之，六旬男子则更多见。年岁有加，并非垂老，理想丢弃，方堕暮年。岁月悠悠，衰微只及肌肤；热忱抛却，颓废必致灵魂。忧烦，惶恐，丧失自信，定使心灵扭曲，意气如灰。

无论年届花甲，拟或二八芳龄，心中皆有生命之欢乐，奇迹之诱惑，孩童般天真久盛不衰。人人心中皆有一台天线，只要你从天上人间接受美好、希望、欢乐、勇气和力量的信号，你就青春永驻，风华常存。

一旦天线下降，锐气便被冰雪覆盖，玩世不恭、自暴自弃油然而生，即使年方二十，实已垂垂老矣；然则只要树起天线，捕捉乐观信号，你就有望在八十高龄告别尘寰时仍觉年轻。

### 6.4.3　终生学习

现代社会日新月异，科学技术以前所未有的速度革新。一个停滞不前的人很快就会被时代所淘汰。只有保持不断学习的习惯，不断提升认知，更新自我，才能始终跟上时代步伐。

早在 1968 年，美国教育学家、曾任芝加哥大学校长的罗伯特·哈钦斯（Robert M. Hutchins）在《学习化社会》一书中首次提出"学习化社会"，呼吁终身学习的重要性。1991 年，美国政府提出建立"学习型社会"，将"学习型社会"上升到国家战略的高度。2001 年，中国政府也明确提出了"创建学习型社会"的目标。

《礼记·大学》云：苟日新，日日新，又日新。我们每个人都应当通过学习不断更新自己的学识修养和精神状态，终生学习不应当是社会压力下的被迫行动，而应当成为每日践行的习惯。但凡取得成功的人士，都将学习作为自己的第一要务，无论时间多么紧迫，都会有计划地安排学习活动，认识新的事物，开拓视野。

查良镛（金庸）先生是华语文坛的领袖人物，开创了现代武侠小说的崭新局面。虽然他的作品多是武侠小说，但书中涉猎广泛，历史、地理、政治、宗教、哲学、琴棋书画、诗词典章，没有深厚的底蕴和阅历是不可能做到的。金庸先生自己说，他最爱读书，即使工作再忙，每天都会挤出三、四小时用来看书学习。2010 年，86 岁的金庸先生从英国剑桥大学获得哲学博士学位，而早在 2007 年，他就已经获得了剑桥授予他的"荣誉博士"学位。这种不为"荣誉"只为求知的精神正是终生学习的典范。

让学习成为一种生活状态，不断给自己充电，才能真正管理好自己的生活，在事业中不断进步，让人生在更高的舞台上实现平衡。

# 附　录

# 知行合一——行动手册

行胜于言

——清华大学校训

● 全年规划

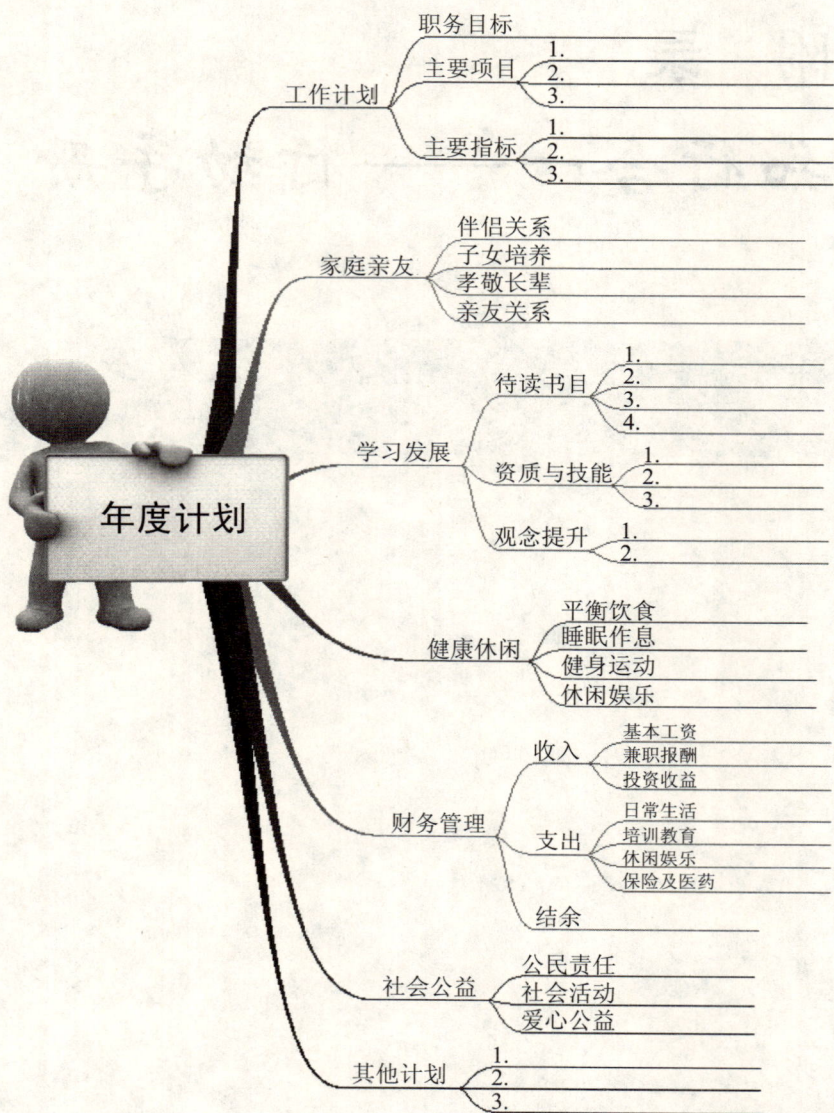

年度计划

工作计划
　职务目标
　主要项目
　　1.
　　2.
　　3.
　主要指标
　　1.
　　2.
　　3.

家庭亲友
　伴侣关系
　子女培养
　孝敬长辈
　亲友关系

学习发展
　待读书目
　　1.
　　2.
　　3.
　　4.
　资质与技能
　　1.
　　2.
　　3.
　观念提升
　　1.
　　2.

健康休闲
　平衡饮食
　睡眠作息
　健身运动
　休闲娱乐

财务管理
　收入
　　基本工资
　　兼职报酬
　　投资收益
　支出
　　日常生活
　　培训教育
　　休闲娱乐
　　保险及医药
　结余

社会公益
　公民责任
　社会活动
　爱心公益

其他计划
　　1.
　　2.
　　3.

● 年度计划

| 进度安排 | | 1月 | 2月 | 3月 | 4月 | 5月 | 6月 | 7月 | 8月 | 9月 | 10月 | 11月 | 12月 |
|---|---|---|---|---|---|---|---|---|---|---|---|---|---|
| 工作类 | 1. | | | | | | | | | | | | |
| | 2. | | | | | | | | | | | | |
| | 3. | | | | | | | | | | | | |
| | 4. | | | | | | | | | | | | |
| 家庭亲友类 | 1. | | | | | | | | | | | | |
| | 2. | | | | | | | | | | | | |
| | 3. | | | | | | | | | | | | |
| | 4. | | | | | | | | | | | | |
| 学习发展类 | 1. | | | | | | | | | | | | |
| | 2. | | | | | | | | | | | | |
| | 3. | | | | | | | | | | | | |
| | 4. | | | | | | | | | | | | |
| 健康休闲类 | 1. | | | | | | | | | | | | |
| | 2. | | | | | | | | | | | | |
| | 3. | | | | | | | | | | | | |
| | 4. | | | | | | | | | | | | |
| 社会公益类 | 1. | | | | | | | | | | | | |
| | 2. | | | | | | | | | | | | |
| | 3. | | | | | | | | | | | | |
| | 4. | | | | | | | | | | | | |

_____ 年度要完成的六件大事

1.

2.

3.

4.

5.

6.

● 月度规划

| _____ 月度规划 | |
|---|---|
| **工作安排** | **家庭亲友** |
| 主要活动 | 家庭大事 |
| 核心指标 | |
| | 生日 / 纪念日 |
| 进度安排 | 亲友交流 |
| **学习发展** | **健康休闲** |
| 知识 | 作息 |
| | 饮食 |
| 技能 | 锻炼 |
| 理念 | 娱乐 |
| **财务预算** | **社会公益** |
| 基本收入 | 公民责任 |
| 投资收益 | 社会活动 |
| 基本支出 | 爱心公益 |
| 预留结余 | **其他** |

● 每周日历

| ___周工作日历 | | | | ___年__月__日——___年__月__日 | | | |
|---|---|---|---|---|---|---|---|
| | 一 | 二 | 三 | 四 | 五 | 六 | 日 |
| 7：00 | | | | | | | |
| 8：00 | | | | | | | |
| 9：00 | | | | | | | |
| 10：00 | | | | | | | |
| 11：00 | | | | | | | |
| 12：00 | | | | | | | |
| 13：00 | | | | | | | |
| 14：00 | | | | | | | |
| 15：00 | | | | | | | |
| 16：00 | | | | | | | |
| 17：00 | | | | | | | |
| 18：00 | | | | | | | |
| 19：00 | | | | | | | |
| 20：00 | | | | | | | |
| 21：00 | | | | | | | |
| 晚休 | | | | | | | |

|  | 本周计划<br>（Plan） | 工作实施<br>（Do） | 检查评估<br>（Check） | 改进措施<br>（Act） |
|---|---|---|---|---|
| 项目 1 |  |  |  |  |
| 项目 2 |  |  |  |  |
| 项目 3 |  |  |  |  |
| 项目 4 |  |  |  |  |
| 项目 5 |  |  |  |  |
| 项目 6 |  |  |  |  |

| 每周生活平衡轮 | 一周感悟 |
|---|---|
| |  |

● 月度总结

| _____ 月度规划 | |
|---|---|
| **工作回顾**<br><br>主要事件<br><br>核心指标<br><br>自我评价 | **家庭亲友**<br><br>家庭大事<br><br><br>珍藏回忆<br><br><br>新近结识 |
| **学习提高**<br><br>阅读书目<br><br>参加培训<br><br>交流分享<br><br>心灵感悟 | **健康休闲**<br><br>身体指标<br><br>心理状态<br><br>目前状态<br><br>改进措施 |
| **财务管理**<br><br>基本收入<br><br>投资收益<br><br>基本支出<br><br>计划外支出 | **社会公益**<br><br><br><br>**其他方面** |

● 季度总结

| | |
|---|---|
| | 家庭大事 |

工作回顾

学习发展

第_____季度总结

健康休闲

其他回顾

精神修养

季度回顾及展望：

自我表扬

自我反省

自我改进

季度总体自我评价：1—2—3—4—5—6—7—8—9—10分

● 年度总结

指标　　　　　　　　　_____ 年度主要任务绩效评估

10
9
8
7
6
5
4
3
2
1

1._____  2._____  3._____  4._____  5._____  6._____　事件

| 全年收获饼图 | 全年生活平衡轮 |
|---|---|

年度收获与感悟：

## 家庭理财表

| | 项目 | 1月 | 2月 | 3月 | 4月 | 5月 | 6月 | 7月 | 8月 | 9月 | 10月 | 11月 | 12月 | 总计 |
|---|---|---|---|---|---|---|---|---|---|---|---|---|---|---|
| 衣 | 服装 | | | | | | | | | | | | | |
| | 内衣 | | | | | | | | | | | | | |
| | 鞋帽 | | | | | | | | | | | | | |
| | 饰品 | | | | | | | | | | | | | |
| | 美容护肤 | | | | | | | | | | | | | |
| | 其他 | | | | | | | | | | | | | |
| 食 | 早餐 | | | | | | | | | | | | | |
| | 中餐 | | | | | | | | | | | | | |
| | 晚餐 | | | | | | | | | | | | | |
| | 水果 | | | | | | | | | | | | | |
| | 零食 | | | | | | | | | | | | | |
| | 饮料 | | | | | | | | | | | | | |
| | 其他 | | | | | | | | | | | | | |
| 住 | 水费 | | | | | | | | | | | | | |
| | 电费 | | | | | | | | | | | | | |
| | 网络费 | | | | | | | | | | | | | |
| | 物业费 | | | | | | | | | | | | | |
| | 装修 | | | | | | | | | | | | | |
| | 厨房用品 | | | | | | | | | | | | | |
| | 房屋用品 | | | | | | | | | | | | | |
| | 其他 | | | | | | | | | | | | | |
| 行 | 交通费 | | | | | | | | | | | | | |
| | 存车费 | | | | | | | | | | | | | |
| | 养车费 | | | | | | | | | | | | | |
| | 其他 | | | | | | | | | | | | | |
| 通讯 | 移动电话费 | | | | | | | | | | | | | |
| | 固定电话费 | | | | | | | | | | | | | |
| | 其他 | | | | | | | | | | | | | |

续表

| | 项目 | 1月 | 2月 | 3月 | 4月 | 5月 | 6月 | 7月 | 8月 | 9月 | 10月 | 11月 | 12月 | 总计 |
|---|---|---|---|---|---|---|---|---|---|---|---|---|---|---|
| 医疗 | 药品 | | | | | | | | | | | | | |
| | 住院 | | | | | | | | | | | | | |
| | 其他 | | | | | | | | | | | | | |
| 教育 | 书籍 | | | | | | | | | | | | | |
| | 个人进修费 | | | | | | | | | | | | | |
| | 其他 | | | | | | | | | | | | | |
| 休闲娱乐 | 旅游 | | | | | | | | | | | | | |
| | 聚餐 | | | | | | | | | | | | | |
| | 应酬随礼 | | | | | | | | | | | | | |
| | 其他 | | | | | | | | | | | | | |
| 支出 | 小计 | | | | | | | | | | | | | |
| 薪酬收入 | 工资 | | | | | | | | | | | | | |
| | 奖金 | | | | | | | | | | | | | |
| | 分红 | | | | | | | | | | | | | |
| | 其他 | | | | | | | | | | | | | |
| 投资收入 | 股票 | | | | | | | | | | | | | |
| | 国债 | | | | | | | | | | | | | |
| | 黄金 | | | | | | | | | | | | | |
| | 基金 | | | | | | | | | | | | | |
| | 权证 | | | | | | | | | | | | | |
| | 其他 | | | | | | | | | | | | | |
| 收入 | 小计 | | | | | | | | | | | | | |

● 简历更新

| 个人简历 |
|---|
| 基本资料 |
|  |
| 教育培训 |
|  |
| 工作经验（外职业生涯） |
|  |
| 能力素质（内职业生涯） |
|  |
| 社会交流 |
|  |
| 奖励荣誉 |
|  |
| 其他信息 |
|  |

● 年度收获树

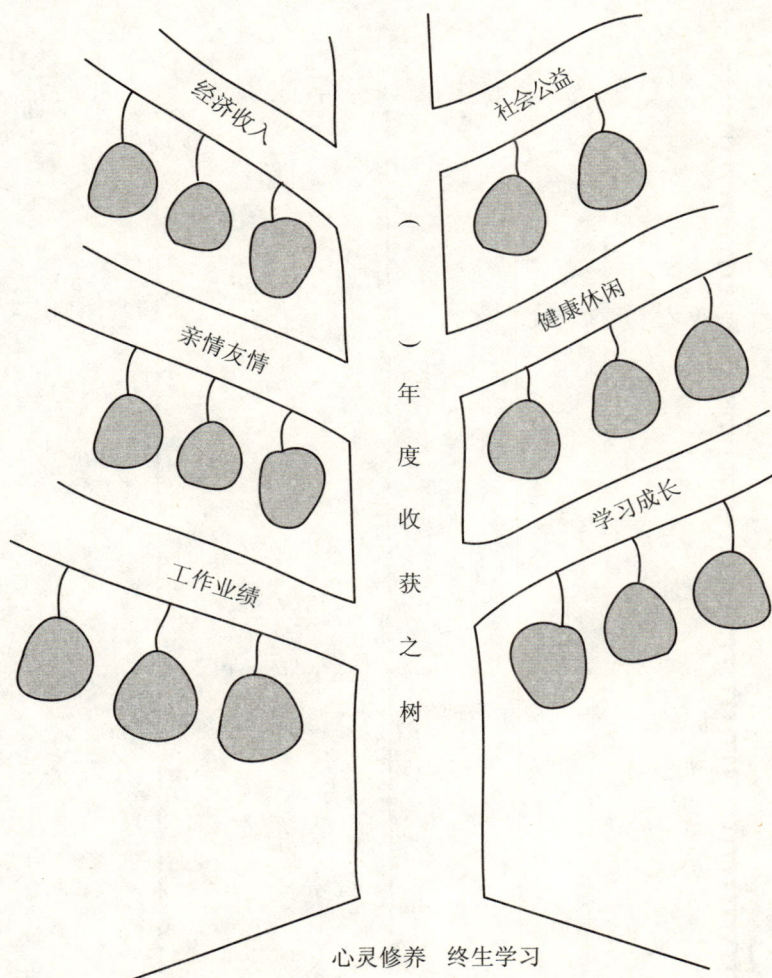

经济收入　　社会公益

亲情友情　　健康休闲

工作业绩　　学习成长

（　　）年度收获之树

心灵修养　终生学习

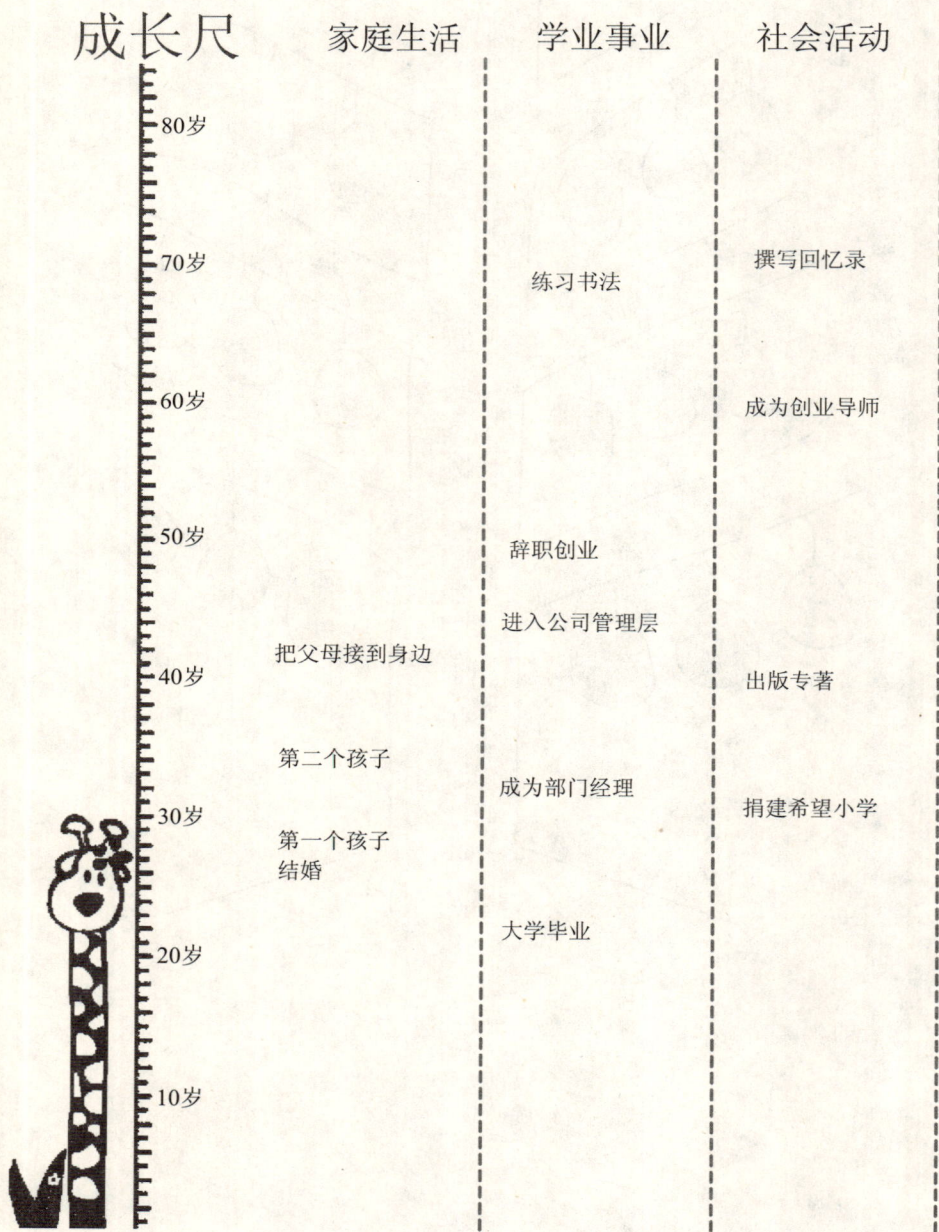

● 生涯成长尺

# 成长尺　　　　家庭生活　　　　学业事业　　　　社会活动

| 成长尺 | 家庭生活 | 学业事业 | 社会活动 |
|---|---|---|---|
| 80岁 | | | |
| 70岁 | | 练习书法 | 撰写回忆录 |
| 60岁 | | | 成为创业导师 |
| 50岁 | | 辞职创业 | |
| | | 进入公司管理层 | |
| 40岁 | 把父母接到身边 | | 出版专著 |
| | 第二个孩子 | 成为部门经理 | 捐建希望小学 |
| 30岁 | 第一个孩子 结婚 | | |
| 20岁 | | 大学毕业 | |
| 10岁 | | | |

# 远航号角

## 既　然

徐　敬　娅

既然
前，不见岸
后，也远离了岸

既然
脚下踏着波澜
又注定，终生恋着波澜

既然
能托起的安眠的礁石
已沉入海底

既然
与彼岸尚远
隔一海苍天
那么
就把一生交给海吧
交给前方
没有标出的航线

# 参考资料

［1］［日］大津秀一 . 换个活法：临终前会后悔的 25 件事 [M]. 北京：中信出版社，2010.

［2］［美］莉托 . 性格解析 [M]. 查文宏 译 . 南昌：江西人民出版社，2009.

［3］［美］白金汉 . 现在，发现你的优势 [M]. 方晓光 译 . 北京：中国青年出版社，2007.

［4］［美］霍华德·加德纳 . 智能的结构 [M]. 沈致隆 译 . 北京：中国人民大学出版社，2008.

［5］［美］哈维·席尔瓦，理查德·斯特朗，马修·佩里尼 . 多元智能与学习风格 [M]. 张玲 译 . 北京：教育科学出版社，2003.

［6］［美］David Keirsey. 请理解我：气质、性格与智能 [M]. 王晓静 译 . 北京：中国轻工业出版社，2001.

［7］李开复 . 做最好的自己 [M]. 北京：人民出版社，2005.

［8］［美］丹尼尔·戈尔曼 . 情商：为什么情商比智商更重要 [M]. 杨春晓 译 . 北京：中信出版社，2010.

［9］窦胜功，周玉良 . 情商决定一生 [M]. 北京：清华大学出版社，2010.

［10］［美］乔舒瓦·弗理德曼 . 有感觉，还是没感觉：6 秒钟改变你的情商 [M]. 吴岱妮，骆媚梅 译 . 北京：电子工业出版社，2007.

［11］高志鹏 . 气质的秘密 [M]. 北京：新世界出版社，2010.

［12］章达友 . 职业生涯规划与管理 [M]. 厦门：厦门大学出版社，2005.

［13］［美］彼得·德鲁克 . 21 世纪的管理挑战 [M]. 朱雁斌 译 . 北京：机械工业出版社，2009.

［14］［美 ]Jeffrey H. Greenhaus, Gerard A. Callanan, Veronica M. Godshalk 著 . 职业生涯管理（第 3 版）[M]. 王伟 译 . 北京：清华大学出版社，2006.

［15］［美］里尔登等 . 职业生涯发展与规划（第 3 版）[M]. 侯志瑾等译 . 北京：

中国人民大学出版社，2010.

[16] 袁庆宏，付美云，陈文春 . 职业生涯管理 [M]. 北京：科学出版社，2009.

[17] 程社明 . 你的职业——职业生涯开发与管理 [M]. 北京：改革出版社，1999.

[18] 程社明 . 你的船，你的海——职业生涯规划 [M]. 北京：新华出版社，2007.

[19] 程社明，卜欣欣，戴洁 . 人生发展与职业生涯规划 [M]. 北京：团结出版社，2003.

[20] 李元宝 . 职业生涯管理：原理·方法·实践 [M]. 北京：北京师范大学出版社，2007.

[21] 杨海清 . 职业生涯规划（第二版）[M]. 北京：中国劳动社会保障出版社，2009.

[22] ［美］大卫·威坦，金·卡梅伦 . 管理技能开发（第五版）[M]. 王垒 译 . 北京：清华大学出版社，2004.

[23] ［美］Andrew J. Dubrin. 职业心理学——平衡你的工作与生活（第七版）[M]. 姚翔，陆昌勤等译 . 北京：中国轻工业出版社，2008.

[24] ［英］斯迈尔斯，品格的力量 [M]. 赵丽荣 译 . 武汉大学出版社，2012.

[25] 郭林生 . 世界 500 强企业员工的 15 种美德 [M]. 北京：华夏出版社，2008.

[26] 陈伟 . 逻辑思维训练 [M]. 北京：北京大学出版社，2006.

[27] 范爱明 . 成功自我管理的 29 个工具 [M]. 北京：京华出版社，2008.

[28] 李卫 . 羊皮卷大全集 [M]. 北京：新世界出版社，2008.

[29] 陈德云 . 自我和谐：了解自己，平衡人生 [M]. 北京：机械工业出版社，2007.

[30] 吴维库 . 情商与影响力（第 3 版）[M]. 北京：机械工业出版社，2010.

[31] 吴维库 . 阳光心态（第 2 版）[M]. 北京：机械工业出版社，2010.

[32] 周耀烈 . 思维创新与创造力开发 [M]. 杭州：浙江大学出版社，2008.

[33] 张晓芒 . 创新思维方法概论 [M]. 北京：中央编译出版社，2008.

[34] ［美］丹尼斯·舍伍德 . 系统思考 [M]. 邱昭良，刘昕 译 . 北京：机械工业出版社，2008.

[35] [英] 爱德华·德·博诺. 六顶思考帽 [M]. 冯杨 译. 太原：山西出版集团，山西人民出版社，2008.

[36] [美] 彼得·圣吉. 第五项修炼：学习型组织的艺术与实践 [M]. 张成林 译. 北京：中信出版社，2009.

[37] 宋振杰. 自我管理：经理人九大能力训练 [M]. 北京：北京大学出版社，2006.

[38] [美] 史蒂芬·柯维. 高效能人士的七个习惯 [M]. 北京：中国青年出版社，2008.

[39] [美] 哈伯德. 把信送给加西亚 [M]. 任月园 译. 北京：中国青年出版社，2010.

[40] 李国辉，杨静怡. 你的气质值百万 [M]. 北京：北京出版社，2010.

[41] 陈光谊，喻玲，王箭飞，刘从淑. 现代实用社交礼仪 [M]. 北京：清华大学出版社，2009.

[42] 鲍小平. 实用礼仪教程 [M]. 北京：机械工业出版社，2011.

[43] [美] 保罗·史托兹. AQ 逆境商数 [M]. 姜冀松 译. 天津：天津人民出版社，1998.

[44] [美] 彼得·林奇，罗瑟查尔德. 彼得·林奇教你理财 [M]. 宋三江，罗志芳 译. 北京：机械工业出版社，2010.

[45] 王在全. 一生的理财计划 [M]. 北京：北京大学出版社，2010.

[46] 陌青青. 哈佛财商课 [M]. 北京：龙门书局，2011.

[47] [美] 罗伯特·清崎，莎伦·莱希特. 富爸爸穷爸爸 [M]. 萧明 译. 海口：南海出版社，2011.

[48] [美] 詹姆斯·库泽斯，巴里·波斯纳. 领导力（第 4 版）[M]. 李丽林，张震 译. 北京：电子工业出版社，2009.

[49] 段德峰. 当公益成为职业 [J]. 南方都市报，2009 年 10 月.

[50] [美] Andrew J. Dubrin. 职业心理学——平衡你的工作与生活（第七版）[M]. 姚翔，陆昌勤 等译. 北京：中国轻工业出版社，2008.

[51] [以] 泰勒·本－沙哈尔. 幸福的方法 [M]. 汪冰，刘骏杰 译. 北京：当代中国出版社，2009.

[52] ［日］稻盛和夫. 活法 [M]. 林慧如 译. 北京：东方出版社，2009.

[53] 张德芬. 遇见未知的自己 [M]. 北京：华夏出版社，2008.

[54] ［德］埃克哈特·托利. 当下的力量 [M]. 曹植 译. 北京：中信出版社，2007.

[55] 王平. 幸福商数 [M]. 郑州：河南大学出版社，2012.